2024년 갑진년(甲辰年)…

▌최저임금 2.5% 인상 … 시간당 9,860원

2024년 1월부터 적용한 최저임금은 시간급 9,860원으로 지난해보다 2.5% 인상됐다. 주 40시간(월 209시간) 기준 월 환산액은 206만 740원이다. 최저임금은 모든 사업장에 동일하게 적용되며, 근로기준법상 근로자라면 고용형태나 국적과 관계없이 모두 적용된다. 고용노동부(노동부)는 올해 최저임금을 적극적으로 홍보해 최저임금 준수율을 높일 계획을 밝혔다. 민주노총은 2024년도 최저임금 결정과정과 인상규모에 대해 이의를 제기하며 재심의를 요구했지만, 노동부는 받아들이지 않았다. 이정식 노동부 장관은 "2024년도 최저임금은 어려운 경제상황과 노동시장 여건, 저임금근로자 및 영세자영업자의 목소리를 종합적으로 고려해 최저임금위에서 그 어느 때보다 치열한 논의를 거쳐 고심 끝에 결정한 것으로 이를 존중해야 한다"라고 강조했다.

▌올해부터 8,000만원 넘는 법인승용차 번호판은 연두색 달아야

올해 1월 1일부터 '공공 · 민간법인이 신규 · 변경 등록하는 8,000만원 이상의 업무용 승용차'는 연두색 번호판을 부착해야 한다. 법인 명의의 '슈퍼카' 등 고가차량을 법인 소유주 등이 사적으로 사용하는 것을 막기 위한 것이다. 국토교통부(국토부)가 기준으로 정한 8,000만원은 국민이 통상 '고급차'로 인식하는 대형차(자동차관리법상 배기량 2,000cc 이상)의 평균가격대다. 지난해 7월부터 모든 차량이 가입하는 자동차보험의 고가차량 보험료 할증기준에도 해당해 범용성과 보편성을 갖춘 기준으로 판단했다고 국토부는 덧붙였다. 이 제도는 민간 법인소유 · 리스 차량뿐 아니라 장기렌트(1년 이상), 관용차에도 동일하게 적용된다. 다만 국토부는 제도를 소급적용하지 않는 이유에 대해 "새로운 권리 · 의무를 부과하는 것이 아니라 별도의 번호판 적용을 통해 사회적 자율규제 분위기를 조성하자는 취지"라고 설명했다.

▌복잡한 행정서식에 간편이름 부여 … 주민조례청구 절차도 신속해져

앞으로 길고 복잡한 신청서 · 증명서 등 행정서식에 정식명칭 대신 약칭 등으로 구성된 간편이름이 부여되고, 아울러 서식에 QR코드도 표기한다. 간편이름은 약칭 · 약호를 의미하는 것으로 행정서식의 명칭 중 한자식 표현, 띄어쓰기 없는 긴 명칭, 제각각 다르게 불러서 혼동되는 명칭에 대해 간편이름을 부여하는 것이다. 예를 들면 '다른 행정기관 등을 이용한 민원사항 신청서'는 '어디서든 민원신청서'로, '피부양자 자격(취득 · 상실) 신고서'는 '피부양자 신고서'로 표기되는 방식이다. 아울러 주민조례청구의 절차 진행도 신속해진다. 청구인명부 열람 및 이의신청 절차가 끝난 날로부터 3개월 내 주민조례의 수리 여부를 결정하는 처리기한이 신설된다.

달라지는 대한민국

▎병장 월급 사실상 165만원으로 … 초급간부 처우도 개선

올해부터 병장 월급이 25만원 증액돼 125만원이 된다. 자산형성을 도와주는 내일준비지원금도 월 최대 30만원에서 40만원으로 인상돼 둘을 합하면 병장 월급은 사실상 165만원이 된다. 정부는 2025년엔 병장 월급을 205만원(월급 150만원, 지원금 55만원)으로 올린다는 계획이다. 내일준비지원금을 제외한 내년 상병 월급은 80만원에서 100만원으로, 일병 월급은 68만원에서 80만원으로, 이병 월급은 60만원에서 64만원으로 각각 오른다. 국방부는 "병역의무 이행에 합당한 수준의 보상을 제공하는 것"이라고 설명했다. 이와 함께 단기복무 장교·부사관에게 지급하는 장려금도

장교는 900만원에서 1,200만원으로, 부사관은 750만원에서 1,000만원으로 인상된다. 또 3년 미만 근무 간부에게도 주택수당을 주기로 했다.

▎개정 스토킹처벌법 시행 … 스토킹 가해자 위치정보 자동전송돼

올해 1월 12일부터 시행 중인 개정 스토킹처벌법에 따라 스토킹 가해자가 일정거리 안으로 접근할 경우 피해자에게 휴대전화 문자로 가해자 위치정보를 자동전송하는 '스토커 위치정보 피해자 알림시스템'이 가동된다. 이에 따라 위치추적 관제센터를 거쳐야만 알 수 있었던 가해자의 접근사실을 피해자가 직접, 더욱 빠르게 알 수 있게 됐다. 피해자에게 지급되는 손목 착용식 보호장치도 휴대가 더 간편하도록 개선하기로 했다. 자칫 '스토킹 피해자'라는 사실이 노출될까 보호장치를 착용하기 꺼려진다는 피해자들의 의견을 반영해 가방 등에 넣고 다닐 수 있도록 외형을 손봤다.

또 법무부는 피해자가 보호장치를 지니고 있지 않더라도 보호서비스를 이용할 수 있도록 모바일 애플리케이션을 개발할 방침을 밝혔다. 이와 함께 스토킹 피해자에 대한 긴급주거지원도 전국으로 확대된다.

▎월 15회 대중교통 이용하면 20% 할인 … K패스 도입

한 달에 15회 이상 대중교통을 이용하면 20% 할인을 받을 수 있는 지하철·버스통합권 'K패스(K-pass)'가 올해 5월 도입된다. K패스는 지하철·버스 등 대중교통 이용횟수에 비례해 요금을 환급해주는 통합권이다. 정부는 기존의 알뜰교통카드가 보행·자전거 이동거리 등 이용요건을 충족하기에 불편하다는 지적에 따라 이를 폐지하고 교통비 부담을 덜어주는 새로운 제도를 도입했다. 예를 들어 한 달에 서울 시내버스를 15번 이용한 경우 4,500원을 돌려받는다. 신용카드 등 후불식 카드는 결제액을 청구할 때 할

인된 금액만큼 차감되고 선불식 카드는 할인금액을 다음 달에 충전해준다. 이에 따라 일반인은 연간 서울 시내버스 요금(1,500원) 기준 최대 21만 6,000원 할인받을 수 있고, 특히 청년은 30%, 저소득층은 53% 할인을 적용받는다.

謹賀新年

2024

편집부 통신

2024년 새해가 밝았습니다. 올해는 '갑진년(甲辰年)' 푸른 용의 해인데요. 용은 12지신 중 유일하게 상상 속에서만 존재하는 동물이죠. 그래서인지 예로부터 용은 영험하고 신비로운 존재로 여겨져 왔습니다. 우리나라에서는 왕권을 상징하는 동물로서 고려의 개국 신화에 등장해 새로운 국가 건설에 정통성을 부여하는가 하면, 조선시대에는 절대적 권위를 지닌 왕 그 자체로 인식돼 왕과 관련된 단어에 '용'을 붙이기도 했습니다. 특히 청룡은 동서남북의 방위를 관장하는 사신 중 하나로 동쪽을 수호하는 신이었는데요. 사신 중에서도 가장 고귀하고 존엄한 존재로서 비와 구름, 바람, 천둥과 번개를 비롯한 날씨와 기후를 다스리는 용신(龍神)이자 바다를 수호하는 용왕으로서 신앙과 숭배의 대상이 되기도 했습니다. 과거 농업이 백성들의 주요 생업이었던 것을 생각해보면 이러한 흐름은 자연스러운 현상이었다고 볼 수도 있겠네요. 새해가 되면 늘 그렇듯 올해에도 갑진년을 맞이해 용과 관련된 다양한 상품과 홍보물들이 나오고 있는데요. 국립민속박물관과 국립중앙박물관에서도 푸른 용의 해를 맞이하여 용을 주제로 한 전시가 열리고 있다고 하니 관심이 있거나 시간이 되는 분들은 한번 관람해보는 것도 좋을 것 같습니다. 하늘로 힘차게 날아오르는 용처럼 올해 목표하시는 모든 일을 이루어내시길 바라며, 행복한 웃음이 가득한 한 해가 되기를 기원하겠습니다. 새해 복 많이 받으세요.

발행일 | 2024년 2월 5일   발행인 | 박영일   책임편집 | 이해욱   마케팅홍보 | 오혁종   편집/기획 | 김준일, 김은영, 이보영, 이세경, 남민우, 김유진
편저 | 시사상식연구소   표지디자인 | 김지수   내지디자인 | 장성복, 채현주, 곽은슬, 윤준호, 남수영   동영상강의 | 조한   발행처 | (주)시대고시기획
등록번호 | 제10-1521호   창간호 | 2006년 12월 28일   대표전화 | 1600-3600   주소 | 서울시 마포구 큰우물로 75[도화동 538번지 성지B/D] 9F
홈페이지 | www.sdedu.co.kr   인쇄 | 미성아트

1 2023년 채용은 잘 이뤄졌나?

"정기공채 늘었지만 채용규모 줄어"

채용정보 플랫폼 인크루트는 768개 기업을 대상으로 2023년 이뤄진 채용방식과 규모에 대해 조사했다.

▸ **정규직 대졸신입 채용률 하락추세 이어가**
국내기업 68.2%가 2023년 정규직 대졸신입을 한 명 이상 채용했다. 2022년(68.3%)과 비슷한 채용률로 전반적인 하락추세를 이어갔다. 기업규모별로는 대기업 73.3%, 중견기업 83.5%, 중소기업 65.1%로 나타났다.

▸ **대기업 정기공채 늘고, 인턴채용 줄고**
대기업의 경우 정규직 정기공채는 크게 늘었으나(17.4% ➔ 43.9%), 수시·상시, 인턴채용은 줄어들었다. 인턴은 채용연계형과 체험형을 포함한 것으로 신입 구직자들이 직무경험을 쌓기 위한 주요한 수단이기도 하다.

▸ **대기업 채용규모는 줄어들어**
대기업과 중견기업의 정기공채는 확대됐으나 채용의 규모는 줄어들었다. 대기업의 경우 한 자릿수 비중이 늘고 세 자릿수 비중이 줄었고, 중견기업도 2022년과 비교하면 한 자릿수의 비중이 늘어났다.

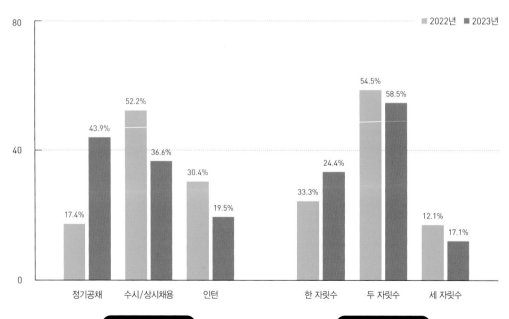

2023년 채용결산

조사대상 : 기업 768곳/조사기간 : '23.12.14.~21.

■ 2022년 ■ 2023년

구분	2022년	2023년
정기공채	17.4%	43.9%
수시/상시채용	52.2%	36.6%
인턴	30.4%	19.5%
한 자릿수	33.3%	24.4%
두 자릿수	54.5%	58.5%
세 자릿수	12.1%	17.1%

대기업 채용방식 **대기업 채용규모**

자료/인크루트

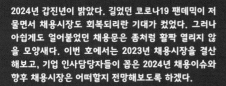

2024년 갑진년이 밝았다. 길었던 코로나19 팬데믹이 저물면서 채용시장도 회복되리란 기대가 컸다. 그러나 아쉽게도 얼어붙었던 채용문은 좀처럼 활짝 열리지 않을 모양새다. 이번 호에서는 2023년 채용시장을 결산해보고, 기업 인사담당자들이 꼽은 2024년 채용이슈와 향후 채용시장은 어떠할지 전망해보도록 하겠다.

2023년
채용시장결산
feat. 2024 채용전망

2 ━━ **2024년 채용이슈는?**

"신입채용은 줄고, 재직자는 더 오래 다니고"

한편 인크루트는 각 기업 인사담당자 768명을 대상으로 '2024년에 주목할 채용이슈'에 대해서도 조사해봤다.

▶ **신입채용은 감소세 이어가**
인사담당자들은 대체로 올해의 신입채용이 더 위축될 것이라 내다봤다. 이 같은 감소세는 2022년과 2023년에 이어 3년째 계속될 것으로 전망됐다.

▶ **재직자 이직도 어려워져**
경기침체가 계속되면서 한동안 채용키워드였던 경력직의 '이직'도 어려워질 것으로 전망됐다. 경력직이 기존 직장생활을 이어가는 '리텐션 현상'이 지속되면서 신입채용문은 더 좁아질 것으로 전망된다.

▶ **취업난에 구직 포기자는 늘어나**
신입채용이 줄어드는 영향으로 '구직 포기자 증가'도 큰 비중(20.5%)을 차지했다. 실제로 통계청이 발표한 '2023년 11월 고용동향'에 따르면 일할 능력은 있지만 특별한 사유 없이 구직활동을 하지 않는 '쉬었음' 인구 중 20대 인구만 32만여 명에 이르렀다.

2024년 채용이슈

조사대상 : 기업 768곳 / 조사기간 : 23.12.14.~21.

1 신입채용 감소(28.9%)

2 구직 포기자 증가(20.5%)

3 경력직 리텐션 현상(23.0%)

4 채용과정 디지털 전환의 가속화(16.3%)

5 주 52시간제 유연 적용(15.9%)

자료 / 인크루트

02 February

SUN	MON	TUE	WED	THU	FRI	SAT
				1	**2** 송파구자원봉사센터 홍보서포터즈 모집 마감	**3** 한전FMS·평택도시공사·충북대학교병원·한국고용노동교육원 필기 실시
4 세종시 SNS서포터즈 모집 마감 / 한국문화정보원 필기 실시 / TOEIC 제508회 실시	**5**	**6** 아산시 청소년참여위원회 위원 모집 마감 / 코레일 대국민 서비스 아이디어 공모전 접수 마감	**7** 서초구자원봉사센터 홍보기자단 모집 마감	**8** 초록우산어린이재단 서포터즈 모집 마감 / 연제구학교밖청소년지원센터 서포터즈 모집 마감	**9** 사람강북청소년센터 서포터즈 모집 마감 / 한국여성대회 자원활동 동가 모집 마감	**10** 경동시장 서포터즈 모집 마감
11 부산 RCY 대학생봉사단 모집 마감	**12** 관광통역가이드 유스굿윌가이드 모집 마감 / 해피머니 서포터즈 모집 마감	**13**	**14** 국립박물관문화재단·우체국물류지원단 필기 실시	**15**	**16** 청년메이트 에브리스시 청년활동가 모집 마감	**17** 국립해양박물관·한구우편사업진흥원·한국교육진흥원 필기 실시
18 자생의료재단 독립운동가 콘텐츠 공모전 접수 마감 / TOEIC 제509회 실시	**19** KDI국제정책대학원 필기 실시	**20**	**21**	**22** 서초유스센터 대학생 미래기획단 모집 마감	**23**	**24** 한자능력검정시험·KBS 한국어능력시험 실시
25 TOEIC 제510회 실시	**26**	**27**	**28** 평창유산재단 평창올림픽 콘테스트 접수 마감	**29** 가평청소년문화의집 대학생서포터즈 모집 마감 / 로레알 브랜드스톰 공모전 접수 마감		

대외활동 Focus — 12일 마감

해피서포터즈
문화상품권을 발행하는 해피머니INC에서 홍보서포터즈 3기를 모집한다. 해피머니의 SNS채널에 홍보물 콘텐츠를 기획·제작해 업로드하는 활동을 한다.

채용 Focus — 14일 실시

우체국물류지원단 Korea Postal Logistics Agency

우체국물류지원단
우체국물류지원단에서 정규직과 무기계약직 등 총 41명의 신입·경력직원을 채용한다. 14일에 필기시험을 치르며 사무직, 운전직, 정비직, 소포구 등 다양한 직렬을 채용한다.

SUN	MON	TUE	WED	THU	FRI	SAT
					1 공 2024 비브 쇼츠 콘테스트 접수 마감 공 뉴스읽기 뉴스일기 공모전 접수 시작	2
3	4 공 CJ ENM STUDIOS 공모전 접수 시작	5 공 세계 물의 날 기념 물 사랑 그림·사진 공모전 접수 마감	6	7	8	9
10	11 공 4·19혁명국민문화제 전국 카툰공모전 접수 시작	12 공 온드림 소사이어티 미디어 콘테스트 접수 마감	13	14	15	16 대 한국실용글쓰기 실시 자 TOEIC 제511회 실시
17	18 공 퀴즈노스 영상 콘테스트 접수 마감	19	20	21	22	23
24/31 자 TOEIC 제512회 실시	25	26	27	28	29	30 자 재경관리사·회계관리 1·2급 실시

대 대외활동 채 채용 공 공모전 자 자격증

공모전 Focus **1일 시작**

마감일 뉴스 리터러시 캠페인
뉴스읽기 뉴스일기

뉴스읽기 뉴스일기 공모전

한국언론진흥재단에서 주관하는 제6회 뉴스읽기 뉴스일기 공모전이 열린다. 다양한 뉴스를 창의적인 방법으로 뉴스일기장에 30회 이상 자율롭게 작성해 3월 ~6월 경 제출하면 된다.

자격시험 Focus **30일 실시**

재경
관리사

재경관리사

삼일회계법인에서 주관하는 재경관리사 시험이 30일 치러진다. 재무회계, 세무회계, 원가관리회계의 총 3과목으로 평가되며, 이어진다. 이와 함께 회계관리 1·2급 시험도 치러질 예정이다.

❖ 일정은 향후 조율될 수 있습니다. 참고 뒤 상세일정은 관련 누리집에서 직접 확인해주세요.

2024
이슈&시사상식

VOL.200

CONTENTS

HOT
ISSUE

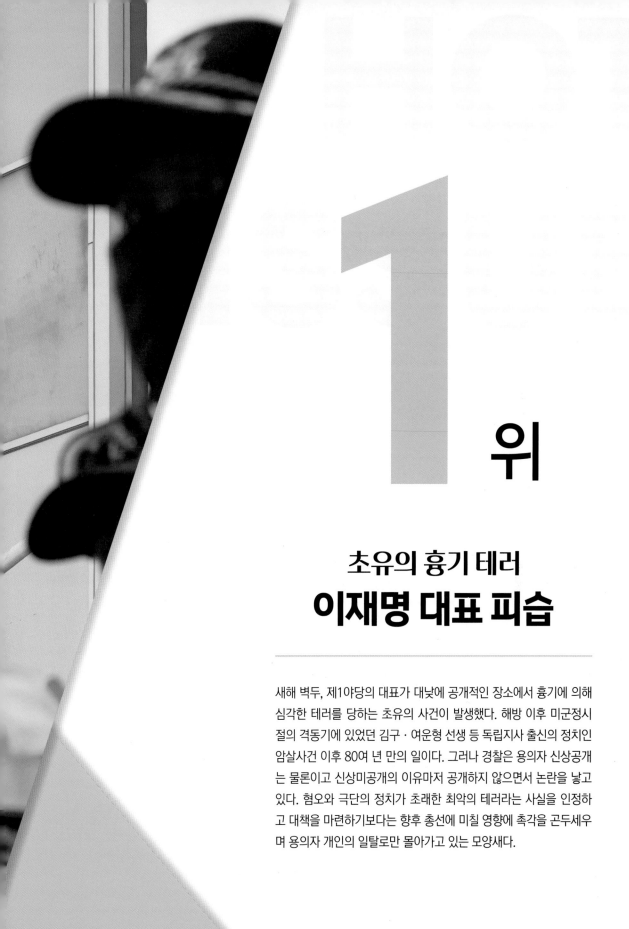

1위

초유의 흉기 테러
이재명 대표 피습

새해 벽두, 제1야당의 대표가 대낮에 공개적인 장소에서 흉기에 의해 심각한 테러를 당하는 초유의 사건이 발생했다. 해방 이후 미군정시절의 격동기에 있었던 김구·여운형 선생 등 독립지사 출신의 정치인 암살사건 이후 80여 년 만의 일이다. 그러나 경찰은 용의자 신상공개는 물론이고 신상미공개의 이유마저 공개하지 않으면서 논란을 낳고 있다. 혐오와 극단의 정치가 초래한 최악의 테러라는 사실을 인정하고 대책을 마련하기보다는 향후 총선에 미칠 영향에 촉각을 곤두세우며 용의자 개인의 일탈로만 몰아가고 있는 모양새다.

1월 2일 오전 10시 27분께 부산 가덕도 신공항 부지를 둘러본 후 기자들과 문답을 진행하던 이재명 더불어민주당 대표가 사인을 요구하며 다가온 한 남성으로부터 왼쪽 목 부위를 공격당해 피를 흘린 채 쓰러졌다. 이 대표는 출혈이 계속 이어지는 가운데 사건 발생 20여 분 만인 오전 10시 47분 구급차에 실려 부산대병원 권역외상센터로 이송됐다.

지지자로 위장해 접근 ··· 정확히 급소 노려

사회관계망서비스(SNS) 등에 공개된 영상과 현장 목격자들에 따르면 이 대표는 부산 가덕도 신공항 용지를 둘러본 후 취재진 질문에 답변을 끝내고 서서히 발걸음을 떼며 이동하고 있었다. 취재진에게 빽빽하게 둘러싸여 있다가 이동하면서 주변이 약간 느슨해진 때에 취재진 바로 뒤에서 머리에 파란 종이 왕관을 쓰고 뿔테안경을 쓴 남성이 "사인해 주세요"라고 외치며 취재진 사이를 비집고 들어왔다. 그리고 이 대표와 가까워진 순간 오른손을 뻗으며 뛰어올라 이 대표의 목 부위를 흉기로 찔렀다.

가덕도 대항전망대에서 발언하고 있는 이재명 대표

현장에서 경찰에 의해 체포된 용의자는 주변에서 지지자처럼 행동하던 중 사인을 요구하며 펜을 내밀다가 소지하고 있던 흉기로 이 대표를 공격했다. 경찰

조사결과 공격에 사용된 흉기는 총 길이 17cm, 날 길이 12cm인 등산용 칼(미국 거버사 제조 스트롱암 블랙 등산용 칼)로 칼등을 칼날과 마찬가지로 날카롭게 연마해 개조한 일종의 양날검이었다.

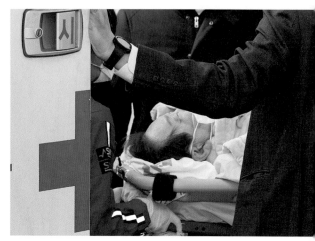

구급차로 이송되는 이재명 대표

119에 곧바로 신고됐으나 가덕도 내에 안전센터가 없어 출발할 수 있는 구급대가 없었고 사건현장에 가장 빠르게 도착할 수 있는 구급차가 있는 지사센터도 현장과 21km 거리에 있었기 때문에 사건발생 20여 분 만인 오전 10시 47분에야 구급차가 도착했다. 그동안 이 대표는 주변인들의 도움으로 휴지와 손수건 등으로 지혈을 받으며 의식을 유지했으며, 도착한 구급대원의 응급처치를 받고 오전 10시 50분께 구급차로 인근 한 축구장에서 소방헬기로 옮겨져 오전 11시 13분께 부산대학교 병원에 도착했다.

부산대병원에서는 외상 담당 의료진으로부터 응급 검사와 파상풍 주사 등 응급처치를 받았고, 그후 오후 1시께 헬기 편으로 서울로 이동, 한강 노들섬에 착륙해 다시 구급차로 종로구 대학로 옆에 있는 서울대병원으로 옮겨졌으며, 민승기 서울대병원 이식혈관외과 교수의 집도 아래 오후 4시 20분께부터 1시간 40분 혈전 제거와 혈관재건수술을 받았다.

서울대병원과 민 교수는 1월 4일 서울대병원 의학연구혁신센터에서 이 대표 치료경과에 대한 브리핑을 했다. 민 교수는 당시 상황에 대해 "흉쇄유돌근이라고 하는 목 빗근에 위로 1.4cm 칼에 찔린 자상이 있었다"며 "근육을 뚫고 근육 내에 있는 동맥이 잘려 있고 많은 양의 피떡이 고여 있었다"고 말했다. 이어 "속목근동맥은 정맥의 안쪽, 뒤쪽에 위치하는데 다행히 동맥 손상은 없었다"며 "주위 신경이나 다른 식도·기도 손상도 관찰되지 않았다"고 했다.

이재명 대표 자상상태

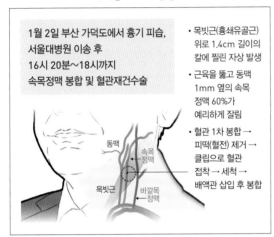

1월 2일 부산 가덕도에서 흉기 피습, 서울대병원 이송 후 16시 20분~18시까지 속목정맥 봉합 및 혈관재건수술

• 목빗근(흉쇄유골근) 위로 1.4cm 길이의 칼에 찔린 자상 발생
• 근육을 뚫고 동맥 1mm 옆의 속목정맥 60%가 예리하게 잘림
• 혈관 1차 봉합 → 피떡(혈전) 제거 → 클립으로 혈관 접착 → 세척 → 배액관 삽입 후 봉합

동맥 / 속목정맥 / 목빗근 / 바깥목정맥

치료와 관련해서는 "2차 감염이 우려돼 충분히 세척을 진행했고, 찢어진 속목정맥(내경정맥)을 1차 봉합해 혈관재건수술을 시행했"으며 "꿰맨 길이는 약 9mm"라고 덧붙였다. 민 교수는 "추가로 근육의 피떡을 다 제거하고 잘린 곳은 클립을 물어서 접착 및 세척한 뒤 상처를 봉합했다"고 경위를 설명했다. 수술 후 경과에 대해선 "다행히 잘 회복해 수술 다음 날 병실로 이송돼 현재 순조롭게 회복 중"이라면서도 "칼로 인한 외상 특성상 추가손상이나 감염, 혈관 합병증 등의 발생 우려가 있어 경과는 더 지켜봐야 한다"고 말했다. 목에는 얼굴 쪽 혈액을 공급하는 바깥목동맥이 있고, 뇌로 혈액을 공급하는 속목동맥이 있는데, 속목동맥과 속목정맥이 손상되면 대량출혈

과 여러 심각한 합병증을 유발할 수 있다. 만약 속목동맥이 손상됐다면 그 자리에서 사망한다는 게 의학계 설명이다.

정부·여당, 일선에 강력대응 요구

경찰은 사건 당일 부산경찰청에 수사본부를 설치하고 발생 3시간여 후인 오후 2시 언론 브리핑을 통해 현장에서 체포한 범인을 충남에 거주하는 민주당 당적의 67세 김씨라고 밝히며 "조사과정에서 이재명 대표를 죽이겠다는 살인의 고의가 있었다고 진술했다"고 했다. 또한 이 대표 공격에 쓴 흉기가 인터넷에서 구입한 것으로 조사됐다고 했다. 이어서 경찰은 김씨에게 살인미수 혐의를 적용, 구체적인 범행 동기와 배후 유무 등을 조사할 예정이라고 말했다.

윤석열 대통령도 이 대표 피습소식에 "결코 있어서는 안 될 일이 벌어졌다"면서 이 대표의 안전에 대해 깊은 우려를 표명했다고 김수경 대통령실 대변인이 밝혔다. 또한 윤 대통령은 경찰 등 관계 당국이 신속하게 진상을 파악하고, 이 대표의 빠른 병원 이송과 치료를 위해 최선을 다해 지원하라고 지시했다. 한동훈 국민의힘 비상대책위원장 역시 "이 사회에서 절대로, 절대로 있어서는 안 될 일"이라고 입장을 밝혔다.

열상·노인·1cm·특혜의혹? … 허위·과장 2차 테러

언론도 사건 직후부터 이송과 경찰 브리핑까지 실시간으로 보도했다. 이 과정에서 피습 순간이 담긴 영상과 사진이 무차별하게 전파를 탔다. 또한 보수매체를 시작으로 이 대표의 상태가 '목 부위에 1cm 정도 **열상***(찢어진 상처)을 입었고, 출혈량이 적으며, 생명에는 지장이 없는 상태'라고 전달됐다. 이에 정청래 민주당 최고위원은 '열상'은 '명백한 가짜뉴스'로 지적하고 그 진원지를 총리실 산하 대테러종합상

황실로 지목했다. 권칠승 수석대변인도 "대테러종합상황실은 (문자메시지를 통해) 이 대표가 입은 '심각한 자상'을 '1cm 열상으로 경상'이란 말로 축소·변질시켜 피해 정도를 왜곡시켰다"며 총리실이 야당 대표에 대한 테러사건의 가짜뉴스 진원지를 자처한 이유, 가짜뉴스 문자의 최초 작성자와 지시자, 유포 경위를 철저히 밝히라고 총리실에 촉구했다.

자상 vs 열상

열상은 에너지양에 따라 피하조직, 근육, 또는 장기까지 손상되는 경우도 있기는 하지만 대체로 피부의 바깥층만 손상되는 표재성 손상(까짐 등)을 말한다. 반면 자상은 칼이나 이와 유사한 도구 등 날카롭거나 뾰족한 물체가 피부와 기저조직을 관통하는 외상으로 눈에 보이는 부상의 범위보다는 위치와 깊이에 따라 심각도가 달라진다.

이에 대테러종합상황실은 보도자료를 내고 "해당 문자는 이 대표가 피습당한 직후 현장에 있던 소방과 경찰 실무진이 작성한 뒤 본청 상황실과 국무조정실 대테러센터 상황실 등에 보고한 문자"라며 "주관적인 판단이나 깊은 의학적인 소견이 담겨 있지 않다"고 반박했다. 그러나 용의자가 흉기로 찌른 것이 명백한 만큼 해명이 납득하기 어렵다는 의견이 많다. 또한 열상이라는 보도가 나간 후 악성댓글이 온라인을 지배했다. 1월 2일 하루 동안에만 "1cm", "열상"을 언급한 조롱성 댓글만 약 1만 3,000여 건이 넘었다. 대테러종합상황실이 사건을 축소시켜 여론을 왜곡시켰다는 비판이 나오는 이유다.

왜곡보도는 특혜시비까지 불러일으켰다. 부산대병원에서 서울대병원으로 헬기이송 자체가 전례가 없으며, 이송해야 했다면 지상 구급차를 이용했어야 한다는 주장이 나온 것이다. 일부 의사회는 이와 관련해 이 대표를 응급의료법 위반, 업무방해 혐의로 검찰에 고발하기까지 했다.

국민의힘 부산 지역구 의원도 성명문을 내고 이 대표의 이송에 대해 "지방 의료체계에 대한 불신에서 비롯된 수도권 우월주의"라며 사과를 촉구했다. 헬기이송 시비가 정치권으로까지 번지자 민주당 부산시당은 "여당 측이 야당 대표 피습사태에 대해 본질을 흐리면서 터무니없는 정치공격만 하고 있다"는 성명문을 냈고, 전용기 의원도 "칼에 맞고 생사가 오가는데 '부산 홀대'라고 정치적인 공격을 한다"고 비판했다. 심지어 국민의힘 소속인 홍준표 대구시장도 "제1야당 대표는 국가의전 서열상 총리급에 해당하는 것으로 안다. 그런 사람이 흉기피습을 당했다면 본인과 가족의 의사를 존중해서 헬기로 이송도 할 수 있는 문제"라며 "진영논리로 특혜시비를 하는 것 자체가 유치하기 그지없다"고 지적했다.

피습 관련 경찰 재수사를 촉구하는 정청래 의원

서울대병원도 "칼로 인한 자상으로 속목정맥손상이 의심됐고, 기도손상이나 속목동맥의 손상도 배제할 수 없는 상황이었다"며 "목 정맥이나 동맥의 혈관재건술은 난도가 높은 수술이다. 수술을 성공한다고 장담하기 어려운 상태였고 경험 많은 혈관외과 의사의 수술이 꼭 필요한 상황이었다"며 "우리는 부산대병원의 전원 요청을 받아들였고, 중환자실과 수술실을 준비해 정해진 대로 수술을 진행했다"고 강조했다. 또한 민주당의 요구는 전혀 없었다고 밝혔다.

경찰, "단독범행, 그러나 신상·당적 공개 못 해"

김씨 범행을 수사한 부산경찰청은 10일 최종 수사결과를 발표, 김씨의 범행동기를 "주관적인 정치적 신념에 의한 극단적인 범행"이라고 결론지었다. 범행 이유에 대해서는 "김씨가 이 대표가 대통령이 되는 것을 막고 총선에서 특정세력에게 공천을 줘 다수 의석을 확보하지 못하도록 하려고 범행을 저지른 것으로 조사됐다"고 발표했다.

하지만 공무원 퇴직 후 부동산 공인중개사로 일해온 평범한 60대 남성이 지난해 4월부터 범행을 단독으로 계획, 수년간 몸담았던 국민의힘에서 민주당으로 당적을 옮기고 흉기를 구입해 날카롭게 개조한 뒤 총 6번이나 이 대표 일정을 쫓아다니는 치밀함을 보인 것을 고려하면 설명되지 않는 측면이 있다.

이 대표 암살을 시도한 용의자 김씨

또한 경찰은 김씨의 신상을 공개하지 않기로 한 데 이어 신상미공개 이유와 당적까지 모두 밝히지 않았다. 특히 김씨가 극우 유튜브 영상을 시청했다는 것과 관련해 유튜브 영상 시청 외 정치적 신념을 강화하게 된 계기가 무엇이냐는 질문마저 "말하기 어렵다"며 김씨의 내재적 범행동기와 신념이 구축된 원인에 대한 답을 회피해버렸다. 이에 대해 배상훈 서울디지털대 경찰행정학과 교수는 "(이 같은 경찰의 결정으로) 음모론이 득세하고 제2, 제3의 범행도 일

어날 수 있다"고 경고했다. 사건발생 30여 분 만에 경찰들이 현장보존원칙을 깨고 이례적으로 물청소한 것도 논란이 됐다. 이에 민주당에서는 맹탕수사라며 전면 재수사를 촉구했다.

미뤘던 탈당, 신당 창당 … 각 당 내분 가시화

한편 이 대표가 퇴원하자 피습사건으로 미뤄졌던 정치권 이합집산에도 다시 불이 붙었다. 8일 김종민·이원욱·조응천 민주당 의원의 탈당을 시작으로 12일에는 이낙연 전 대표가 "민주당이 1인·방탄 정당으로 변질됐다"면서 탈당을 선언하고 14일 국회에서 '미래대연합'이라는 당명으로 창당발기인대회를 열었다. 본격적인 신당 창당절차에 들어간 것이다.

신당을 추진 중인 류호정, 금태섭, 이낙연, 양향자, 이준석(왼쪽부터)

여기에는 11일 탈당한 제3지대 세력 중 하나인 '당신과함께' 소속 박원석 전 정의당 의원과 정태근 전 한나라당(국민의힘 전신) 의원도 동참했다. 이준석 전 국민의힘 대표를 포함해 공동창당을 선언한 류호정 정의당 의원·금태섭 전 의원과의 연대 가능성도 열어둔 상태다. 다만 민주당 의원 164명 가운데 129명이 탈당을 만류하는 성명을 낸 것, 그동안 탈당 3인방과 함께했던 윤영찬 의원이 마지막에 잔류를 결정한 것 등을 고려할 때 민주당에서의 추가탈당 가능성은 크지 않을 것으로 전망된다. ▨

2위

대통령 거부권에 쌍특검법 제동, 총선 전 얼어붙은 국회

윤석열 대통령이 국회에서 통과된 특별검사 임명 법안(특검법안) 2건에 대해 재의요구권을 1월 5일 행사했다. 2건의 특검법안은 '대통령 배우자 김건희의 도이치모터스 주가조작 의혹 진상규명을 위한 특별검사 임명 등에 관한 법률안(김건희 특검법)'과 '화천대유 50억 클럽 뇌물 의혹 사건의 진상규명을 위한 특별검사의 임명 등에 관한 법률안(50억 클럽 특검법)'으로 '쌍특검법'으로 불린다. 그러나 대통령의 거부권 행사로 국회로 돌아온 쌍특검법은 1월 9일 본회의에서 재표결이 무산됐다. 법안에 대한 의사일정 변경동의안이 표결에 부쳐졌지만, 과반의석을 가진 더불어민주당의 반대표로 모두 부결됐다.

대통령실 "쌍특검법은 야당의 총선용 악법"

윤석열 대통령은 1월 5일 오전 정부서울청사에서 열린 임시 국무회의에서 쌍특검법의 재의요구안(거부안)이 의결된 직후 이를 재가했다. 이관섭 대통령실 비서실장은 브리핑을 통해 "거대야당인 더불어민주당이 국민을 위해 시급한 법안처리는 미루고 민생과 무관한 두 가지 특검법안을 여야합의도 없이 일방적으로 강행처리한 데 대해 깊은 유감을 표명한다"고 말했다.

브리핑하는 이관섭 대통령실 비서실장

이 실장은 "이번 특검법안들은 총선용 여론조작을 목적으로 만들어져 많은 문제점이 있다"며 "다수당의 횡포를 막기 위해 항상 여야합의로 처리해오던 헌법 관례를 무시했고, 재판 중인 사건 관련자들을 이중으로 과잉수사해 인권이 유린당한다"고 비판했다. 그러면서 "총선기간에 친야 성향 특검이 허위 브리핑을 통해 국민의 선택권을 침해할 수도 있다"고 우려를 표했다. 이어 그는 "특히 50억 클럽 특검법안은 이재명 대표에 대한 방탄이 목적"이라면서 "누군가 대장동 사업 로비용으로 50억원을 받았다면 그 사람은 당시 인허가권자인 이재명 성남시장 주변사람일 것이고, 자신의 신변안전을 위해서라도 지난 대선에 민주당의 집권을 바라고 지지했을 것"이라고 주장했다.

이 실장은 "그런데도 여당의 특검 추천권은 배제하고, 야당만 추천해 친야 성향의 특검이 수사한다면 진상이 규명될 리 없다"며 "친야 성향의 특검이 현재 진행되는 검찰수사를 훼방하고, 이 대표에 대한 수사결과를 뒤집기 위한 진술번복 강요와 이중수사, 물타기 여론공작을 할 것도 뻔히 예상된다"고 비판했다. 이어서 "도이치모터스 특검 또한 12년 전 결혼도 하기 전 일로 문재인정부에서 2년간 탈탈 털어 기소는커녕 소환도 못 한 사건"이라고 지적했다.

속전속결 거부권, 총선 악재 최소화 노력

이번 윤 대통령의 거부권 행사는 신속하게 이뤄졌다. 쌍특검법이 국회 본회의를 통과한 지 8일 만이다. 양곡관리법 개정안(12일), 간호법 제정안(19일), 노란봉투법 및 방송3법 개정안(22일) 등 거부권을 행사한 다른 법안보다 훨씬 빨랐다. 앞선 거부권 행사 당시에는 시한만료 직전까지 여론수렴 형식을 취했지만 이번에는 그마저도 고려되지 않았다. 4월 총선에 정략적 이용을 차단하겠다는 게 가장 큰 이유다. 거부권 행사에 따른 비판여론은 부담이지만, 여당에 불리한 '김건희 특검' 이슈가 계속 굴러가면서 총선 전면에 등장할 경우 더 리스크가 크다는 것이 대통령실 내 공통된 인식이다.

여당인 국민의힘은 윤 대통령의 거부권 행사와 관련해 "헌법상 보장된 권한"이자 "민생을 위한 결단"이라고 평가했다. 박정하 국민의힘 수석대변인은 "쌍특검법은 독소조항이 포함된 악법"이라며 "(민주당은) 법안의 정부 이송절차마저도 정략적으로 이용했다"고 비판했다. 이어 "대통령의 재의요구는 당연히 필요한 헌법적 권한"이라고 말했다. 또 정희용 원내대변인은 "거부권 행사는 소모적인 정치적 논쟁에서 벗어나 오직 국민만 바라보며 민생을 챙기겠다는 대통령의 결단"이라고 논평하기도 했다.

민주당, "쌍특검 재의결 절차 당분간 안 밟아"

한편 민주당은 윤 대통령의 거부권 행사와 관련해 헌법재판소에 **권한쟁의심판***을 청구하기 위한 법리 검토에 착수했다. 민주당은 <mark>배우자 비리에 대해 대통령 권한을 사용한 것은 이해상충의 여지가 있다</mark>고 보고, 권한쟁의심판 청구를 예고해왔다. 민주당 원내 지도부 등은 1월 8일 국회에서 비공개로 헌법학자들과 간담회를 열어 권한쟁의심판 청구가 가능한지 등을 논의한 것으로 알려졌다. 임오경 원내대변인은 간담회 후 기자들과 만나 "대통령 가족과 관련해 대통령이 거부권을 남발하면 우리가 특검을 손도 못 대는 상황이 된다"며 "이와 관련한 다양한 의견을 수렴했다"고 전했다.

권한쟁의심판

헌법재판소가 국가기관 간, 국가기관과 지방자치단체 간, 혹은 지방자치단체와 지방자치단체 간에 권한이 어느 쪽에 있고, 어디까지 미치는지에 대해 판결해주는 심판이다. 헌법해석을 통해 국가기관들 사이의 권한을 정리해 국가의 기능을 정상화하고 그로써 국민의 기본권을 수호하기 위한 목적이 있다.

민주당은 또 쌍특검에 대한 재의결을 서두르지 않겠다는 입장을 밝혔다. 홍익표 원내대표는 1월 9일 본회의를 앞두고 연 의원총회에서 "당분간 재의결 절차를 밟을 생각이 없다"며, "(대통령) 본인 가족을 위한 방탄거부권을 국회가 거수기처럼 수용할 이유 없다는 게 첫째"라면서 "대통령이 스스로 잘못을 인정하고 거부권을 철회할 시간을 드릴 필요가 있다"고 밝혔다. 대통령이 거부권을 행사한 법안에 대한 재의결 시한은 규정돼 있지 않다.

홍 원내대표는 국회에서 열린 원내대책회의에서도 "이승만 대통령과 박정희 대통령 시절 거부권을 행사한 이후 철회하고 공표한 바 있다"며 "국민과 함께 당분간 시간을 드리겠으니 독선과 오만으로 마지막 기회를 놓친다면 모든 책임은 대통령에게 있을 것"이라고 강조했다. 이어 "쌍특검은 국민 대다수가 요구하고 있어서 대의기관인 국회가 국민의 뜻을 지켜야 하고, 삼권분립과 민주주의 무력화 시도를 국회가 막아야 한다"며 "민주당은 권한쟁의심판 청구, 이해충돌방지법 위반 등을 면밀하게 검토 중이며 검토가 끝나면 필요한 조치를 할 예정"이라고 덧붙였다. 홍 원내대표의 예고대로 쌍특검법의 본회의 재표결은 무산됐다. 두 특검법안에 대한 의사일정 변경 동의안이 각각 표결에 부쳐졌지만, 과반의석을 가진 민주당의 반대표로 모두 부결됐다.

한편 21대 국회가 종착점을 앞둔 상황에서 <mark>다수 야당이 법안을 강행처리하면 대통령이 거부권을 행사하는 일이 도돌이표처럼 반복되고 있다</mark>는 비판이 제기됐다. 민주당은 오랜 협의와 수정을 거친 후에 끝내 국민의힘과 막판 합의에 실패한 '이태원참사 특별법'을 9일 본회의에서 군소야당과 함께 강행처리했고, 소수 여당인 국민의힘은 특별법 표결 전 퇴장했다.

국민의힘은 본회의장 밖에서 규탄대회를 열어 "재난을 정쟁화하고 사회적 갈등을 증폭시키기 위한 정략적 의도가 깔린 특별법"이라며 민주당을 강하게 비판했다. 민주당은 "거부권 행사 위험을 최소화하기 위해 원안에서 후퇴한 수정안을 제출한 것"이라며 윤 대통령의 거부권 행사 가능성을 겨냥해 대여 압박에 나섰다. 결국 민주당이 낸 법안을 일부 수정한 특별법이 통과됐고, 여기에 여권의 요구사항이 거의 반영되지 않은 만큼 윤 대통령이 다시 거부권 행사에 나설 가능성도 배제할 수 없다. ■

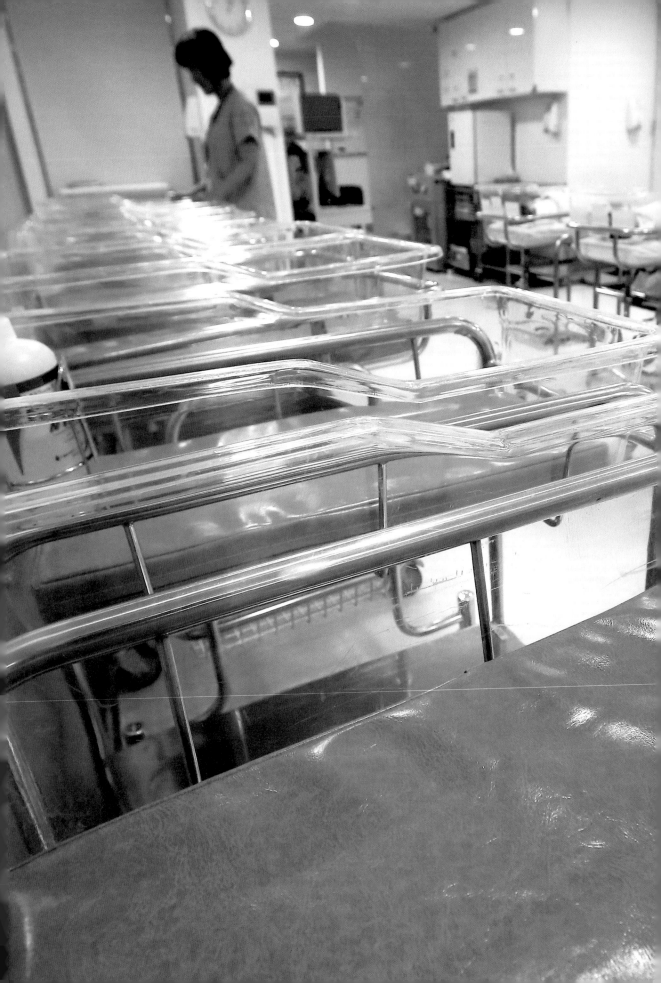

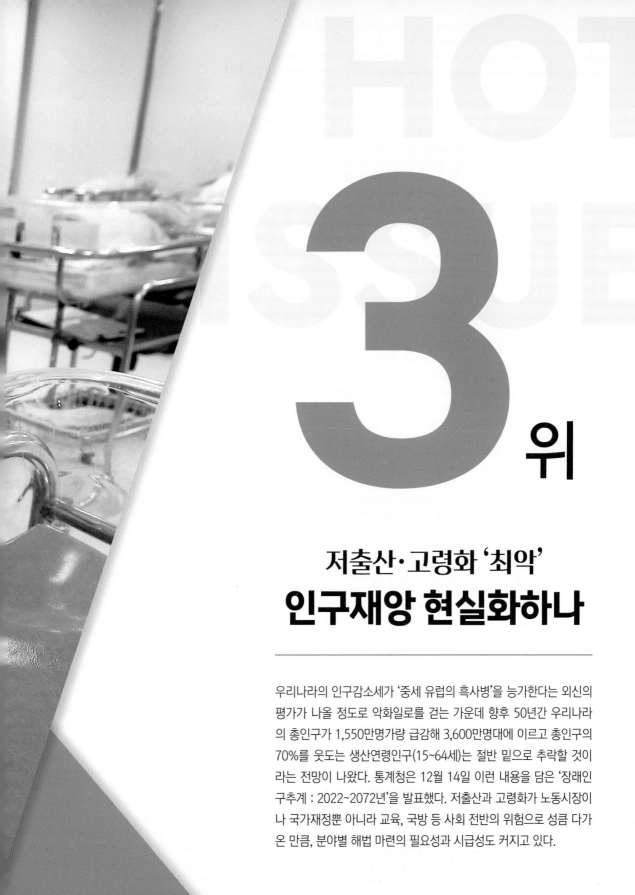

3위

저출산·고령화 '최악'
인구재앙 현실화하나

우리나라의 인구감소세가 '중세 유럽의 흑사병'을 능가한다는 외신의 평가가 나올 정도로 악화일로를 걷는 가운데 향후 50년간 우리나라의 총인구가 1,550만명가량 급감해 3,600만명대에 이르고 총인구의 70%를 웃도는 생산연령인구(15~64세)는 절반 밑으로 추락할 것이라는 전망이 나왔다. 통계청은 12월 14일 이런 내용을 담은 '장래인구추계 : 2022~2072년'을 발표했다. 저출산과 고령화가 노동시장이나 국가재정뿐 아니라 교육, 국방 등 사회 전반의 위험으로 성큼 다가온 만큼, 분야별 해법 마련의 필요성과 시급성도 커지고 있다.

'역대 최악' 출산율 … 대한민국 '소멸' 위기

우리나라의 저출산 상황이 얼마나 심각한지 보여주는 통계는 넘쳐난다. 우리나라 합계출산율(가임여성 1명이 평생 낳을 것으로 예상되는 평균 출생아 수)은 2022년 0.78명으로 경제협력개발기구(OECD) 회원국 중 가장 낮고, 전 세계에서 홍콩(0.77명)에 근소한 차이로 뒤지는 '꼴찌에서 2번째'였다. 또 통계청 장래인구추계에 따르면 50년가량 지난 2072년에는 2022년 말 기준 5,144만명이던 인구가 3,622만명까지 줄어들 전망이다. 이때가 되면 중위연령(전체 인구 중 중간연령)은 63.4세로 전체 인구의 절반 이상이 환갑을 넘는 '노인국가'가 된다.

합계출산율 추이 및 출산율 제고 효과 추정

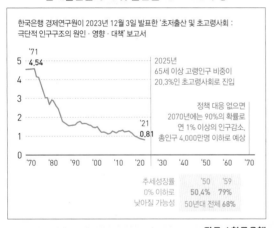

한국은행 경제연구원이 2023년 12월 3일 발표한 '초저출산 및 초고령사회 : 극단적 인구구조의 원인·영향·대책' 보고서

2025년 65세 이상 고령인구 비중이 20.3%인 초고령사회로 진입

정책 대응 없으면 2070년에는 90%의 확률로 연 1% 이상의 인구감소, 총구구 4,000만명 이하로 예상

추세성장률	'50	'59
0% 이하로 낮아질 가능성	50.4%	79%
	50년대 전체 68%	

자료 / 한국은행

우리나라의 낮은 출산율을 '흑사병'에 비교하는 외신 보도도 나왔다. 미국 뉴욕타임스는 12월 2일 칼럼에서 '한국의 인구가 흑사병 창궐로 인구가 급감했던 14세기 중세 유럽보다 더 빠르게 감소할 수 있다'고 우려했다. 인구학자 데이비드 콜먼 옥스퍼드대 명예교수는 '한국이 심각한 저출산 추세가 지속되면 1호 인구소멸국가'가 될 것이라고 경고하기도 했다.

이러한 저출산은 생산성 하락과 경제규모 축소로 이어진다. 인구위기가 실존하는 공포가 돼가는 것이

다. 한국경제연구원의 보고서를 보면 저출산으로 생산가능인구가 2022년보다 34.75% 줄면서 2050년 국내총생산(GDP)은 28.38%나 감소할 전망이다. 국민연금이나 국민건강보험 등 사회안전망 역시 직격탄을 맞고 있다. 수급자가 증가하고 기대여명이 늘어나지만, 보험료를 낼 인구는 감소하는 상황이니 지속가능성 확보가 발등의 불로 떨어진 셈이다.

신생아 수가 줄어든 만큼 군입대자 수도 줄어들고 있다. 2006년 54만명이던 군 병력(육군 기준)은 지난해 36만 5,000명까지 줄었고, 머지않아 30만명 선도 무너질 것으로 예상된다. 인구감소로 존폐위기에 처하는 학교들도 늘어나고 있다. 2017년생인 올해 초등학교 1학년 학생 수는 사상 처음으로 40만명 밑으로 내려갈 것으로 예상되며, 생존을 위해 다른 대학과의 통합을 도모해야 할 처지의 대학들도 늘고 있다.

'저출산 탈출' 원년 될까 … 정부 대책 주목

이러한 상황을 타개하기 위한 정부의 새로운 저출산 대책은 올해 1분기에 발표 예정인 '제4차 저출산 고령사회 기본계획(2021~2025년)'의 수정판에 담길 전망이다. 핵심정책 중 하나는 '난임 지원'이 될 것으로 보인다. 정부는 올해부터 소득기준을 폐지하고 난임부부 시술비 지원을 확대할 방침인데, 난자동결 혹은 해동비용도 전향적으로 지원하는 방안을 검토하고 있다.

육아휴직의 실질적 확대 등 일-가정 양립 지원 정책도 나올 것으로 예상된다. 정부는 육아휴직을 늘려 출산·육아 친화적 환경을 만들기 위해 육아휴직급여의 월 상한액(현재 150만원)을 2배 혹은 최저임금(올해 206만 740원) 수준으로 끌어올리는 방안을 고려 중이다. 육아휴직기간 소득대체율(기존소득 대비

육아휴직급여로 받는 금액의 비율)이 44.6%에 불과해 OECD 하위권에 머물 정도로 낮아 부모들이 육아휴직을 사용하는 데 걸림돌이 되고 있다는 판단에서다. 국회 입법조사처의 2021년 보고서에 따르면 출생아 100명당 육아휴직 사용자 비율은 우리나라가 여성 21.4명, 남성 1.3명으로, 관련 정보가 공개된 OECD 19개 국가 중 가장 적었다.

스웨덴의 경우 16세가 넘어도 고등학교 등에 재학 중이면 학업보조금 용도로 월 1,250크로네(약 15만 3,000원)의 '연장 아동수당'을 지급하고 있고, 독일은 구직 중이면 21세까지, 대학 재학 중이거나 직업훈련을 받고 있으면 25세까지 월 250유로(약 35만 7,000원)를 지급하고 있다. 반면에 우리나라는 아동수당의 지급기간이 지나치게 생애 초기에 몰려 있어 그 기간을 늘려야 한다는 지적이 제기돼 왔다.

아울러 저출산의 나락에서 벗어나기 위해서는 다양한 지원책도 중요하지만, 근본적으로 정부 인구정책의 틀을 바꾸거나 사회적으로 총력을 기울일 제도를 도입하는 식의 획기적인 변화가 필요하다는 지적도 많다. 보건복지부(복지부) 관계자는 "저출산 해소에 실질적인 도움을 줄 과제를 제시할 계획"이라며 "출산과 양육지원을 비롯해 주거, 일자리, 사교육, 수도권 집중 등 사회경제적으로 구조적인 문제까지 반영할 방침"이라고 말했다.

논의 속도 붙지만 문제는 '재원'

문제는 이를 추진할 재원을 어떻게 마련하느냐에 있다. 저출산 문제를 해소하기 위해 제시된 여러 방안을 실천하는 데 필요한 재정은 무려 10조 9,321억 원에 달할 것으로 추정됐다. 그러나 국민 대다수는 저출산 대책의 확대를 반기면서도 그 재원 마련을 위한 증세에는 부정적이다. 한국보건사회연구원이 만 19~49세 남녀 2,000명을 대상으로 지난해 8월 8~25일 실시한 웹 설문조사에서 응답자의 75.1%가 "관련 예산을 늘려야 한다"고 답했지만, 관련 재원을 어떻게 마련할지(중복응답)에 대해서는 13.4%만 "세금을 증액해 마련한다"고 답했다. 반면 가장 많은 80.6%는 "현재 정부예산을 조정해 저출산 문제에 집중적으로 투자하고 확대해야 한다"고 답했다. 28.1%는 "부모보험*" 등 사회보험을 신설해야 한다"고 했다.

부모보험

가족에게만 전가된 자녀양육 부담의 짐을 사회 전체가 분담하는 방식으로 운영되는 보험을 말한다. 부모보험료를 재정으로 활용해 출산휴가 수당과 육아휴직 급여 등을 지급하고 출산으로 인한 부담을 개인이 아닌 사회 전체가 부담하자는 취지에서 보건복지부가 제시한 방안이다.

저출산고령사회위원회(저고위) 관계자는 "11조원 가까운 예산을 늘리면 GDP 중 가족예산이 차지하는 비중이 OECD 평균수준으로 올라갈 것"이라며 "문제는 재원을 어떻게 마련할지인데, 국민들이 더 많은 세금을 내길 원치 않는 상황에서 저출산 예산을 확대하려면 정부재원을 조정할 수밖에 없다"고 했다. 저고위에 따르면 우리나라의 GDP 대비 가족 예산 지출 비율은 1.56%로 OECD 평균인 2.29%에 한참 못 미친다. 그러나 지난해 '역대급 세수펑크'로 인해 정부예산 조정 방안에 반발하는 의견도 있어 사회적 논의가 더 필요할 것으로 보인다. 시대

2028 대입개편안 확정 …
풍선효과·이공계 경쟁력 하락 우려

교육부가 2023년 12월 27일 2028학년도 대학입시 제도 개편안을 확정해 발표했다. 앞서 10월에 발표한 개편시안대로 선택과목 없이 공통과목을 치르는 '통합형 수능'으로 출제되며, 내신도 현행 9등급 상대평가에서 5등급 상대평가체제로 바뀐다. 다만 **찬반양론이 팽팽했던 '심화수학(미적분Ⅱ·기하)'이 도입되지 않아 수험생들은 진로와 관계없이 모두 같은 문항의 시험을 치르게 됐다.**

2028학년도 대입제도 개편안을 발표하는 이주호 부총리

국·수·탐구 선택과목 없어진다

현재 국어·수학 영역은 '공통과목+선택과목' 체제이고, 탐구영역도 사회·과학 17개 과목 가운데 2개

과목을 택해 치르는 방식이다. 하지만 올해 중3이 되는 학생들부터는 통합사회와 통합과학을 공통으로 치른다. 교육부는 "학생이 어떤 과목을 선택했는지에 따라 발생할 수 있었던 '점수 유불리' 현상을 해소하고, 실질적인 문·이과 통합을 통해 사회·과학 기초소양을 바탕으로 한 융합적 학습을 유도할 수 있을 것"이라고 기대했다.

내신은 현행 9등급 상대평가제를 5등급 상대평가제로 개편한다. 과목별 절대평가(성취평가)와 상대평가 성적을 함께 기재하지만, 대입에서는 상대평가 성적이 활용되므로 사실상 상대평가다. 이에 따라 2025학년도부터는 상위 10%는 1등급, 그 아래 24%는 2등급, 그 아래 32%는 3등급을 받게 된다. 이는 기존 평가체제가 학생 수 감소 등을 고려하면 과도한 경쟁을 유발한다는 지적이 계속된 데 따른 조치다. 다만 고등학교 탐구영역 융합선택과목 9개와 체육·예술·과학탐구실험·교양 과목은 절대평가만 실시하고, 학생들이 이들 과목에만 쏠리지 않도록 장학지도를 실시할 방침이다. 고교학점제 취지에 맞게 학생 선택권을 확대하고, 교과 융합 및 실생활과 연계한 탐구·문제해결 중심 수업을 내실화하기 위해서다. 지식암기 위주의 평가 대신 사고력·문제해결력 등 미래역량을 평가할 수 있도록 '논·서술형 내신평가'를 늘리고, 고교 교사의 평가역량 강화를 위한 연수도 올해부터 집중적으로 실시하기로 했다.

'심화수학' 제외, "사교육 경감" vs "변별력 우려"

한편 당초 교육부는 대수·미적분Ⅰ·확률과 통계를 출제범위로 하는 기존의 수학영역 외에 자연계열에 진학하려는 학생들이 공부했던 미적분Ⅱ·기하를 '심화수학' 선택과목으로 두는 방안도 검토했다. 그러나 **국가교육위원회***의 권고를 바탕으로 심화수학은 수능에 포함하지 않기로 했다. 따라서 수험생들은 기존에 '문과수학'이라고 불리던 대수, 미적분Ⅰ, 확률과 통계만 공부하면 된다. 수능 수학영역 응시생들이 모두 같은 출제범위의 문항을 풀게 되는 것은 수능 도입 첫해였던 1994학년도 이후 34년 만이다. 교육부는 심화수학 신설로 사교육이 유발되고 학생·학부모 부담을 가중할 것이라는 우려를 반영했다는 설명이다.

국가교육위원회

사회적 합의를 기반으로 한 교육비전과 중장기 정책방향 및 교육제도 개선 등에 관한 국가교육발전계획 수립, 교육정책에 대한 국민의견 수렴·조정 등에 관한 업무를 수행하는 대통령 소속의 행정위원회. 위원장 1명과 상임위원 2명을 포함해 사회 각계를 대표하고 전문성을 가진 총 21명의 위원으로 구성되며, 독립적으로 업무를 수행한다.

하지만 이공계열에서 필수적으로 쓰이는 미적분과 벡터 등을 학생들이 배우지 않는다면 기초학력이 저하할 수 있다는 우려도 나온다. 대학 이공계열 신입생들은 통상 미적분과 벡터를 충분히 알고 있다는 전제로 물리학 등 여러 기초과목을 배우는데, 이러한 수업을 따라가지 못하는 학생이 늘어날 수 있다는 우려다. 이 경우 대학 입학 직전이나 대학에 들어가서 사교육을 받아야 하는 상황에 놓일 수도 있다.

2028 대학입시 수능 수학 출제범위

2024년 기준 중3

구분	현행	2028학년도 수능
공통과목	수학Ⅰ, 수학Ⅱ	대수, 미적분Ⅰ, 확률과 통계
선택과목	확률과 통계, 미적분, 기하 중 택1	★ 선택과목 없음, 심화수학 편성 제외 ★ 수능 출제범위 제외 내용 • '미적분'에 포함된 수열의 극한, 미분법, 적분법 • '기하'에 포함된 이차곡선, 평면벡터, 공간도형과 공간좌표

자료 / 국가교육위원회

심화수학이 없어지면서 최상위권 변별에 어려움을 겪고, 이로 인해 다른 부담이 생겨날 수 있다는 지적도 제기된다. 변별력 확보를 위해 공통수학에서 '킬러문항(초고난도 문항)'에 버금가는 문제가 나올 수 있고, 수학이 아닌 국어, 과학 등 다른 과목의 난도가 어려워지는 '풍선효과'가 생길 수도 있다. 대학별로 고교 때 심화수학 이수 여부나 그 성적 등을 평가기준으로 활용한다면 정시와 내신을 동시에 신경 써야 하는 '이중고'를 겪을 수도 있다.

5위

태영건설, 채권단과 협의 끝에 '워크아웃' 개시

부동산 **프로젝트파이낸싱***(PF)으로 유동성 위기를 겪던 태영건설이 12월 28일 워크아웃(기업구조개선작업)을 신청했다. 시공능력 순위 16위의 중견기업인 태영건설이 워크아웃을 신청하면서 부동산 PF 부실로 인한 건설업체들의 연쇄위기에 대한 우려가 제기됐다.

자금을 빌리는 사람의 신용도나 특정 사업의 사업성 및 장래 현금흐름 등을 보고 자금을 제공하는 금융기법을 말한다. 이때 자금을 투자받은 사업자는 수익성이 높은 사업에 투자한 뒤 이후 나오는 이익으로 채무를 갚는다. 최근 국내에서 문제가 되고 있는 부동산 PF는 시행사가 부동산사업을 위해 금융사로부터 대출을 받는 것을 말한다. 이때 보통 건설사가 중간에서 보증을 서게 되는데, 경기가 어려워질수록 사업이 실패할 확률이 높아지고 PF 위험성도 커진다.

성수동 오피스 개발사업 관련 PF 채무만기

유동성 문제가 심화됐던 태영건설이 결국 워크아웃을 신청한 것은 만기가 도래한 부동산 PF 대출 상환 문제 때문이다. 서울 성동구 성수동 오피스 개발 사업과 관련한 480억원 규모의 PF 채무만기가 이날이었다. 금융권 추산에 따르면 태영건설의 순수 부동산 PF 잔액은 3조 2,000억원, 같은 달까지 만기인 PF 보증채무는 3,956억원이었다. 이 가운데 상환재원을 확보하지 못한 채 아직까지 미착공 상태로 남아 있는 현장의 비중이 과반이라는 분석이 나왔다. 태영건설의 2023년 3분기 말 기준 순차입금은 1조 9,300억원, 부채비율은 478.7%로 시공능력 평가 35위 내 주요 대형·중견 건설사를 통틀어 가장 높은 부채비율이다.

자력으로 채무를 상환하는 것이 불가능한 기업을 대상으로 하는 워크아웃은 채권단이 75% 이상 동의해야 개시되며, 워크아웃에 들어가면 채권단의 관

리하에 대출 만기조정, 신규 자금지원 등을 받을 수 있다. 이는 기업이 경영활동을 유지하면서 정상화를 도모할 수 있고, 채권단과 공동관리기업 간 자율적 협의를 통해 단기간에 진행돼 성공률, 대외신인도 회복, 채권회수 가능성 등이 기업회생(법정관리)보다 상대적으로 높다. 태영건설의 주요 채권은행은 산업은행, 국민은행 등이다.

태영건설의 워크아웃 신청으로 업계에서는 부동산 PF에 따른 위기감이 확산했다. 2023년과 같은 분양 시장 침체가 올해도 이어질 것으로 전망되면서 22조 8,000억원(한국기업평가, 8월말 기준) 규모의 PF 우발채무가 현실화할 수 있다는 우려가 커졌기 때문이다. 건설업계의 PF 위기는 금융권 부실로 연결될 가능성도 있다. 이는 결국 하도급업체의 경영위기 및 전반적인 분양감소로 이어질 수 있다. 2023년 9월말 기준 부동산 PF 규모는 134조 3,000억원이다.

태영건설-채권단, 입장차로 대립하기도

태영건설이 워크아웃을 위한 자구안을 1월 3일 채권단에 제시했지만, 주채권은행인 산업은행(산은)은 자구안 내용이 충분하지 않다고 밝히면서 난항이

TY홀딩스 지배구조

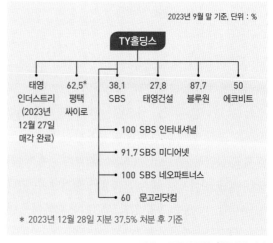

자료 / 금융감독원, 한국신용평가

예상되기도 했다. 이날 태영건설은 채권단 설명회에서 물류회사인 태영인더스트리 매각대금 1,549억원(태영그룹 윤석민 회장 416억원+모기업 TY홀딩스 1,133억원)을 태영건설에 지원하고, 핵심계열사인 에코비트의 매각을 추진해 매각자금을 태영건설에 지원하는 안을 발표했다. 또 골프장 운영업체 블루원의 지분 담보 제공과 매각 추진, 평택싸이로 지분(62.5%) 담보 제공을 하겠다고 전했다.

그러나 이날 태영건설은 채권단 관심사항인 오너 일가의 사재출연 규모나 SBS 지분매각 가능성에 대해서는 언급하지 않았다. 이에 산은 측은 태영건설의 자구안 약속이 첫날부터 지켜지지 않았고 자구노력도 부족하다며 11일 제1차 채권자협의회 전까지 더 적극적인 자구안을 내놔야 한다고 강조했다. 당초 TY홀딩스는 태영인더스트리 매각대금 1,549억원을 태영건설에 지원하기로 산은 측과 약속했지만, 확보한 자금 중 890억원을 TY홀딩스의 태영건설 관련 연대보증 채무를 갚는 데 사용했기 때문이다. 설명회에 참석한 다른 채권 관계자들 역시 이대로면 워크아웃 동의를 받기는 어려울 것이라고 반발해 워크아웃 무산 가능성까지 제기됐다.

워크아웃 관련 추가자구안을 발표하는 윤세영 창업회장

논란이 확산하자 태영그룹은 1월 8일 태영인더스트리 매각자금 890억원을 추가로 태영건설에 투입했다고 밝혔다. 다음 날인 9일에는 윤세영 태영그룹 창업회장이 기존에 밝힌 자구계획 이외에 TY홀딩스와 SBS 주식 등 다른 계열사 매각이나 담보 제공을 통해 추가자금을 확보하겠다는 계획을 밝혔다. 비록 '부족할 경우'라는 전제를 달기는 했지만, TY홀딩스는 물론 SBS 주식까지 담보로 제공하겠다는 의사를 밝힌 것은 채권단의 분위기를 반전시키기 위한 차원이라고 할 수 있다. 이로써 11일 투표 진행 결과 채권단 96.1%의 동의를 얻은 태영건설은 워크아웃을 개시하고 경영정상화에 시동을 걸었다.

HOT ISSUE

6위

한동훈 비대위 출범 … 국민의힘 총선준비 시동

12월 28일 취임한 한동훈 국민의힘 **비상대책위***(비대위)원장이 2024년 총선까지 손발을 맞출 주요 지도부 인선을 마무리한 데 이어 다가오는 총선준비에 시동을 걸었다. 취임 후 이틀 동안 새 당 지도부인 비대위 구성을 끝내고 사무총장, 여의도연구원장 등 주요 당직자 인선까지 단행한 것이다. 한 위원장은 앞서 취임 일성으로 총선불출마를 선언하며 승리를 위한 헌신을 다짐했다.

비상대책위원회

통상 '비대위'라고 칭하며 조직에 비상상황이 발생했을 때 임시로 구성되는 조직이다. 정당의 경우 대표가 중도에 사퇴했을 때 지도부를 선출하기까지 임시 지도부 역할을 하게 된다. 비대위의 위원장이 임시 당 대표 역할을 맡아 수행하곤 한다. 정당뿐 아니라 대학, 지자체, 기업에서도 비대위를 소집해 위기 대처에 나선다.

한동훈 국민의힘 비대위원장

한 위원장, "총선 불출마, 운동권 정치 청산할 것"

한 위원장은 12월 26일 국회에서 열린 취임 기자회견에서 "오늘 정치를 시작하면서부터 선민후사(先民後私)를 실천하겠다"며 "지역구에 출마하지 않겠다. 비례대표로도 출마하지 않겠다"고 밝혔다. 이어 "승리를 위해 무엇이든 다 하겠지만, 내가 그 승리의 과실을 가져가지는 않겠다"고 다짐했다. 그러면서 "우리 당은 국회의원 불체포특권을 포기하기로 약속하는 분들만 공천할 것이고, 약속을 어기는 분은 즉시 출당 등 강력조치하겠다"고도 밝혔다.

또한 그는 "다수당이 폭주하면서 이 나라의 현재와 미래를 망치는 걸 막아야 한다"며 더불어민주당을 상대로 필승을 강조했다. 이어 "그러한 당을 숙주 삼아 수십년간 386(과거 운동권 출신을 가리키던 통칭)이 대대손손 국민 위에 군림하고, 가르치려 드는 운동권 특권정치를 청산해야 한다"고 말했다.

한동훈 비대위는 20~40대 수도권·호남 출신의 비(非)정치인들을 전면 배치했다. 이번 비대위는 50세인 한 위원장을 포함한 10명으로 구성됐다(노인비하발언 논란으로 민경우 비대위원 사퇴). 이 가운데

한 위원장이 직접 인선한 지명직 비대위원은 7명이고, 현역의원인 윤재옥 국민의힘 원내대표와 유의동 정책위의장이 당연직 비대위원이다. 그러나 **지명직 비대위원 중 6명은 '여의도 정치' 경험이 없는 인사들인 데다가 김구 선생을 "폭탄을 던지던 분"이라고 비하하거나 여성혐오와 인신공격성 발언을 한 전력들이 공개돼 인사검증에 한계를 드러냈다는 비판을** 받고 있다.

국민의힘 비상대책위원회의

한 위원장, 전국 돌며 정치무대 올라서

한 위원장은 새해 첫 일주일 동안 전국을 돌며 정치무대 데뷔전을 치렀다. 1월 2일 '중원 표심'을 상징하는 대전을 시작으로 '보수의 심장' 대구, '여당의 불모지' 광주, 총선 최대 승부처로 꼽히는 수도권 등을 차례로 방문했다. 여권에서는 대체로 한 위원장의 행보를 긍정적으로 평가했다. 대구 방문에서는 "TK(대구·경북)는 우리의 기둥"이라며 먼저 지지층 결집에 나섰고, 민주당 텃밭인 광주에서는 5·18 정신의 헌법전문 수록에 적극 찬성의사를 밝히며 호남민심에 손을 내밀었다. 또한 5·18 왜곡논란을 빚은 당 소속 시의원을 즉각 윤리위원회에 회부했다. 전국순회 기간 동안 '격차해소'라는 총선 정책이슈도 내놓았다.

그러나 성급한 호평이라는 의견도 적지 않다. 무엇보다 '바람·구도·인물'로 꼽히는 선거 3요소 가운데 경쟁력이 있는 후보를 내세워야 하는데, 이 과정에서 공천갈등을 얼마나 최소화할지가 관건이다. 대대적인 물갈이를 시사해온 상황에서 공천 심사과정이 순탄치만은 않으리라는 전망이다. 한 위원장이 아직 당정관계 변화 가능성을 보여주지 못했다는 우려도 있다.

7위

북한, 해안포 사격 재개 … 김정은 "동족 아닌 두 국가"

국방부는 북한군이 1월 5일 서해 최북단 서북도서 지역 북방한계선(NLL) 인근에서 해상사격을 실시한 데 이어 6일과 7일에도 포사격을 감행했다고 밝혔다. 군은 북한이 발사한 포탄이 '9·19남북군사합의'에 따라 해상사격이 금지된 해상 완충구역에 낙하했다면서 북한의 해상사격을 합의를 위반한 도발로 규정하고 서북도서에 배치된 해병부대가 참여하는 대응사격을 실시했다.

국군 해상사격 훈련

'9·19군사합의' 사실상 파기의 후폭풍

2018년 남북 간 군사적 긴장완화와 신뢰구축을 위해 체결된 군사합의가 사실상 파기됐다. 윤석열 대통령의 파기 가능성 시사 이후 북한은 지난해 11월 합의 전면파기를 선언했고, **최전방 감시초소***(GP) 복원, 판문점 공동경비구역(JSA) 재무장, 해상 완충구역 내 포병사격 재개 등 합의 위반행위를 계속해왔다. 이에 우리군도 1월 8일 '군사합의에 따른 지상 및 해상의 적대행위 중지구역은 북한의 위반행위로 더는 존재하지 않는다'는 입장을 밝혀 합의는 사실상 사라지게 됐다. 9·19군사합의는 '평양공동선언'의 부속합의서로 2018년 9월 19일 당시 문재인 대통령, 김정은 국무위원장이 지켜보는 가운데 남북 국방부 장관이 체결한 군사분야 합의서다.

최전방 감시초소

흔히 GP(Guard Post)라고 부르며 비무장지대(DMZ) 내에 설치돼 북한군에 대한 관찰, 감시, 정찰임무를 수행한다. 비무장지대 밖의 휴전선 철책을 경비하는 일반 감시초소는 GOP(General Out Post)라고 부른다. 유사시 후방의 군전력이 전투준비를 할 시간을 벌 수 있도록 전진 배치돼 북한군의 동향을 관찰하는 임무를 수행한다.

그러나 북한은 합의체결 이후에도 이듬해인 2019년부터 해상 완충구역 내 포 및 미사일 사격, 우리 측 GP에 총격, 소형 무인기 남측 관할지역 침입 등 크고 작은 합의 위반행위를 해왔다. 이성준 합동참모본부 공보실장은 "북한은 3,600여 회 합의를 위반했다"고 밝혔다. **합의 무력화가 본격화한 계기는 지난해 11월 21일 북한의 3차 군사정찰위성 발사였다.**

한편 북한은 서북도서 지역에서 포탄을 쏜 적이 없다며 포성을 모방한 폭약을 터뜨리는 기만작전에 한국군이 속아 넘어갔다고 주장했다. 김여정 노동당 부부장은 1월 7일 조선중앙통신에 공개한 담화에서

"우리 군대는 (1월 6일) 130mm 해안포의 포성을 모의한 발파용 폭약을 60회 터뜨리면서 대한민국 군부 깡패무리들의 반응을 주시했다"고 말했다. 그러면서 "폭약 터지는 소리를 포성으로 오판하고 포사격 도발로 억측하며 뻔뻔스럽게 탄착점까지 서해 북방한계선 북쪽 해상 완충구역에 떨어졌다는 거짓을 꾸며 댔다"고 주장했다.

김정은 "남북, 동족 아닌 두 국가" 규정

남북의 군사적 긴장감이 고조되는 사이 김정은 북한 국무위원장은 남북관계를 '동족관계'가 아닌 '적대적 두 국가 관계'로 규정하고 대한민국과의 통일은 성사될 수 없다는 입장을 밝혔다. 김 위원장은 지난해 12월 30일 열린 노동당 중앙위원회 제8기 제9차 전원회의 마지막 날 회의에서 "우리가 동족이라는 수사적 표현 때문에 미국의 식민지 졸개에 불과한 괴이한 족속들과 통일문제를 논한다는 것이 우리의 국격과 지위에 어울리지 않는다"며 "북남(남북)관계는 더 이상 동족관계, 동질관계가 아닌 적대적인 두 국가관계, 전쟁 중에 있는 두 교전국 관계로 완전히 고착됐다"고 밝혔다.

군수공장에서 현지지도하는 김정은 북한 국무위원장

북한 전문가들은 김 위원장의 입장에 대해 그의 남북관계 인식과 통일정책을 확연히 드러낸 것이라고 평가했다. 양무진 북한대학원대학교 총장은 "두 국가 관계에서 통일문제 논의는 모순"이라며 "앞으로 통일문제는 이야기하지 않겠다는 뜻으로 보인다"고 설명했다.

한편 김 위원장은 1월 8~9일 중요 군수공장을 현지지도하는 자리에서 "대한민국 족속들을 우리의 주적으로 단정"하며 "대한민국이 우리 국가를 상대로 감히 무력사용을 기도하려 들거나 우리의 주권과 안전을 위협하려 든다면, 그러한 기회가 온다면 주저 없이 수중의 모든 수단과 역량을 총동원해 대한민국을 완전히 초토화해버릴 것"이라고 말하기도 했다.

8위

'강제동원 2차 소송' 승소 … "일본기업이 배상해야"

일본기업을 상대로 일제강점기 강제동원의 책임을 묻는 '2차 손해배상 소송'에서 대법원이 피해자들의 손을 들었다. 대법원은 특히 강제동원 피해자들에 대한 일본기업의 손해배상 책임을 인정한 2018년 10월 30일 전원합의체 판결 이전까지는 일본기업 측이 소멸시효 완성을 주장하는 것이 허용되지 않는다는 점을 처음으로 명확히 했다.

승소 기자회견을 하는 일제 강제동원 피해자 유가족

"2018년 전합 판결까지 소멸시효 주장 안 돼"

대법원 2부(주심 이동원 대법관)는 강제동원 피해자들과 유족이 미쓰비시중공업과 일본제철을 상대로 낸 손해배상 청구 소송 2건에서 원심의 원고승소 판결을 2023년 12월 21일 확정했다. 이에 따라 미쓰비시와 일본제철은 피해자 한 명당 1억원~1억 5,000만원의 배상금과 지연손해금을 유족에게 지급해야 한다. 확정된 배상금은 총 11억 7,000만원이다. 다만 일본기업이 앞서 확정된 판결에 따른 배상금 지급 명령도 이행하지 않고 있고, 정부가 '**제3자 변제 해법***'에 따라 배상금을 지급한다는 방침을 밝혀 일본기업들에 의한 직접 배상이 이뤄질 가능성은 낮다.

제3자 변제 해법

2023년 3월 정부가 2018년 대법원으로부터 배상 확정판결을 받은 일제 강제동원 피해자들에게 국내의 재단이 대신 판결금을 지급한다고 발표한 것을 말한다. 행정안전부 산하 일제강제동원피해자지원재단(재단)이 2018년 3건의 대법원 확정판결 원고들에게 판결금과 지연이자를 지급하고, 이후 법원에 계류 중인 관련 소송이 원고승소로 확정될 경우에도 판결금을 지급한다는 내용이 골자다. 그러나 기해자인 일본기업의 배상 참여가 없는 해법인 탓에 비판이 계속되고 있다.

이번 소송의 쟁점은 강제동원 피해자들의 손해배상 청구권이 시간이 지나 소멸했는지 여부였다. 대법원은 2012년 일본제철 상대 손해배상 청구 소송에서 처음으로 배상청구권을 인정하며 원심판결을 파기환송한 바 있다. 이후 지난한 과정을 거쳐 2018년 전원합의체 판결에서 일본기업에 배상책임이 있다는 판결이 최종적으로 확정됐다. 이에 **일본기업 측은 피해자들이 소송을 제기할 수 있는 소멸시효가 이미 지나버려 배상할 책임이 없다고 주장했다.** 소멸시효란 일정기간 권리를 행사하지 않으면 그 권리를 소멸시키는 제도다.

피해자는 재판 중 모두 숨져 … 하급심도 영향

이날 대법원은 강제동원 피해자들에게 '권리를 행사할 수 없는 객관적 장애사유'가 있었다고 처음으로 분명하게 밝혔다. 대법원 판례는 객관적 장애사유가 있는 경우 "채무자가 소멸시효 완성을 주장하는 것은 신의성실의 원칙에 반하는 권리남용으로서 허용될 수 없다"고 정한다. 적어도 2018년 판결까지는 일본기업들이 소멸시효 완성을 주장할 수 없다는 점을 대법원이 인정한 것이다. 이에 따라 각급 법원에 계류 중인 관련 사건에도 영향이 있을 것으로 전망됐다. 다만 대법원은 이날 하급심 판결에서 논란이 됐던 '소멸시효의 기산점'을 2012년으로 봐야 할지, 2018년으로 봐야 할지는 답하지 않았다.

서울 용산역 광장에 세워진 강제동원 노동자상

이번 소송은 2012년 전원합의체 판결 이후 다른 피해자들과 유족이 용기를 내 일본제철과 미쓰비시중공업을 상대로 2013년과 2014년에 각각 제기한 소송이어서 '2차 소송'으로 불린다. 두 소송의 1·2심

재판부는 원고들의 청구를 받아들여 일본기업의 배상책임을 인정했다. 그러나 재판이 10년 가까이 계속되는 동안 소송을 냈던 피해자들은 모두 세상을 떠난 상태다. 한편 대법원은 같은 달 28일 강제동원 피해자들이 미쓰비시를 상대로 제기한 손해배상 소송의 상고심 판결에서도 피해자들의 손을 들어줬다. 피해자와 유가족은 판결에 기뻐하며 일본의 사과와 배상을 촉구했다.

9위

'낙서테러' 경복궁 담 복구 완료 …
"당사자에 모든 비용 청구"

지난해 12월 두 차례에 걸쳐 스프레이 낙서로 훼손된 경복궁 담장을 복구하는 데 최소 1억원 이상 쓰인 것으로 추산됐다. 문화재청은 가벼운 마음에서 한 낙서라 하더라도 **국가유산***(문화재)에 심각한 영향을 줄 수 있다는 점에서 강력히 대응하는 한편 재발방지에도 힘을 쏟기로 했다.

국가유산

2023년 제정된 '국가유산기본법' 시행에 따라 올해 5월 17일부터 '문화재' 명칭이 '국가유산'으로 변경된다. 재화적 성격이 강하고 일본식 용어인 '문화재'라는 명칭이 현재 확장된 문화재 관련 정책범위를 포용하는 데 한계가 있고, 유네스코 유산 분류 체계와도 상이해 과거와 현재, 미래 가치를 포함하는 '국가유산'이라는 새로운 명칭으로 교체될 예정이다.

장비·물품 비용만 2,200만원 … 총비용은 1억

1월 4일 경복궁 영추문과 국립고궁박물관 쪽문 주변에 설치했던 가림막이 제거되고 낙서제거 및 긴급 보존처리 작업을 마친 담장이 공개됐다. 문화재청은

복구작업에 들어간 비용을 감정평가 전문기관에 의뢰해 낙서를 한 당사자에게 손해배상을 청구할 계획이다. 지난 2020년 '문화재보호법'을 개정해 관련 규정을 마련한 이후 첫 사례다.

문화재청에 따르면 총 8일간 낙서제거 작업에 투입된 인원과 작업기간을 계산한 연인원은 234명, 하루 평균 29.3명이 투입된 것으로 조사됐다. 스팀 세척기, 레이저 세척기 등 세척 전문장비를 빌리는 데 946만원이 쓰였고, 작업에 필요한 방진복, 장갑, 작업화 등 용품비용으로 약 1,207만원이 든 것으로 집계됐다. 스프레이 낙서흔적을 지우기 위한 물품비용으로만 2,153만원이 쓰인 셈이다. 문화유산 분야에서 인력이나 장비가격을 산정할 때 참고하는 '문화재수리 표준 품셈' 등을 고려하면 보존과학 분야 인력의 하루 일당은 31만원이라고 문화재청은 전했다.

낙서제거 작업을 마친 경복궁 영추문

고정주 경복궁관리소장은 "보존처리를 담당한 전문인력과 가림막 설치를 담당한 직영보수단의 인건비와 재료비 등을 고려하면 (전체 비용은) 1억여 원으로 추산된다"고 말했다. 고 소장은 "수사상황 등을 지켜보며 (경찰에 붙잡힌) 10대 미성년자, 추가범행을 저지른 자, 아직 검거되지 않은 공범 등에 손해배상을 청구할 것"이라고 강조했다. 통상적인 절차를 고려하면 손해배상 청구는 수사나 재판이 끝난 뒤

이뤄질 것으로 전망된다. 경복궁 측은 법무법인에 자문해 손해배상 청구 절차, 인건비 계산 범위, 비슷한 사례나 판결 결과 등도 검토하고 있다.

경복궁 담장 복구작업 상황을 브리핑하는 최응천 문화재청장

당사자에 손해배상 청구 … 문화재 안전관리 강화

두 차례의 '낙서테러'로 피해를 본 담장은 총 36.2m 구간에 달한다. 경복궁 서측의 영추문 육축(陸築, 성문을 축조하기 위해 커다란 돌로 만든 구조물)의 12.1m와 국립고궁박물관 주변 쪽문 일대 24.1m가 붉은색과 푸른색 스프레이로 뒤덮여 훼손됐다. 긴급 보존처리 작업을 거쳐 스프레이 흔적은 대부분 지워졌으며, 전체 복구과정의 80% 정도를 마친 상태다. 동절기에 무리하게 작업할 경우 담장에 영향을 줄 수 있는 만큼 문화재청은 당분간 표면상태를 살펴본 뒤 4월 이후에 보존처리 작업을 마칠 예정이다.

문화재청은 향후 비슷한 일이 발생하지 않도록 주요 문화유산의 안전관리를 강화하는 내용의 대책도 이날 발표했다. 경복궁은 인적이 드문 야간시간대 자율적으로 2~4회 이뤄지던 순찰을 8회로 확대하고, 외곽 담장 주변을 비추는 폐쇄회로(CC)TV는 14대에서 34대로 늘릴 방침이다. 창덕궁 21대, 창경궁 15대, 덕수궁 15대, 종묘 25대, 사직단 14대 등까지 포함하면 2025년까지 주요 궁궐, 종묘, 왕릉에 총 110대의 CCTV가 설치될 예정이다.

경복궁 서쪽 담벼락에 적힌 스프레이 낙서

또 문화재청은 각 지방자치단체와 함께 2월까지 낙서훼손에 취약할 것으로 우려되는 부분이나 CCTV 사각지대를 확인해 매달 점검한다고 밝혔다. 아울러 문화유산 훼손을 막기 위해서는 인식개선이 중요하다고 보고 국민신문고와 연계해 운영 중인 '문화재 훼손신고(1661-9112)' 제도를 널리 알리고, 신고자에 포상금을 지급하는 포상제도 등도 검토한다는 계획이다.

HOT ISSUE **10위**

장관·대통령실 인사 대거 교체 … 윤석열정부 개각 단행

윤석열 대통령이 지난 12월 4일 경제부총리 겸 기획재정부 장관 후보자로 최상목 전 대통령실 경제수석을 지명하는 등 장관 7명을 교체하는 개각을 단행했다. 더불어 같은 달 28일에는 윤 대통령을 보좌하는 용산 대통령실 참모진도 인적구성과 면모를 일신하고 2기 체제로 새로 출범했다.

최상목 부총리 겸 기획재정부 장관

경제부처 중심 … 산자부 장관은 교체 석 달 만

윤 대통령은 농림축산식품부 장관 후보에 송미령 전 한국농촌경제연구원 부원장을, 국토교통부 장관 후보에 박상우 전 한국토지주택공사 사장을, 해양수산부 장관 후보에 강도형 한국해양과학기술원 원장을, 중소벤처기업부 장관 후보에 오영주 외교부 2차관을 각각 지명했다. 국가보훈부 장관 후보자에는 강정애 전 숙명여대 총장이 지명됐다. 대통령실은 경제 관계부처 장관으로 6명 중 관료와 학계 전문가 5명을 중용했다고 자평했다.

12월 17일에는 산업통상자원부(산자부) 장관 후보자로 안덕근 당시 산자부 통상교섭본부장을 지명했다. 이로써 방문규 장관은 취임 3개월여 만에 조기 교체됐다. 방 장관은 2024년 4월 총선출마를 위해 장관직에서 물러나는 것으로 전해졌다. 야당은 산자부 장관 인사청문회에서 **기존 장관의 총선 출마로 석 달도 안 돼 청문회를 또 열게 됐다며 윤 대통령의 인사정책을 비판**했다. 김한정 더불어민주당 의원은 "방 장관이 취임한 날부터 안 후보자가 지명된 날까지 고작 89일밖에 되지 않는다"면서 "대통령이 이렇게 인사정책을 남용해도 되는가"라고 했다. 이에 여당은 과거 정부에서도 총선출마용 내각 차출이 많았다고 주장하며 '석 달'이 중요한 것은 아니라고 방어했다.

한편 대통령실 2기도 새롭게 출범했다. 대통령 최측근인 비서실장, 안보실장, 정책실장이 모두 바뀌었다. 무엇보다 2기 체제는 이관섭 비서실장에 확실히 힘이 실렸다는 평가가 나온다. **국정기획수석비서관*** 에서 정책실장으로 승진한 지 불과 한 달여 만에 대통령 참모 중 사실상 '원톱'인 비서실장으로 자리를 옮긴 것은 상당히 이례적이기 때문이다. 이를 두고 여권 내부에서는 이 실장에 대한 윤 대통령의 두터운 신임이 다시 입증된 것이라고 평가했다.

> ### 국정기획수석비서관
>
> 약칭 국정기획수석으로 대통령 비서실의 수석비서관 중 하나다. 차관급 인사로 정부 산하 행정부의 정책을 검토해 대통령에게 보고하고 명령을 하달하는 연결고리이자 컨트롤타워다. 역대 정부에 따라 폐지되고 부활했는데, 2023년 11월 30일 윤석열정부에서 대통령 비서실 정책실장을 부활시키며 다시 폐지됐다.

방송문외한 김홍일 방통위원장에 대한 비판 거세

한편 윤 대통령이 12월 6일 새 방송통신위원장 후보로 검사 출신인 김홍일 국민권익위원장을 지명하면서 논란이 컸다. 김홍일 당시 후보자는 윤 대통령과 오랫동안 가깝게 지내며 두터운 신뢰를 쌓아온 사이로 알려졌다. 대통령실은 "김 위원장은 어린 시절 소년가장으로 세 동생의 생계와 진학을 홀로 책임지다 뒤늦게 대학에 진학한 후 법조인이 된 입지전적 인물"이라며 "어려운 삶의 경험을 바탕으로 공명정대

김홍일 방송통신위원장

하면서도 따뜻한 법조인으로 국민을 위해 헌신할 준비돼 있다"고 인선 이유를 밝혔다.

그러나 12월 27일 열린 방통위원장 인사청문회에서 김 당시 후보자의 적격성을 두고 여야는 치열한 공방을 벌였다. 홍석준 국민의힘 의원은 "역대 방통위원장을 보면 법조인 출신이 있다"며 "진영과 갈등이 첨예하게 대립하는 상황에서 최종심판자로서 법과 원칙에 따라 판단해야 하므로 법조인이 임명되는 것"이라고 주장했다.

반면 민형배 더불어민주당 의원은 "방통위 규제업무가 많아 법률가가 해야 한다면 모든 부처에 규제업무가 있으니 모든 장관을 법률가로 세워야 하는가"라며 "그러니까 검사공화국이라는 소리를 듣는 것 아닌가"라고 비판했다. 같은 당 이소영 의원도 "방송·통신 분야 문외한이 총괄업무를 맡으면 되는가"라고 지적했다.

이란 케르만시 순교자 묘역 폭탄테러 현장

이란 수뇌부 노려 … 이란, 이스라엘·미국 지목

이란 수도 테헤란에서 남동쪽으로 820km가량 떨어진 케르만시 순교자 묘역에서 **가셈 솔레이마니*** 이란 혁명수비대 쿠드스군 사령관의 4주기 추모식이 열리던 중 두 차례 폭발이 일어났다. 2시 45분께 묘역에서 700m 떨어진 도로에 이어 10분 뒤 묘역에서 약 1km 떨어진 곳에서 두 번째 폭발이 일어나면서 최소 93명이 숨지고 300여 명이 다쳤으며, 중상자도 많아 사망자 숫자는 늘어날 우려가 있다. 이날 사건은 1979년 이란 이슬람혁명 이후 이란에서 벌어진 테러사건으로는 최대규모다.

HOT ISSUE

홍해, 레바논, 그리고 이란까지 … 확전 기로에 선 중동

이란의 케르만시 순교자 묘역에서 1월 3일(현지시간) 이란 혁명수비대 쿠드스군 사령관 4주기 추모식 도중 발생한 폭발사고로 최소 93명이 사망한 가운데 이란정부는 미국과 이스라엘을 배후로 지목하고 강력한 응징을 예고했다. 팔레스타인 가자지구에서 시작된 갈등의 불씨가 홍해와 시리아, 이라크, 레바논을 거쳐 '시아파 벨트'의 중심축인 이란 본토까지 번지는 모양새다.

가셈 솔레이마니

이란 혁명수비대에서 국외문제 개입을 담당한 쿠드스부대 사령관으로 레바논의 헤즈볼라, 이라크·시리아의 친이란 무장세력, 팔레스타인의 하마스 등과 연계하며 이들을 지원했다. 이란은 당시 솔레이마니 암살공작에 이스라엘이 관여했다고 주장했다. 또한 이슬람 수니파 극단주의자들이 적대시하던 인물이기도 하다.

이란은 이번 사건을 테러로 규정하고 보복을 다짐했다. 이브라힘 라이시 대통령은 한발 더 나아가 "우리는 범죄적인 미국과 시오니스트정권에게 당신들이 저지른 범죄에 매우 비싼 대가를 치르고, 후회하게 할 것"이라며 미국과 이스라엘을 겨냥했다. 모스타바 졸누리 이란의회 부의장 역시 "이번 테러는 자살

(폭탄)공격이 아닌 만큼 시오니스트정권이 벌였다는 증거다. 우리는 시오니스트정권에 대해 보복을 해서 처벌을 할 것이다"고 말했다. 이슬람 극단주의 테러 단체들이 벌이는 폭탄테러가 자살테러가 많은 반면 이번 테러는 폭탄 두 개가 든 가방이 원격조종으로 폭발된 것을 근거로 삼은 것으로 보인다.

미국 부인·이스라엘 침묵 … 가자는 피의 성탄절

반면 서방언론은 이번 테러가 이스라엘이 이란에서 벌였던 '공작'들과 양상이 다르다고 분석했다. 보통 이스라엘은 이란에서 정기적으로 비밀공작을 벌여 왔는데, 과학자나 관리 등 특정 개인 혹은 핵시설이 나 무기시설 등이 주요 타깃이었다. 대표적인 예가 2020년 11월 27일 이란 핵무기 개발을 책임지던 과 학자 모흐센 파크리자데 암살사건과 2020년 6월 26 일 테헤란 남쪽 250km 떨어진 나탄즈의 비밀 핵개 발 시설 공습 폭파사건이다. 이 때문에 미국은 시아 파 맹주 이란에 적대적인 극단주의 수니파 테러조직 IS 소행으로 의심된다고 주장했다. 그러나 ▲ 이스 라엘이 전쟁 확전을 꾀하고 있는 점 ▲ 폭탄테러 장 소가 미국의 드론공격을 받고 암살당한 솔레이마니 의 추모식장이라는 점 때문에 미국과 이스라엘 양쪽 모두에 의심의 눈길이 쏠릴 수밖에 없는 상황이다.

이스라엘은 개전 이래 완전한 승리를 얻을 때까지 전쟁을 계속·확대하겠다는 의지를 굽히지 않고 있 다. 전쟁을 지속하는 편이 네타냐후 이스라엘 극우 내각의 권력을 유지하는 데 도움이 되기 때문이다. 지난 12월 크리스마스에도 24시간 공습을 통해 팔 레스타인 111명을 포함해 250여 명을 희생시키 고, 최소 500명을 부상시켰다. 가자지구 보건부 대 변인에 따르면 이날 공습은 주거지역을 대상으로 이 뤄졌으며 희생자 중 상당수가 여성과 어린이였다. 지난해 12월 26일 기준 10월 7일 개전 이후 팔레스

타인 측 총사망자는 2만 674명, 부상자는 5만 4,536 명에 이른다.

페허 속 예수 구유장식(요르단강 서안지구 베들레헴)

문제는 이스라엘·하마스 전쟁이 중동 전체로 확산 될 수 있다는 것이다. 레바논 무장정파 헤즈볼라, 예 멘 반군 후티, 시리아 정부군, 이라크 친이란 민병대 등 이른바 '저항의 축'의 개입 움직임이 가시화하면 서 미국도 '대응이 불가피해졌다'는 입장이다.

HOT ISSUE **12위**

CES 2024 개최 …
AI 등 첨단기술 뜨거운 관심

세계 최대 가전·IT 전시회 'CES 2024'가 1월 9일 (현지시간)부터 12일까지 나흘간 미국 네바다주 라 스베이거스 컨벤션센터(LVCC) 센트럴홀에서 개최 됐다. 미국 소비자기술협회(CTA)가 주관하는 CES 는 IT와 가전을 넘어 인공지능(AI), 이동통신, 반도 체 등을 총망라한 기술전시회다. 올해 CES에는 구 글과 아마존, 마이크로소프트, 소니 등 전 세계 대 기업을 비롯해 150여 개국에서 4,300여 개 기업이 참가했다. 한편 우리나라에서는 삼성, 현대차, SK,

LG, HD현대 등 대기업을 비롯해 중소기업과 스타트업 등 760여 개 기업이 참가했다.

CTA "AI, 모든 산업 관통하는 트렌드"

올해 CES는 '모두 다함께, 모두 켜져라'라는 의미의 '올 투게더, 올 온(ALL TOGETHER, ALL ON)'을 슬로건으로 내걸었다. CTA 설립 100년째를 맞아 열린 'CES 2024'의 핵심화두는 단연 'AI'였다. CTA는 앞서 7일 전 세계 미디어를 대상으로 열린 행사에서도 "인공지능(AI)이 모든 산업을 이끌어가는 '트렌드(trend)'"라고 평가하기도 했다. 지난해 전 세계적 열풍을 몰고 온 AI기술이 전면에 등장하면서 스마트홈과 모빌리티, 건설기계, 에너지 등 모든 산업분야에 걸쳐 AI가 적용된 다양한 기술과 제품이 소개됐다. 인터넷 없이도 생성형 AI를 구동할 수 있는 '온디바이스*(On-Device) 칩' 장착 스마트폰을 비롯해 차량용 AI 비서, AI 냉장고, 스마트홈 AI 에이전트, AI기술이 탑재된 헬스케어 기기 등이 대표적이다.

온디바이스 AI

기기에 탑재돼 외부서버나 클라우드에 연결돼 있지 않아도 서비스를 제공할 수 있는 AI를 말한다. 기존에는 기기에서 수집한 정보를 중앙클라우드 서버로 전송해 데이터와 연산을 지원받아야 했는데, 불안정한 통신상황에서는 서비스 이용이 제한적이라는 한계가 있었다. 온디바이스 AI는 자체적으로 정보를 처리해 인터넷 연결이나 통신상태로부터 자유롭고, 개인정보를 담은 데이터를 외부서버로 전송하지 않아도 된다는 점에서 차세대 기술로 주목받고 있다.

한국기업들도 이러한 AI기술 경쟁에 동참했다. 삼성전자는 온디바이스 AI기술을 비롯해 AI용 최첨단 메모리 솔루션을 대거 선보였고, 현대차그룹 미래항공모빌리티(AAM) 독립법인 슈퍼널은 2028년 상용화를 목표로 개발 중인 전기수직이착륙기(eVTOL) 시제품 S-A2 모델을 공개했다. 여기에 획기적 아이디어와 기술력으로 승부를 건 국내 스타트업의 활약도 주목받았다. 이를 증명하듯 올해 신설된 CES AI 분야 혁신상·최고혁신상 37개 가운데 17개를 한국 스타트업이 휩쓸었다.

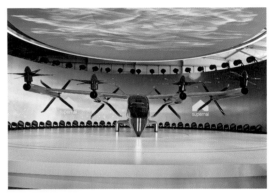

슈퍼널이 개발 중인 차세대 기체 'S-A2'

모빌리티·지속가능성도 관심

CES가 수년 전부터 모터쇼를 방불케 해오면서 모빌리티와 지속가능성도 이번 CES의 주제로 선정됐다. 특히 최근 CES에서 글로벌 자동차업체들이 새로운 콘셉트카를 연이어 발표하면서 올해에도 모빌리티에 큰 관심이 쏠렸다. 국내기업 중에서는 LG전자가 차세대 모빌리티 콘셉트인 '알파블'을 실물로 구현한 콘셉트카를 공개해 주목을 받았다. 반면 2년 만에 CES에 복귀한 현대차는 '이동을 넘어 일생 전반의 편안함을 더하는 것'을 새로운 역할로 정의하고, 자동차 대신 미래 모빌리티와 수소사업 비전 및 전략을 보여줄 수 있는 전시물과 미래 모빌리티 콘셉트 모델들을 선보였다. 또 사용자를 위한 소프트웨어로의 전환을 위해 AI를 자동차에 접목한 소프트웨어 중심 자동차(SDV) 기술, 수소연료전지 기술 등도 소개했다. 5년 만에 모습을 보인 기아는 우버와 파트너십을 체결하고, 목적 기반 모빌리티(PBV)를 새로운 성장동력으로 제시하며 다양한 콘셉트카 관련 신기술을 공개했다.

SK그룹은 7개 계열사가 공동으로 꾸린 통합전시관 SK 원더랜드를 통해 그룹의 미래 성장동력인 탄소 감축과 AI 기반 기술이 '기후변화 없는 넷제로(Net-Zero, 탄소중립) 세상'을 구현했을 때 느낄 수 있는 행복을 관람객들이 테마파크를 즐기듯 체험할 수 있도록 했다. 또 공동전시관과 별도로 AI기술과 서비스를 실제로 보여주는 'SK ICT 패밀리 데모룸' 부스도 꾸몄다. 2022년부터 3년 연속 CES에 참가하는 HD현대는 시공간의 한계를 뛰어넘는 '사이트 트랜스포메이션(Xite Transformation)'을 전시 주제로 내세웠다. 이를 통해 지속가능성 영역을 지난해 주제였던 바다에서 인류혁신의 기반이 되는 육상으로 확장하며 건설장비의 무인·자율화, 디지털 트윈, 전동화 등 미래기술을 활용해 인류의 더 나은 삶을 구현하겠다는 목표를 밝혔다.

13위

군 교재에 '독도' 분쟁지역으로 표기, 논란에 부랴부랴 전량 회수

국방부가 최근 발간한 장병 정신교육 교재에 대한민국 고유영토인 독도를 센카쿠(중국명 댜오위다오)열도, 쿠릴(일본명 지시마열도)열도와 함께 영토분쟁이 진행 중인 지역으로 기술해 파문이 일었다. 윤석열 대통령이 "결코 있어서는 안 될 일"이라고 크게

질책하며 즉각시정 등 엄중히 조치할 것을 지시했고, 이에 국방부는 일선 부대에 배포된 해당 교재를 전량 회수하겠다고 발표했다.

독도가 분쟁지역? 정부는 "공식입장 아니야"

국방부가 배포한 '정신전력교육 기본교재'에는 "한반도 주변은 중국, 러시아, 일본 등 여러 강국이 첨예하게 대립하고 있다"며 "이들 국가는 자국의 이익을 위해 군사력을 해외로 투사하거나, 댜오위다오(일본명 센카쿠열도), 쿠릴열도, 독도 문제 등 영토분쟁도 진행 중에 있어 언제든지 군사적 충돌이 발생할 수 있다"고 기술했다. 이는 독도와 관련한 영토분쟁은 존재하지 않는다는 우리정부의 공식입장에 반한다. 외교부는 해당 기술에 대해 "독도는 역사적·지리적·국제법적으로 명백한 우리 고유의 영토"라며 "독도에 대한 영토분쟁 자체가 존재하지 않는다는 것이 정부 공식입장"이라고 밝혔다.

전하규 국방부 대변인은 교재의 독도 관련 기술이 정부방침에 반하는 것 아니냐는 지적에 "그 기술을 보면 주어가 '이들 국가(한반도 주변 중국, 러시아, 일본 등 여러 강국)'"라며 "주변국가들이 영토에 대해 여러 주장을 하고 있다는 이야기를 하는 것이지 우리나라가 독도를 영토분쟁(지역)으로 인식한다는 기술은 아닌 것으로 안다"고 답했다. 일본의 독도 영유권 주장을 소개한 것뿐이라는 식의 해명이었지만,

장병 정신교육 자료에 일본의 부당한 주장을 게재한 자체가 부적절하다는 비판이 나왔다.

윤 대통령 질책에 국방부 "전량 회수 조치"

윤 대통령은 이 같은 논란에 국방부를 질책했다. 김수경 대통령실 대변인은 "윤 대통령은 결코 있어서는 안 될 일이라고 크게 질책하고 즉각시정 등 엄중히 조치할 것을 지시했다"고 밝혔다. 이에 국방부는 태도를 바꿔 즉각시정하겠다는 입장을 내놓았다. 국방부는 입장문을 통해 "기술된 내용 중 독도 영토분쟁 문제, 독도 미표기 등 중요한 표현상의 문제점이 식별돼 이를 전량 회수하고, 집필과정에 있었던 문제점들은 감사조치 등을 통해 신속하게 조치하겠다"며 기존입장을 번복했다. 국방부는 "교재를 준비하는 과정에 치밀하지 못한 부분에 대해 상황의 엄중함을 인식하고, 빠른 시일 내에 객관적인 사실에 기초한 교재를 보완해서 장병들이 올바르고 확고한 정신무장을 갖추는 데 최선을 다하겠다"고 밝혔다. 신원식 국방부 장관도 불거진 논란에 대해 12월 28일 국방부 출입기자단 간담회에서 공식 사과했다.

독도 분쟁지역 표기에 신원식 국방부 장관을 규탄하는 시위

해당 교재에는 독도가 분쟁지역으로 기술됐을 뿐 아니라 수록된 한반도 지도에 독도가 전혀 표기되지 않았던 것으로 확인됐다. 교재에는 한반도 지도가 11번 등장하는데 독도를 표기한 지도는 하나도 없

다. 5년 전 발간된 교재에는 한반도 지도 자체가 등장하지 않았다. 국회 국방위원회 소속 설훈 더불어민주당 의원도 보도자료를 내고 '새 교재에서 역사를 기술한 부분의 지도에 울릉도와 독도를 전혀 표기하지 않거나, 울릉도만 표시하고 독도는 표기하지 않았다'고 지적했다.

이 외에도 새 교재는 이승만 전 대통령을 "혜안과 정치적 결단으로 공산주의의 확산을 막은 지도자"라며 '공(功)'만 부각했다. 이 전 대통령은 독립운동에 몸담고 한반도 공산화를 저지한 공이 있지만 상해 임시정부 세금 사적 유용(첫 탄핵 대통령), 6·25전쟁 중 **한강 인도교 폭파***, 3·15부정선거, 사사오입 개헌 등 과(過)도 적지 않다.

한강 인도교 폭파사건

1950년 6·25전쟁 발발 사흘째인 6월 27일 북한군이 한강 이남으로 진격하지 못하도록 한강의 3개 철교와 인도교를 폭파시킨 사건이다. 그러나 폭파 예정시간보다 조기에 폭파하는 바람에 다리를 건너던 많은 국민이 다리와 함께 희생됐으며, 강북에 있던 국민의 피난을 좌절시켰다. 서울수복 후 이승만정부는 피난을 못했던 국민을 대상으로 부역자 심판을 벌여 또다시 무고한 국민을 희생시켰다.

HOT ISSUE **14**위

대법, 연장근로 주단위 계산 인정 … 노동계는 강력 반발

주 52시간 근무제를 준수했는지 여부를 따질 때는 1일 8시간 초과분을 각각 더하는 것이 아니라 주간 근무시간을 모두 더한 뒤 초과분을 계산하는 게 맞다는 첫 대법원 판단이 나왔다.

대법원

'주당 연장근로시간 계산법' 대법원 첫 판단

12월 25일 법조계에 따르면 대법원 2부(주심 민유숙 대법관)는 근로기준법·근로자퇴직급여법 위반 혐의로 기소된 이모 씨의 혐의를 일부 무죄 취지로 파기환송하며 이같이 밝혔다. 이씨는 2013~2016년 근로자에게 퇴직금과 연장근로수당을 제때 지급하지 않고 연장근로 한도를 총 130회 초과해 일하게 한 혐의로 기소됐다. 1·2심은 이씨의 혐의를 일부 유죄로 인정해 벌금 100만원을 선고했다. 이씨가 불복해 열린 상고심에서는 근로기준법상 연장근로 한도의 위반 여부를 따지는 계산기준이 쟁점이 됐다.

이씨가 운영하는 회사의 근로자는 3일 근무 후 하루 휴식하는 식으로 일했다. 이에 따라 일주일에 보통 5일을 근무했으나 어떤 주는 3일, 4일, 또는 6일씩 근무하기도 했다. 주 52시간제가 실시되기 이전이었으나 휴일에는 일하지 않았으므로 법적인 근로 한도는 최대 52시간이었다. 항소심 법원은 근로자가 하루에 8시간을 초과한 연장근로시간을 각각 계산한 뒤 이를 합산한 값이 일주일에 12시간을 초과했는지 따졌다. 이 방식대로라면 가상의 근로자 A씨가 일주일 가운데 이틀은 15시간, 사흘은 6시간 일한 경우 1주간 연장근로시간은 14시간이어서 근로기준법 위반이 된다.

그러나 대법원은 1일 근로시간이 8시간을 초과했는지와 무관하게 1주간 근로시간을 합산한 값이 40시간을 초과해 52시간에 달하는지를 기준으로 근로기준법 위반 여부를 판단해야 한다고 봤다. 이 계산법에 따른다면 A씨의 1주간 연장근로시간은 8시간이므로 근로기준법을 위반한 것이 아니라는 결과가 나온다. 대법원은 "근로기준법은 연장근로시간의 한도를 1주간을 기준으로 설정하고 있을 뿐 1일을 기준으로 삼고 있지 않다"며 "근로기준법상 연장근로는 1주간의 기준 근로시간을 초과하는 근로를 의미한다고 해석하는 것이 자연스럽다"고 설명했다. 이에 따라 항소심이 유죄로 인정한 109회 중 3회는 연장근로 한도를 초과했다고 단정하기 어렵다며 사건을 파기환송했다.

주 52시간 근무제 준수 여부 법원 판단 예시

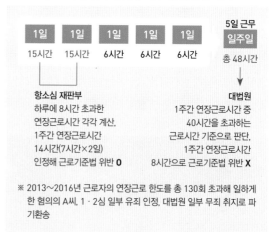

1일	1일	1일	1일	1일	5일 근무 일주일
15시간	15시간	6시간	6시간	6시간	총 48시간

항소심 재판부
하루에 8시간 초과한
연장근로시간 각각 계산,
1주간 연장근로시간
14시간(7시간×2일)
인정해 근로기준법 위반 O

대법원
1주간 연장근로시간 중
40시간을 초과하는
근로시간 기준으로 판단,
1주간 연장근로시간
8시간으로 근로기준법 위반 X

※ 2013~2016년 근로자의 연장근로 한도를 총 130회 초과해 일하게 한 혐의의 A씨, 1·2심 일부 유죄 인정, 대법원 일부 무죄 취지로 파기환송

노동계 "시대착오적이며 혼란 자초한 판결" 반발

그간 근로시간 주무부처인 노동부는 연장근로시간 한도 위반 여부를 판단할 때 한 주에 일한 시간이 52시간을 넘는지와 하루 8시간을 초과해 일한 시간을 합하면 12시간을 초과하는지를 모두 고려해왔다. 하지만 이번 대법원 판결로 인해 이후 관련 소송에서 일 단위 계산을 배제하고 근로기준법 위반 여부를 따질 수 있게 됐다. 노동부 관계자는 "이번 판결

을 행정에 적용할지 검토할 것"이라고 밝혔다. 반면 노동계는 이번 판결을 두고 노동자 건강권이 악화할 수 있다며 반발했다. 특례업종이나 **탄력적·선택적 근로시간제***를 도입한 사업장처럼 '11시간 연속 휴식'이 보장되는 경우를 제외하면 이론적으로 이틀 연속 법정휴게시간(4시간마다 30분씩)을 뺀 21.5시간씩 일할 수 있다는 계산이 나오기 때문이다.

탄력적·선택적 근로시간제

업무량이나 일의 성격 등에 따라 근로시간을 탄력적으로 운영할 수 있도록 한 유연근무제의 일종이다. 국내에서는 2018년 7월 1일부터 시행된 '주 52시간 단축'으로 유연근무제 도입이 확산했다. 탄력적 근로시간제는 특정 주의 근로시간이 늘어나면 다른 날의 근로시간을 줄여 2주 또는 3개월 평균 근로시간을 주 40시간에 맞추는 제도다. 선택적 근로시간제는 1개월 이내 단위로 정해진 총 근로시간 범위 내에서 하루 근로시간을 노동자가 자율적으로 결정하는 제도다.

한국노총은 논평을 내고 "그동안 현장에 자리 잡은 연장근로수당 산정방식과 배치되는 것으로 시대착오적"이라며 "국회는 연장근로에 대한 현장 혼란을 막고 노동자 건강권을 보호하기 위한 입법 보완에 나서야 한다"고 촉구했다. 이어 "연장근로 한도와 연장근로수당은 별개의 사안"이라면서 "(이번 판결에서도) 하루 8시간을 넘긴 근로에 대해 통상임금 100분의 50 이상을 가산해 지급해야 한다는 데는 이견이 없었다"고 강조했다.

민주노총도 논평에서 "육체적 한계를 넘는 노동을 금지하려 일 단위로 법정근로시간을 정한 법 취지를 무너뜨리는 결과"라며 '일일 연장근로시간 상한을 규정하고, 11시간 연속 휴식을 전면적으로 도입'할 것을 요구했다.

자극적 보도에 수사내용 유출까지 ⋯ 극단 결말 부추겨

마약투약 혐의로 경찰수사를 받던 배우 이선균 씨의 죽음이 우리 사회에 무거운 충격파를 던졌다. 절정의 인기를 누리던 그가 하루아침에 마약 등 스캔들에 연루된 이후 수사의 전 과정이 무분별하게 공개되고, 사회관계망서비스(SNS) 등을 통해 이러한 내용이 기하급수적으로 확대·재생산된 결과 극단의 결말을 맞는 비극을 고스란히 목격했기 때문이다. 전문가들은 수사내용 유출과 언론의 자극적 보도경쟁, SNS라는 미디어의 확산으로 이러한 극단적 '폭로' 양태가 과거보다 훨씬 더 심해지고 있다면서 또 다른 피해를 막기 위한 제재와 자정 움직임이 절실하다고 입을 모았다.

고(故) 이선균 씨의 빈소

잇단 유명인 극단 선택 ⋯ 비난여론에 취약

이씨의 마약혐의는 경찰이 지난해 10월 첩보를 토대로 기초조사를 하는 내사*단계부터 이례적으로 외부에 유출됐다. 한국영화사의 기념비적 작품 '기생충'으로 연기인생에 정점을 찍은 인기배우의 마약연루 의혹은 즉시 언론과 온라인에 일파만파 퍼져 입방아에 올랐다. 특히 혐의입증과는 관련 없는 사생활이 담긴 통화녹취록이 일부 언론과 유튜브를 통해 지속적으로 공개되자 이씨는 심리적 괴로움을 호소한 것으로 전해졌다. 이씨와 같은 시기 마약투약 혐의로 입건된 가수 지드래곤(본명 권지용)은 지난 12월 경찰의 불송치 결정으로 혐의를 벗었지만, 그 역시 두 달여 간 각종 루머와 비난 댓글에 시달려야 했다.

이처럼 비난여론에 취약할 수밖에 없는 연예인 등 유명인들이 미확인 정보로 구설에 올라 스트레스를 호소하며 극단의 코너에 몰렸다가 스스로 목숨을 끊은 사례는 어제오늘 일이 아니다. 고(故) 최진실 씨는 생전 '25억원 사채설' 루머와 악플로 지인들에게 정신적 고통을 호소한 것으로 알려졌다. 2019년 가수 겸 배우 설리(본명 최설리) 씨 역시 오랜 시간 악성댓글에 시달리다 세상을 떴다. 또 같은 이유로 생을 마감한 운동선수와 인터넷 방송인도 여럿이다.

인권침해 방지·보도 책임·소비자 자정작용 필요

전문가들은 연예인 등 유명인은 자신과 관련한 보도나 루머 확산에 일반인보다 민감하게 반응할 수밖에 없다고 지적한다. 뉴스 생산자와 소비자의 경계가 흐려진 현재 미디어 환경이 루머나 무리한 사생활 공개를 부추겼다는 시각도 있다. 곽금주 서울대 심리학과 교수는 "(연예인은) 실제 있었던 치부와 무관한 개인의 사생활이나 허위정보 등이 SNS 등을 통해 유통되면 일평생이 부정당하는 심리적 압박감에 놓이게 된다"고 말했다. 한국자살예방협회 방송문화

위원장을 맡고 있는 유현재 서강대 신문방송학과 교수는 "소비자와 미디어는 일종의 유희로 가십성 뉴스를 이용하지만, 개인의 평판이 중요한 직업을 가진 당사자가 느끼는 타격감은 매우 크다"고 짚었다.

개인을 사회적으로 공격하는 미디어 소비행태를 막기 위해 사전적 제동장치와 사후처벌이 필요하다는 의견도 나왔다. 유 교수는 "범죄사실과 무관한 보도를 했던 언론사나 특정 유튜브 채널과 같은 유사 언론 등에 대해 강력한 처벌을 해 책임감 있는 보도를 위한 표시석 사례를 만들 필요가 있다"고 주장했다.

한편 이씨의 사망사건과 관련해 경찰의 무리한 수사도 도마에 올랐다. 10·29 참사 1주기를 맞는 시점에 이씨의 혐의를 언론에 무분별하게 배포한 점, 19차례에 걸친 조사에서도 증거 없이 공개소환을 지속한 점 등으로 미루어 경찰이 이번 비극을 만드는 데 가장 큰 일조를 했다는 비난을 피하기 어려운 상황이다. 또한 '이선균 재발방지법(가칭)'을 제정해야 한다는 주장도 나왔다. 1월 2일 인권연대와 더불어민주당 인권위원회 주최로 열린 긴급토론회에 토론자로 참석한 검사 출신 김희수 변호사는 **이씨의 죽음에 언론과 경찰, 검찰 모두에게 책임이 있다며 "수사기관의 인권침해 방지를 위해 강제성 있는 법률을 만들 필요가 있다"**고 말했다. 아울러 수사대상에 검찰, 경찰뿐 아니라 특별사법경찰관리 등도 포함시키

고, 수사기관이 직무수행 중 알게 된 인권침해 우려가 있는 정보를 유출할 경우 형사처벌하도록 규정할 것도 건의했다.

16위

절반의 성공, 절반의 실패 …
유엔기후변화협약 당사국총회

지난해 11월 30일(현지시각) 아랍에미리트(UAE) 두바이에서 제28차 유엔기후변화협약(UNFCCC) 당사국총회(COP28)가 이전 총회와 마찬가지로 '절체절명 위기' 속에 열렸다. 앞선 10월이 '역사상 가장 더운 10월'로 기록되면서 세계기상기구(WMO)가 '역사상 가장 더운 해'가 2023년으로 바뀔 것이 거의 확실하다고 공언했기 때문이다.

COP28 개회식

손실과 피해 기금 공식출범 … 필요액에 0.2%

COP28은 세계 기후위기 문제를 해결하기 위한 가장 큰 기후정상회의로 2023년에는 11월 30일 개막해 12월 13일까지 열렸다. COP28 의장국인 UAE의 술탄 알자베르 의장은 개막식에서 기후변화로 인해 피해를 본 개발도상국에 금전적인 보상을 지급

하는 기후 '손실과 피해 기금*(Loss and Damage Fund)'이 공식출범했다고 밝히면서 "오늘 우리는 역사를 만들었다"고 평가하며 기대를 모았다. 당초 이 문제가 총회기간 내내 쟁점으로 다뤄질 것이라고 예상됐기 때문이다.

손실과 피해 기금

> 개발도상국이 겪는 기후로 인한 재난피해에 대해 선진국이 책임과 보상 필요성을 인정하고 이를 보완할 자금을 지원하자는 취지로 조성됐다. 논의 자체는 1990년대부터 진행됐으나 선진국들의 반대로 진척을 보이지 못하다가 2022년 COP27에서 격론 끝에 큰 틀 안에서의 합의에 도달한 바 있다. 지구온난화에 따른 손실(Losses)은 '관찰된 기후영향에서 오는 위해'로, 피해(Damages)는 '예측되는 기후위험'으로 정의한다.

또한 이번 총회는 지구 평균온도가 산업혁명 이전보다 1.5℃ 이상 오르지 않게 하자고 약속한 '파리협정'에 따른 온실가스감축계획을 각국이 잘 지키고 있는지 확인하는 '전 지구적 이행점검'이 처음 시행되는 자리였던 만큼 COP28 198개 당사국들은 예정된 회의 폐막을 하루 늦추고 밤샘협상을 벌여 2030년이 되기 전까지 화석연료로부터의 전환을 가속화한다는 등의 내용이 담긴 '아랍에미리트 컨센서스'를 채택했다.

그러나 각국의 약정액이 필요금액의 0.2%에 불과하다는 지적도 나왔다. 200여 개 기후환경단체 연합체인 기후행동네트워크(CAN)는 기후변화로 인해 개도국들이 해마다 겪는 경제적·비경제적 손실이 4,000억달러(530조원)가 넘을 것으로 추산하고 있다. 그러나 기금이 공식출범한 이래 현재까지 약정된 기금액은 UAE가 약속한 1억달러(약 1,299억원)를 비롯해 8억달러(1조 500억원) 수준이다.

그 외에도 러시아-우크라이나 전쟁이 지속되고 있는 가운데 새로 불거진 이스라엘-하마스 전쟁은 이번 총회에 악재로 작용했다. 우선 전 세계에서 이산화탄소를 가장 많이 배출하는 중국과 미국 정상이 전쟁에 집중하면서 불참했다. 또한 1일부터 2일까지 이어진 정상회의 연설에서는 요르단, 터키 등이 이스라엘을 맹비난했고, 이란은 이스라엘 참가에 항의하며 퇴장하기도 했다. 회의장 밖에서도 일부 활동가들이 팔레스타인에서 벌어지고 있는 일들을 알리며 희생자들을 기리는 퍼포먼스가 벌어졌다.

한국, 기후대응은 64위 ··· 가스배출은 3위

우리나라는 COP28에서 공식적으로 출범한 손실과 피해 기금에 기금을 출연한다는 약속을 끝내 내놓지 않았다. COP28에 참석한 한화진 환경부 장관은 고위급회의 기조연설에서 '녹색기후기금(Green Climate Fun)'에 3억달러(약 3,960억원)를 공여하기로 했다고 밝혔지만, 이는 이미 앞선 9월 윤석열 대통령이 G20 정상회의 당시 내놓았던 약속이어서 새로운 기금 출연으로 볼 수 없다.

화석연료 사용 중단 촉구시위

이런 상황에서 우리나라는 기후대응 평가(기후변화 대응지수, Climate Change Performance Index, CCPI)에서 전체 64위를 차지하는 불명예를 안았다. 64위는 '매우 저조함'에 해당되며 1년 전인 2022년보다 4계단이나 하락한 순위다. 윤석열정부가 10차 전력수급기본계획에서 재생에너지 목표를 크게 하향조정한 것이 문제로 지적됐다. 또한 12월 6일에는 세계 기후환경단체들의 연대체인 기후행동네트워크가 이른바 '기후 악당'들에게 수여하는 '오늘의 화석상'에 대한민국이 3위에 올랐다. 주최 측은 화석연료인 가스 확대를 위한 한국의 '헌신'을 수상 이유로 꼽았다.

*17*위

잇따른 행정전산망 장애사태 ··· 디지털정부 우려 커져

세계 최고수준의 디지털정부를 표방했던 우리나라의 위상이 일련의 전산망 장애사태로 끝 모를 추락 위기에 놓였다. 지난해 11월 17일 국가 행정전산망이 마비되며 온오프라인 민원서비스가 중단되는 초유의 사태가 벌어졌으나 정부는 사흘 뒤에야 완전 복구를 발표하고, 재발방지에 온 힘을 쏟겠다고 다짐했다. 그러나 이 같은 말은 '공수표'가 되고 말았다. 사고 뒤로 일주일이 넘도록 전산망이 먹통이 된 이유를 제대로 설명하지 못한 것은 물론 정부기관의 전산망, 온라인 서비스 곳곳에서 장애가 되풀이된 탓이다. 정부가 디지털정부 성과 등을 홍보하고자 준비했던 부산 정부박람회도 반복된 전산망 장애로 빛이 바랬다.

정부 전산망 장애, 일주일 새 4건 터져

행정전산망 마비사태를 포함해 지난해 11월 말 일주일 사이 터진 정부기관의 전산망 장애는 총 4건이었다. 연중 한 번 있을까 말까 한 일이 일주일 새 연달아 터진 것이다. 정부가 11월 20일 행정전산망을 재가동하면서 민원현장은 정상화되는 듯했으나, 이틀

후 서울과 일부 지방의 주민센터에서 주민등록시스템에 일시장애가 나타나며 주민등록등본 등 증명서 발급이 또다시 중단됐다. 현장 민원인들은 불편을 겪었고, 이들을 마주했던 공무원들은 답답함을 토로할 수밖에 없었다.

행정전산서비스 장애 대책본부 주재한 이상민 행정안전부 장관

다음 날에는 **조달청*** 국가종합전자조달시스템인 '나라장터'에서 문제가 터졌다. 당일 오전 9시 10분부터 약 1시간 동안 사이트가 작동하지 않은 것이다. 이로 인해 이용객들이 큰 불편을 겪었고, 서류제출 마감이 도래한 1,600건의 입찰공고가 연기됐다. 나라장터는 오전이면 입찰이 활발하게 전개돼 트래픽에 과부하가 걸리곤 했는데, 사고가 난 당일은 해외 특정IP에서 다량의 접속이 쏟아진 것으로 파악됐다.

조달청

1955년 설치된 외자청(外資廳)을 전신으로 하는 기관이다. 공공기관이 필요로 하는 물품(용역) 및 공공시설물을 국내외에서 조달·공급하는 역할을 하며, 주요 원자재의 비축사업을 운영한다. 또한 정부의 물품 및 국유재산을 관리하는 업무도 담당하고 있다. 조달청에서 운영하는 '나라장터'는 온라인을 통해 공공기관의 입찰정보를 통합공고하는 등 창구역할을 수행하고 있다.

이튿날인 24일에는 디지털정부의 자랑거리로 볼 수 있는 모바일신분증 서비스에 장애가 발생해 신분증 발급서비스가 전면중단됐다. 신분증을 인증하고 발

급하는 앱이 장애를 일으켰기 때문이다. 부산 벡스코에서 열린 정부박람회에서 홍보차 진행되던 모바일신분증 현장 발급서비스도 장애로 발급이 중단됐다. 디지털정부로서 체면을 단단히 구긴 셈이다.

전문가들 "많은 부분 다시 돌아봐야"

정보통신(IT) 분야 전문가들은 일련의 사태를 두고 기본이 되지 않은 디지털행정이 빚어낸 일이라고 비판했다. 이성엽 고려대 기술경영전문대학원 부교수는 "원인이 제각각일지 몰라도 결국 '기본'을 지키지 않았던 결과"라고 분석하고, "설비부터 관리까지 본질적인 부분을 다시 돌아봐야 할 때"라고 말했다. 국가 행정전산망 시스템이 문제없이 가동하기 위해 서버와 프로그램에 대한 정기점검, 운영과 오류대응 내용이 담긴 매뉴얼 마련, 이중화된 복구시스템 채비 등 기본적인 관리가 제대로 이뤄지고 있는지 지적할 수밖에 없다는 말이다. 그는 "사이버공격에 대한 방어막이 형성됐는지, 오류발생 가능성을 최소화하기 위한 운영시스템이 갖춰졌는지 철저히 점검해야 한다"고 제언했다.

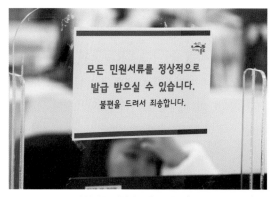

민원서류 정상발급을 알리는 한 주민센터 민원창구

정부는 1월 5일 관계부처 합동으로 제2차 '행정전산망 개선 범정부 태스크포스' 회의를 열어 재발방지와 디지털행정서비스의 근본적인 변화방안 등을 논의했다. 정부는 이날 논의된 내용을 검토하고 디지

털플랫폼정부위원회, 민간전문가 등의 의견을 수렴해 '디지털행정서비스 발전을 위한 종합대책'을 내놓겠다고 밝혔다. 그러나 정부는 이미 앞선 사태의 대처방안으로 노후장비를 전수점검하고 범정부 위기대응체계를 확립하는 계획을 밝힌 것이 무색하게 2024년 예산과 관련해 전산망 유지보수 예산은 삭감하고 해외홍보 예산을 늘렸다. 정부의 개선의지에 대한 진정성에 의구심이 들 수밖에 없는 대목이다.

*18*위

자민당 '비자금 스캔들'에 민심도 내각도 추락

일본검찰이 1월 7일 집권 자민당의 비자금 조성 의혹과 관련해 이케다 요시타카 의원을 체포했다. 도쿄지검 특수부가 지난해 12월 수사에 착수한 이번 비자금 사건으로 현역의원이 체포까지 된 것은 이날이 처음이다.

자민당 5개 파벌 총 1억엔 비자금 조성

고베가쿠인대 가미와키 히로시 교수 등의 고발로 시작된 자민당의 비자금 스캔들이 내각 교체, 압수수색에 이어 현직의원의 체포에까지 이르렀다. 지난해 12월 1일 아사히신문 등에 따르면 도쿄지방검찰청은 고발에 따라 **자민당 내 5개 파벌***을 대상으로 비자금법 위반 혐의를 조사하기 시작했다. 조사대상은 아베파로 불리는 '세이와정책연구회', 기시다 후미오 총리가 이끄는 '히로이케정책연구회', 니카이 도시히로 전 간사장이 수장인 '시스이카이', 모테기 도시미쓰 간사장의 '헤이세이연구회', 아소 다로 부총재가 수장인 '시코카이' 등이다.

이들 파벌은 법에 명시된 비자금에 대한 보고서 기재의무를 2018~2021년 일부 이행하지 않았다는 의혹을 받고 있다. 일본의 비자금 관련법은 모금을 위해 여는 행사(파티)에서 한 번에 20만엔(약 175만 원)이 넘는 '파티권'을 구입한 개인과 단체의 이름과 금액을 보고서에 적고 이를 어길 시 5년 이하의 금고 혹은 100만엔 이하의 벌금을 규정하고 있다. 보고서에 기재하지 않는 방식으로 조성된 비자금 총액은 최근 5년간 1억엔(약 8억 8,000만원)이 넘는다고 아사히신문 등은 보도했다.

비자금과 관련해 기자회견 중인 기시다 후미오 일본 총리

자민당 내부 분열에 강진 … 기시다 지지율 추락

기시다 총리는 앞서 열린 11월 29일 의회질의에서 "각각(의 파벌)이 설명책임을 다하겠지만, 지금까지 나로서는 비자금 조성 사실을 알지 못했다"고 부인했다. 내각 대변인인 마츠노 히로이치 관방장관도 12월 1일 기자회견에서 "개별 정치단체들의 활동에

대해 정부 입장에서는 대답을 삼간다"며 언급을 피했다. 그러나 비자금 스캔들은 점차 자민당 내 파벌 싸움으로 이어지고 있다. 기시다 총리는 지난 12월 14일 아베파 소속 관료 4명이 제출한 사직서를 즉각 수리했다. 그리고 이들 후임으로 하야시 요시마사(기시다파), 사이토 겐(무파벌), 마쓰모토 다케아키(아소파), 사카모토 데쓰시(모리야마파) 등 비아베파 의원들을 임명했다. 이번 **부분 개각은 소수파벌 출신인 기시다 총리가 다른 파벌과 연합해 최대파벌인 아베파를 숙청한 듯한 모양새라 앞으로 당내 분열은 더욱 심화될 것**으로 보인다. 관련 의혹으로 체포된 이케다 요시타카 의원도 아베파다.

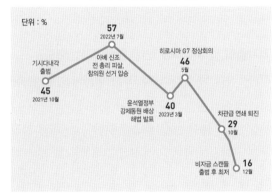

기시다 후미오 총리 지지율

단위 : %

기시다내각
출범
45
2021년 10월

57
2022년 7월
아베 신조
전 총리 피살,
참의원 선거 압승

히로시마 G7 정상회의
46
5월

윤석열정부
강제동원 배상
해법 발표
40
2023년 3월

차관급 연쇄 퇴진
29
10월

비자금 스캔들
출범 후 최저
16
12월

자료 / 아사히신문

문제는 지지율이다. 기시다 총리는 1월 4일 신년 기자회견에서 정치자금의 투명성 제고 방안을 강구할 것이라고 밝히며 '정치쇄신본부'를 설치하는 등 적극적으로 나서고 있다. 그러나 지난해 5월 이후 추락하고 있던 기시다 총리와 내각의 지지율이 비자금 스캔들과 맞물리면서 바닥을 치고 있다. 여기에 새해 첫날 일본 혼슈 중부 이시카와현 노토반도에서 발생한 규모 7.6의 강진도 악재로 작용하고 있다. 노토강진으로 건물붕괴 및 쓰나미 등으로 200명이 넘게 희생됨에 따라 발 빠른 대응이었다는 평가에도 불구하고 지지율을 견인하지는 못했다. 이 때문에

일각에서는 자민당 총재 선거에 불출마해 자연스럽게 물러날 수 있다는 예측을 내놓고 있다. 이를 증명하듯 차기 총리후보 1위로 꼽힌 바 있는 이시바 시게루 의원, 2021년 자민당 총재선거에서 기시다 총리와 경쟁했던 다카이치 사나에 경제안보담당상 등이 현 내각 비판 및 세력 결집에 나서고 있다.

여론조작 vs 언론자유 탄압 …
검찰, 유례없는 언론사 압수수색

지난 대선 국면에서 허위보도로 윤석열 대통령의 명예가 훼손됐다는 의혹을 들여다보는 검찰이 뉴스타파와 뉴스버스, 경향신문, JTBC 등 언론사 기자에 대한 강제수사에 나선 데 이어 뉴스타파와 뉴스버스 등 언론사 대표에 대한 압수수색을 집행했다. 이에 뉴스타파와 뉴스버스는 검찰이 언론의 자유를 탄압하고 있다며 강하게 비판했다.

검찰 압수수색에 성명을 발표하는 뉴스타파 직원과 김용진 대표

언론사·기자, 윤 대통령 명예훼손 혐의로 입건

검찰은 지난해 9월 14일 뉴스타파 사무실을 압수수색한 지 약 3개월 만인 12월 6일 정보통신망법상 **명**

예훼손* 혐의로 뉴스타파 김용진 대표에 대한 강제수사에 나섰다. 검찰은 대장동 민간업자 김만배 씨가 2021년 9월 15일 뉴스타파 전문위원이던 신학림 전 언론노조위원장과 '2011년 윤 대통령이 대검 중수부에서 부산저축은행 사건을 수사할 당시 대장동 대출 브로커였던 조우형 씨 사건을 덮어줬다'는 취지의 허위인터뷰를 하고, 닷새 뒤인 9월 20일 그 대가로 신씨에게 1억 6,500만원을 지급했다고 의심하고 있다. 해당 인터뷰는 대선 사흘 전인 지난해 3월 6일 보도됐다.

검찰은 김씨가 대장동 의혹이 불거지자 책임론의 초점을 당시 대선후보였던 이재명 더불어민주당 대표에서 윤 대통령 쪽으로 돌리기 위해 의도적으로 언론을 통해 허위내용을 확산시켰다고 보고 있으며, 이 과정에 김 대표도 개입한 것 아닌지 의심하고 있다. 이에 뉴스타파는 입장문을 내고 "해당 보도는 공직후보자에 대한 지극히 정상적인 검증보도였고, 충분한 근거를 갖추고 있었다"며 "수사 협조에도 불구하고 언론사 대표의 자택까지 압수수색한 것은 민주화 이후 전례를 찾아보기 힘든 폭거"라며 반발했다.

그러나 검찰은 12월 26일 뉴스버스 이진동 대표를 김 대표와 같은 혐의로 또 압수수색했다. 경찰 수사 기록에 나오는 조씨의 진술과 대장동 초기 사업자 이강길 씨와의 인터뷰 내용 등을 근거로 삼아 대검찰청 중앙수사부가 조씨와 주변 계좌추적까지 벌여 놓고 입건하지도 않았다는 게 2021년 10월 21일 뉴스버스 기사의 주요내용이었다. 검찰은 압수수색 영장에 김씨와 이 대표가 같은 한국일보 출신으로 약 30년 이상 알고 지내온 사이라고 강조하면서 두 사람이 해당 보도를 앞두고 수차례 통화하는 등 긴밀히 소통해왔다고 적은 것으로 전해졌다. 이에 뉴스버스는 압수수색 직후 입장문을 내고 "수사권을 남용한 보복적 언론탄압"이라고 비판했다. 또한 "해당 사건에 대한 취재나 취재지시는 당연한 것"이라며 "기사 자체에는 아무런 문제가 없다. 더구나 '대검 중수부' 기관은 명예훼손 대상이 되지 않는다"라고 강조했다.

기자협회, 압수수색에 "언론 길들이려는 의도"

이러한 검찰의 압수수색을 두고 언론계는 후진국에서나 벌어지는 언론탄압이라며 강하게 비판하고 나섰다. 앞선 10월 26일 한국기자협회는 검찰이 경향신문 전현직 기자 등에 대한 압수수색을 한 것에 대해 "권력을 감시하고 의혹을 제기하는 것은 언론의 기본소명 중 하나"라며 "압수수색을 강행하는 것은 언론의 권력감시 기능을 상실시켜 권력의 입맛에 맞춰 길들이고자 하는 의도가 아니고 무엇이겠냐"고 의문을 제기했다. 그러면서 "정부와 권력에 의한 언론탄압 시도가 지속된다면 대한민국의 위상은 급격히 추락할 것"이라고 주장했다.

전국언론노동조합은 "법원도 수많은 판례를 통해 다소간의 오류가 있다 하더라도 정치인들과 국가권력에 대한 언론보도의 자유에 대해 폭넓게 인정해 왔다"며 "(이번 압수수색은) 사법적 판단을 깡그리 무시한 채 정권의 안위를 고려한 정치적 수사"라고 비판했다.

20위

대선 앞둔 미국 …
부동의 1위는 트럼프

2024년 올 한 해는 세계 76개국에서 전국 규모의 선거가 치러진다. **양안관계***뿐 아니라 미중관계 전반에 큰 영향을 끼치게 될 1월 13일 대만 총통선거로 시작해 2020년의 '리턴매치'가 이뤄질 가능성이 높은 11월 5일 미국 대통령선거로 마무리된다. 특히 올해 11월에 치러지는 미국 대선을 앞두고 각 당의 후보를 결정하기 위한 경선레이스가 1월부터 시작됐다. 대권 탈환을 노리는 공화당에서는 트럼프 전 대통령이 각종 악재에도 부동의 1위를 지키고 있는 가운데 수성하는 민주당에서는 후보교체론이 고개를 들고 있다.

양안관계(兩岸關係)

대만과 중국의 관계를 말한다. '양안'이란 자연적인 군사분계선 역할을 하고 있는 대만해협을 두고 서안(대륙)과 동안(대만)으로 마주 보는 관계라고 해서 붙은 이름이다. 이들의 관계는 '두 국가의 외교'가 아닌 '특수한 상태의 관계'이므로, 남북관계와 유사한 개념으로 양안관계라는 표현을 흔히 사용하고 있다. 대만과 중국은 모두 '하나의 중국'을 표방해왔으며, 스스로를 유일한 합법정부로 보고 서로를 불법으로 규정하고 있다.

트럼프, 재판 중에도 공화당 예비후보 중 1위

미국 공화당 대선 경선의 첫 투표를 앞둔 시점인 지난 1월 7일 도널드 트럼프 전 대통령이 공화당의 다른 예비후보들보다 경제정책에서 압도적으로 높은 지지를 받는다는 여론조사 결과가 나왔다. 파이낸셜타임스와 미국 미시간대 로스경영대학원이 공동으로 12월 28일부터 1월 2일까지 미국 유권자 1,000명을 대상으로 실시한 여론조사에 따르면 공화당 지지자 중 67%가 예비후보 중 트럼프가 미국경제를

다룰 적합한 후보라고 생각하는 것으로 나타났다. 반면 최근 상승세를 보이는 니키 헤일리 전 유엔대사가 적임자라고 답한 비율은 공화당 지지 유권자 중 8%에 불과했다.

네바다주 리노 집회에 참석한 트럼프 전 대통령(23.12.17)

헤일리 전 대사는 트럼프행정부와 바이든행정부에서 이뤄진 수십억달러 규모의 연방지출을 비판하고, 론 디샌티스 플로리다 주지사는 세금감면과 모든 미국인에게 같은 연방소득세 부과를 공언하고 있지만, 두 후보의 공약이 트럼프 전 대통령의 우세를 따라잡기에는 부족한 것으로 보인다고 파이낸셜타임스는 전했다. 특히 지지 정당이 없는 유권자 중 3분의 1 이상인 **36%가 경제분야에서 트럼프를 가장 신뢰**한다고 답해 실제와는 상관없이 트럼프 전 대통령 집권 당시 경제가 지금보다 더 좋았다고 기억하고 있는 것으로 나타났다.

경쟁자 경선포기·중도 사퇴 … 역전 불가?

이런 분위기 속에서 지난해 10월 트럼프행정부에서 활동했던 마이크 펜스 전 부통령이 공화당 경선에서 중도 하차한 데 이어 트럼프 전 대통령을 강하게 비판해온 크리스 크리스티(평균 지지율이 3.6%) 전 뉴저지 주지사마저 사퇴를 선언했다. 이 때문에 반 트럼프 측이 헤일리 전 대사로 집결할 수 있다는 관측이 나온다. 그러나 1위인 트럼프 전 대통령은 다른

후보들을 무시하듯 경선 후보토론회에 불참하고, 법원변론에 직접 출석하는 방식으로 법정선거운동을 펼치고 있다. 2021년 1월 6일 의회난입과 관련해 2020년 대선 뒤집기 시도 등의 혐의로 기소된 트럼프 전 대통령은 '현직 대통령으로 면책특권이 있음'을 주장하고 있는데, 이것이 인정되면 대선불복 혐의 등에서 벗어나면서 사법리스크를 일정부분 해소할 수 있게 된다.

트럼프식 백인우월주의를 비판하는 바이든 대통령(24.1.8)

한편 민주당은 유권층 가운데 79%가 조 바이든 대통령을 민주당 경선 후보로 지지한다고 응답했다. 하지만 '열성적으로 지지한다'는 항목에서는 응답률이 27%에 그치며 이른바 충성도 측면에서 트럼프 전 대통령(45%)에 못 미치고 있다. 여기에 각종 대선 경합주 여론조사에서 바이든 대통령이 트럼프 전 대통령에게 뒤지는 것으로 조사되면서 민주당 내에서는 '후보교체론'까지 나오고 있다. 그러나 현직 대통령인 바이든이 강력한 재선 도전의지를 보이고 있어 섣불리 후보교체를 요구했다가는 '당 분열'을 야기한다는 비판을 받을 수 있는 데다가 바이든 대통령의 전격적 불출마 결단 없이는 사실상 후보교체를 공론화하기 쉽지 않은 상황이다. 대선후보를 공식 확정하는 전당대회는 민주당은 7월 3~16일 위스콘신주 밀워키에서, 공화당은 8월 24~27일 노스캐롤라이나주 샬럿에서 열릴 예정이다.

'한국판 나사' 우주항공청 신설법, 국회 통과

한국판 나사(NASA, 미국 항공우주국) 역할을 할 우주항공청 설치 법안이 1월 9일 국회 문턱을 넘었다. 우주항공청은 부처별 흩어져 있던 우주항공 분야 연구개발(R&D) 및 산업육성 기능과 해외 우주 전담기구와의 협력역할을 한데 모으고, 전문가 중심 조직으로 꾸려 선도적 R&D에 나서는 것이 목표다.

우주항공청 설치 및 운영에 관한 법안 표결 결과

항우연·천문연, 우주항공청 소속기관으로 편입

국회는 이날 본회의에서 우주항공청설립운영특별법(우주항공청법) 제정안과 우주개발진흥법 및 정부조직법 개정안을 처리했다. 우주항공청법 제정안은 우주개발을 주도할 국가 컨트롤타워를 설립하겠다는 윤석열 대통령의 공약에 따라 추진됐다. 지난해 4월 정부 입법으로 발의된 지 9개월 만에 국회 문턱을 넘은 것이다. 법안은 우주항공청을 과학기술정보통신부(과기정통부) 장관 소속기관으로 설치하고, 대통령 직속 국가우주위원회*에서 감독하도록 하는 내용이 골자다. 제정안이 공포 후 4개월이 지난 날부터 시행됨에 따라 우주항공청은 이르면 올해 5~6월께 경남 사천에 설립될 것으로 전망된다.

2005년 12월에 발효된 우주개발진흥법에 따라 우리나라의 우주개발에 관한 사항을 심의·조정하는 부처 간 협의기구다. 정부가 5년마다 수립하는 우주개발진흥기본계획과 위성정보활용종합계획, 우주위험대비기본계획을 심의하며, 이 밖에 우주개발사업에 대한 평가와 재원조달 및 투자계획, 우주개발 전문기관의 지정 및 운영, 우주발사체의 발사 허가에 관한 사항도 심의한다. 위원회는 위원장 1명과 부위원장 1명을 포함한 30명 이내의 위원으로 구성되며, 위원장은 대통령이 맡는다.

한국항공우주연구원(항우연)과 한국천문연구원(천문연)은 우주항공청 소속기관으로 편입된다. 쟁점이었던 R&D 기능과 관련해 항우연은 기존 연구를 그대로 진행하고, 항우연을 산하기관으로 둔 우주항공청도 자연스럽게 R&D를 수행하게 됐다. 아울러 현재 대전에 있는 항우연과 천문연 본원을 이전하려면 국회 동의절차를 밟도록 했다. 이밖에 국가공무원법과 별개로 우주항공청 소속 임기제 공무원 보수기준을 정할 수 있도록 한 특례조항과 우주산업 클러스터 기능 강화 내용 등도 제정안에 담겼다. 우주개발진흥법 개정안은 국가우주위원장을 국무총리에서 대통령으로 격상하는 등 국가우주위원회를 개편하는 것이 골자다.

사업 이관·인력 확보 숙제

그러나 예상대로 5~6월께 우주항공청이 설립된다면 4개월여밖에 주어지지 않은 준비기간 동안 하위법령 조정, 부처의 주요 우주사업 이관, 조직설립및 인력구성, 임시청사 마련 등 풀어야 할 과제가 산적해 있다는 점은 우려되는 부분이다. 과기정통부는 지난해 7월 우주항공청 조직구성계획을 발표하며 300명 규모 인력 및 네트워크형 조직 구축, 외부 임무센터 설치 등을 제시했지만, 이후 R&D 기능 조정, 항우연과 천문연 편입 등이 확정되면서 변화가 불가피해졌다. 우주항공청에 합류할 전문가들을 영입하는 것도 과제다. 당초 과기정통부는 200명가량

의 전문가를 항우연과 천문연에서 차출하지 않고 신규채용하겠다고 제시했지만, 만성 인력난에 시달리는 우주항공 분야에서 이 정도 규모의 인력을 쉽게 채용할 수 있겠냐는 우려가 나온다. 특히 정주여건 개선에 관한 법조항이 과학기술정보방송통신위원회(과방위) 안건조정위원회 논의과정에서 빠지면서 인재영입 여건이 약화한 측면도 있다.

우주항공청 신설 개요

구분	내용
설치 관련 법안	우주항공청설립운영특별법(우주항공청법) 제정안, 우주개발진흥법 개정안 등
소속 및 감독	과학기술정보통신부 소속, 대통령 직속 국가우주위원회에서 감독
소속기관	한국항공우주연구원(항우연), 한국천문연구원(천문연)
담당 업무	우주항공 관련 연구·개발, 정책, 산업육성, 민군협력, 국제협력, 인재육성, 기반조성, 천문현상 및 우주환경 관측·연구 등
보직 구성	청장-차장-본부장(1본부로 출범, 1급 상당 본부장)
채용	팀장 이상의 모든 보직은 민간전문가를 임기제 공무원으로 임의 채용
연봉 상한	직급 무관 고액연봉 등 파격적인 보수 제공, 보수 상한선 없이 책정 가능
운영 특징	• 성과 기반의 수시 임면체계 도입 • 외국인·복수국적자 임용 허용 • 신속한 프로젝트 조직 구성·변경·해체 가능

※ 2024년 5~6월 설립 전망

차세대발사체 사업, 달 착륙선 사업 등 상위 부처들의 굵직한 우주사업을 우주항공청으로 이관하면서 거버넌스를 조정하는 작업도 만만치 않을 전망이다. 항우연과 천문연의 경우 국가과학기술연구회(NST)에서 나오며 기존 법인을 청산한 후 법인을 다시 만들어 정관과 자체 이사회 등을 꾸리는 작업을 거치게 된다. 이 과정에서 3월과 4월 각각 임기가 끝나는 이상률 항우연 원장, 박영득 천문연 원장의 거취를 NST에서 정할지, 아니면 자체 이사회가 정할지도 관심사다. 법령에는 양 기관의 이전 과정에서 남

은 원장임기를 보장하기로 한 것으로 알려졌다. 과기정통부 관계자는 "일단 하위법령 정비가 우선이고 이후 법이나 예산, 조직, 인사, 이전 등 각각 준비업무를 챙기는 과정이 진행될 것"이라고 말했다.

22위

대만, '친미' 라이칭더 당선 … 양안·미중 관계 긴장 고조 우려

민주주의와 권위주의 진영 간 갈등이 첨예한 가운데 '지구촌 선거의 해'에 치러진 첫 대선인 1월 13일 대만대선에서 중국의 전방위 압박에도 친미·독립 성향인 집권 민주진보당(민진당) 라이칭더 후보가 승리했다. 세계 안보·경제에 중요한 대만해협 주도권을 놓고 힘겨루기를 하던 미·중의 대리전이었던 만큼 중국 대신 미국을 선택한 이번 결과로 글로벌 안보와 경제에 어떤 후폭풍이 발생할지 주목된다.

라이칭더 총통, 샤오메이친 부총통의 당선인사

민진당, 3연속 집권 성공 … 의회 과반확보는 실패

제16대 대만 총통선거(대선)에서 집권 민진당의 라이칭더 후보가 승리했다. 대만 중앙선거관리위원회에 따르면 라이칭더 총통·샤오메이친 부총통 후보

가 득표율 40.05%(558만 6,000표)로 친중·제1야당인 국민당 허우유이 총통·자오사오캉 부총통 후보(득표율 33.49%, 467만 1,000표), 중도·제2야당인 민중당 커윈저 총통·우신잉 부총통 후보(득표율 26.46%, 369만표)를 제쳤다.

대만 제16대 총통선거 결과(2024년 1월 13일)

구분	라이칭더(당선)	허우유이	커윈저
출생	1959년	1957년	1959년
정당	민주진보당 (집권당)	중국국민당 (제1야당)	대만민중당 (제2야당)
성향	친미반중	친중	중도
부통령 후보	샤오메이친	자오사오캉	우신잉
경력	부총통· 민진당 주석	신베이 시장	민중당 주석
대선 결과	40.05% (558만 6,000표)	33.49% (467만 1,000표)	26.46% (369만표)

총통임기는 4년이며 중임할 수 있는데, 대만에서는 1996년 직선제 도입* 후 2000년부터 민진당과 국민당이 8년을 주기로 집권해왔다. 그런 의미에서 라이칭더의 승리는 민진당이 대만 역사상 처음으로 3연속 집권에 성공했다는 데 의의가 있다. 그러나 민진당은 대선과 함께 치러진 입법위원 선거(총선)에서는 113석 중 51석을 얻어 과반확보에는 실패했다. 국민당이 52석, 민중당이 8석, 무소속이 2석을 가져가 여소야대가 됐다.

대만의 직선제

1990년대 민주화가 되기 전까지 대만은 6년마다 국민대회에서 간접선거로 총통을 선출했으나 1996년 리덩후이 총통 시절 수정된 헌법이 통과되면서 직선제로 바뀌었다. 그 후로는 4년에 한 번씩 직선제 총통선거를 시행하며, 2012년 제13대 대만 정부총통 선거부터는 대만 입법위원 선거와 동시 시행하고 있다. 대만의 모든 선거와 마찬가지로 기호는 추첨으로 결정한다. 한편 대만은 7차례에 거친 헌법 수정을 거쳐 중국대륙에 대한 관할권 주장을 실질적으로 무효화시켰다.

라이 당선인은 당선 기자회견에서 "지구촌 첫 대선에서 대만이 민주진영의 첫 번째 승리를 가져왔다"며 "대만이 전 세계 민주주의와 권위주의 사이에서 계속 민주주의의 편에 서기로 결정했다"고 밝혔다. 그는 "중국의 문공무혁(文攻武嚇, 언어적 공격과 무력적 위협)에 직면해 나는 대만을 수호할 결심을 갖고 있다"며 중국의 위협에 굴복하지 않겠다는 의지도 피력했다.

미·중 갈등 커질 듯 … 한국도 영향 불가피

기존 차이정부 8년에 4년 더 친미정권과 손잡게 된 미국은 안보·경제면에서 중국을 더 압박할 것으로 전망된다. 다만 조 바이든 미국 대통령은 "우리는 대만의 독립을 지지하지 않는다"며 일단은 중국을 자극하지 않았다. 그러나 토니 블링컨 미 국무장관은 성명에서 "민주주의 가치에 기반한 미국과 대만의 관계는 경제와 문화, 대인 교류 등 다방면에 걸쳐 확장되고 깊어질 것"이라고 강조했다. 향후 민주주의를 내세워 대만과의 '초밀착'을 시사한 셈이라는 해석도 나온다. 반면 중국은 '하나의 중국' 원칙과 중국의 통일의지에는 변함이 없을 것이라는 입장을 반복했다. 이집트 방문 중 열린 기자회견에서 왕이 중국공산당 중앙외사판공실 주임 겸 외교부장은 "대만 지역의 선거는 중국의 지방 사무"라면서 "대만 섬 안에서 누구든 '대만독립'을 하고자 하는 사람은 바로 중국국토를 분열하는 것으로 반드시 역사와 법률의 처벌을 받을 것"이며 "국제적으로 누구든 하나의 중국 원칙을 어기려는 사람은 중국의 내정에 간섭하고 중국의 주권을 침해하는 것으로 중국 인민 전체와 국제사회 공동의 반대에 직면하고 말 것"이라고 기존입장을 강조했다.

한편 이번 선거결과로 대만에 대한 중국의 봉쇄나 심각한 경우 침공에 대한 우려도 커졌다. 특히 대만이 세계 최대 파운드리(반도체 위탁생산) 업체인 TSMC를 보유한 만큼 글로벌 반도체 공급망의 중심에 자리잡고 있어 대만에 대한 중국의 부분적인 해상 봉쇄만으로도 글로벌 반도체 가격과 공급망에 큰 영향을 줄 수 있기 때문이다. 이는 반도체수출 의존도가 높은 우리나라 경제구조 특성상 상당한 피해가 예상된다는 게 전문가들의 관측이다. 실제로 우리나라 해상 운송량의 약 33%가 대만해협 근처의 해상교통로를 통과하는 것으로 알려져 있다.

HOT ISSUE **23위**

충남학생인권조례 전국 최초 폐지 … 서울도 폐지논의 이어져

충남학생인권조례 폐지안이 2023년 12월 15일 충남도의회 본회의를 통과했다. 학생인권조례를 시행하는 전국 7개 시·도 가운데 인권조례 폐지안이 지방의회에서 의결된 것은 처음이다. 충남에 이어 서울시의회에서도 학생인권조례를 폐지하려는 시도가 이뤄졌으나, 폐지안이 본회의에 상정되진 못했다.

1년에 걸친 찬반 끝에 폐지된 충남학생인권조례

충남학생인권조례는 2020년 제11대 충남도의회에서 제정됐다. 조례에는 '학생인권은 인간으로서 존엄성을 유지하기 위해 반드시 보장돼야 하는 기본적 권리로 자유권·평등권·참여권·교육복지권 등을 보호받는다'는 내용이 담겼다. 그런데 2022년 8월 충남기독교총연합회와 우리아이지킴이학부모연대 등이 충남학생인권조례 등의 폐지를 주민발의로 청구하면서 폐지논의가 본격화됐다. 이들은 조례가 좌파적 인권개념을 강요하고, 올바른 지도도 차별이라고 금지해 학생인권과 이익에 반한다고 주장했다. 이들은 조례폐지를 위해 필요한 서명을 받아 도의회에 전달했고, 도의회가 서명부 검토절차를 진행하던 중 지난해 7월 서울 서이초 교사 사망사건을 계기로 학생인권조례 폐지 또는 개정 목소리가 커지기 시작했다. 그 결과 악성민원에 대처하는 교권회복이 필요하다는 공감대가 형성되면서 학생인권조례 개정을 검토하는 움직임이 곳곳에서 나왔다.

조례폐지에 반대하는 충남도 더불어민주당 의원들

조례폐지 움직임에 대한 각계의 우려도 잇따랐다. 유엔인권이사회*(UNHRC) 특별절차는 지난해 1월 우리정부에 "학생인권조례와 인권기본조례 폐지 프로젝트에 대해 심각한 우려를 표명한다"는 서한을 보냈다. 교권과 학생인권이 대립하는 개념이 아니라는 입장도 잇따라 나왔다. 송두환 국가인권위원장은 **교권침해가 학생인권을 강조해 생겨난 문제라거나 학생인권조례가 제정된 탓으로 돌리려는 일각의 주장을 경계해야 한다**고 밝혔다. 이어 충남지역 100여개 시민·사회단체 등으로 구성된 위기충남공동행동은 폐지안이 절차·내용상 위법하다며 법적대응에 나섰다. 이에 대전지법이 폐지안 수리·발의 처분효력을 올해 1월 18일까지 정지했다. 그러자 충남도의회의 다수를 차지하고 있는 국민의힘에서 당론으로 직접 폐지안을 발의했고, 도의회는 통과를 의결했다. 충남교육청은 즉각 강한 유감을 표시하며 폐지안 재의요구를 검토하겠다는 입장을 밝혔다.

서울학생인권조례 폐지안은 상정 안 돼

한편 12월 22일 서울시의회 인권·권익향상 특별위원회(특위)가 서울학생인권조례 폐지안을 상정시키려는 회의를 취소하면서 폐지기로에 놓였던 서울학생인권조례는 일단 폐지위기에서는 벗어났다. 국민의힘이 다수인 서울시의회 의원들은 학생인권조례 때문에 교원의 정당한 교육권이 침해당한다며 폐지를 주장해왔는데, 긴 시간 토론을 거쳐 회의가 취소된 것으로 알려졌다. 특위는 기존에 김현기 서울시의회 의장이 주민 조례청구를 받아들여 발의한 '서울학생인권조례 폐지 조례안'에 대해 서울행정법원이 앞서 집행정지 신청을 인용한 것에 부담을 느낀 것으로 분석됐다.

조희연 서울시교육감

학생의 기본권을 보호하기 때문에 조례를 존치시켜야 한다는 의견과 교사의 권한이 축소로 교권침해의 원인이 되기 때문에 폐지해야 한다는 의견이 서울시의회에서도 팽팽하게 갈렸다. 한편 조희연 서울시교육감은 상정이 불발되자 이날 자신의 페이스북에 "오해를 풀고 열린 자세로 논의할 수 있는 가능성이 열렸다"고 환영의 글을 올렸다. 교육감이나 교육청이 아닌 국민의힘이 다수를 차지하는 지자체 중심으로 학생인권조례 폐지가 진행되고 있는 상황에서 매일 아침 서울 도심에서 조례폐지에 반대하는 1인 시위를 해온 조 교육감은 "학생인권조례, 교육활동 보호조례, 학교구성원의 권리와 책임에 대한 조례가 병존하는 새로운 변화를 향한 첫걸음이 되기를 소망한다"고 했다.

24위

현대차, 러시아에서 결국 철수 … 재진출 여지 남겨

현대차그룹이 러시아공장 준공 13년 만에 현지 생산을 접고 철수하기로 결정했다. 러시아·우크라이나 전쟁 여파에 현지 공장의 가동을 중단한 지 1년 9개월 만이다.

2010년 준공된 현대차 상트페테르부르크공장

13년 만 매각 … 전쟁 따른 판매 급감 영향

현대차는 옛 소련 붕괴 이후 1990년대부터 러시아 수출을 시작한 뒤 2007년 현지법인을 설립하고 본격적으로 러시아시장에 진출했다. 2010년 9월에는 러시아 제2도시 상트페테르부르크에 6번째 해외생산 거점공장을 준공했고, 이듬해인 2011년 현지에서 생산을 시작했다. 이 공장에서는 러시아의 혹독한 기후를 고려한 현지 맞춤형 소형차 쏠라리스(액센트)와 해외시장 모델인 소형 스포츠유틸리티차(SUV) 크레타, 기아 리오(프라이드) 등이 만들어져 러시아에서 큰 인기를 끌었다. 현대차는 러시아 내수시장에서 판매량 점유율 3위권을 차지하며 높은 인지도를 누렸다.

2020년에는 러시아에서의 생산 증대를 위해 연간 10만대 생산능력을 갖춘 제너럴모터스(GM)의 상트페테르부르크공장도 인수했다. 현대차 러시아공장의 생산량은 2021년 기준 23만 4,000대로 GM공장까지 합치면 생산능력은 연간 33만대에 달했다. 이런 공격적 투자로 따라 같은 해에는 37만 7,600대를 팔며 최대 판매량을 기록하기도 했다. 현대차는 지난 2021년 기아와 합산한 점유율이 러시아 내에서 1위에 오를 정도로 입지가 더욱 확대됐다.

러시아 카멘카 지역 현대차 공장 생산라인

그러나 러시아공장은 러시아의 우크라이나 침공 직후인 2022년 3월 가동이 중단됐다. 국제사회의 제재로 러시아 내 자동차부품 수급이 막힌 탓이다. 러시아공장 가동중단과 함께 현지 판매량도 곤두박

질쳤다. 2022년 판매는 12만 2,595대로 전년 대비 67.5% 줄었고, 지난해에는 1만 1,145대 팔리는 데 그쳤다. 이에 따라 현지 생산인력도 구조조정됐다. 러시아공장은 2022년 말 전쟁 여파와 공급망 대란에 따른 생산감소로 감원에 착수했고, 이 공장의 현지인 근로자 2,200여 명은 공장 가동이 중단된 이후 유급휴무 상태에 있었다.

현대차 "매각금액 14만원, 바이백 고려"

다만 현대차는 러시아공장을 1만루블(약 14만원)에 팔며 매각 후 2년 내 공장을 되살 수 있는 바이백*(Buy-back) 조건을 내걸었다. 러시아·우크라이나 전쟁이 끝난 뒤 재진출 가능성을 열어둔 셈이다. 당초 현대차 러시아공장은 러시아정부 측이 당시 그룹을 이끌었던 정몽구 현대차그룹 명예회장 측에 여러 차례 설립을 요청하고 2010년 열린 준공식에는 블라디미르 푸틴 당시 러시아 총리가 직접 참석하는 등 관심대상이었던 만큼 현대차는 러시아시장에서 철수하는 대신 공장매각 후 일정기간 내 전쟁이 종식되면 되살 수 있는 바이백 조건을 내건 것으로 해석된다.

바이백

국채나 회사채를 발행한 국가 또는 기업이 만기 전 채권시장에서 이를 다시 사들임으로써 미리 돈을 갚는 것을 말한다. 국채에 있어 바이백은 '국채 조기상환'이라는 의미로 사용되는데, 이때 국채란 중앙정부가 자금조달이나 정책집행을 위해 발행하는 만기가 정해진 채무증서를 의미한다. 주식시장에서는 기업의 자사주 매입을 가리키는 용어로 사용하는데, 일반적으로 회사의 주식가격이 지나치게 낮게 평가됐을 때 적대적 M&A에 대비해 경영권 보호와 주가 안정을 위해 기업이 자기 자금으로 자회사 주식을 사들이는 것을 말한다.

전쟁에 따른 지정학적 위기상황에서도 러시아시장에서 상당한 수준의 점유율과 존재감을 확보해온 것도 완전히 발을 떼지 못한 이유 중 하나로 지목된다.

한편 현대차가 바이백 옵션을 활용, 1만루블에 러시아공장을 현지 기업에 넘긴 것은 단돈 1유로에 현지 공장을 팔고 철수한 닛산 등의 선례를 따라간 것으로 보인다. 앞서 일본 자동차기업 닛산과 프랑스 르노는 일정기간 내 자산을 재매입할 수 있는 조건을 걸고 1~2유로에 현지 자산을 러시아정부, 국영기업, 현지 합작사 등에 넘기고 철수했다. 만일 현대차가 바이백 옵션기간 내에 공장을 다시 인수하지 못하면 단 1만루블에 현지 자산의 국유화 상황을 맞게 된다. 업계 관계자는 "매각금액 1만루블은 바이백 조건도 고려해 정해진 것으로 보인다"고 말했다.

25위

'중국 증시 외국인 엑소더스' … 넉 달 새 투자금 약 90% 이탈

중국경제에 대한 우려가 커지고 있는 가운데 지난해 8~12월 중국 주식시장에 유입됐던 외국인투자금의 90% 가까이가 빠져나갔다는 보도가 나왔다.

8월 42.7조원 정점에서 12월 5.6조원으로 급감

영국 일간 파이낸셜타임스(FT)는 12월 28일(현지시간) 홍콩 증시연계거래 제도의 데이터를 토대로 자체 계산한 결과 2023년 중국 본토 상장주식에 대한 순수 외국인투자가 8월 2,350억위안(약 42조 7,300억원)으로 최고치를 기록한 이후 넉 달 만에 87% 급감한 307억위안(약 5조 5,800억원)으로 떨어졌다고 전했다. FT는 중국증시에 대한 외국인투자금 급감은 중국정부가 침체한 경제성장 회복을 위해 진지한 조처를 할 의지가 있는지에 대한 의구심이 커지면서 촉발됐다고 지적했다.

전문가들은 중국증시에서의 외국인자본 이탈현상이 중국시장에 대한 글로벌 펀드매니저들의 비관적 전망을 반영한다고 분석했다. 실제 외국인투자자들은 부동산 개발업체인 비구이위안(碧桂園, 컨트리가든)의 디폴트(채무불이행) 위기*가 촉발된 8월 이후 지속해서 중국주식을 순매도해왔다. 여기에 중국 상장기업들의 자사주 매입, 중국 투자펀드 및 국영 금융기관들의 중국주식 매입 등으로 인해 가속화된 측면도 있는 것으로 전해졌다. 이를 두고 중국증시의 추가하락 가능성이 큰 상황에서 중국 기업·기관들이 당국의 압력 속에 이 같은 움직임을 보인 것이라는 분석도 나왔다.

중국 부동산업체 디폴트

2021년 중국 최대 부동산업체인 헝다그룹이 대규모 채권불이행(디폴트) 상태에 빠지면서 시작된 중국의 부동산위기가 비구이위안, 위안양 등 다른 초대형 부동산업체들의 채무불이행으로 번지고 있다. 중국 주택공급의 40%가량을 책임지는 업체들이 줄줄이 채권이자를 상환하지 못하며 자금위기에 빠진 것이다. 그 결과 부동산시장 침체로 인한 경제둔화가 심각하다는 평가가 중국 안팎에서 나오고 있으나, 중국 당국은 적극적인 대응책을 내놓지 않고 있다.

특히 중국주식은 12월 들어 글로벌 주식시장에 비해 저조한 성적을 보였다. 미국 증시의 대표 주가지수인 스탠더드앤푸어스(S&P) 500의 경우 4.7% 상승했지만, 상하이·선전증시 시가총액 상위 300개 종목으로 구성된 CSI 300 지수는 3% 이상 하락했다. 여기에 중국의 상장주식 외국인 순매도액은 260억위안(약 4조 7,200억원)에 달했다. 이처럼 외국인들이 중국증시에서 대거 자본을 뺀 것은 같은 달 중국이 온라인게이머들에 대한 새로운 규제안을 발표한 것과도 맞닿아 있다고 매체는 짚었다. 실제로 중국 국가신문출판서가 게이머들의 지출과 그들에 대한 보상을 제한하는 규제안을 발표한 직후 텐센트와 넷이즈의 주가는 각각 16%와 25% 급락하는 등 직격탄을 맞았다.

전문가 "경제회복 의지에 대한 의구심 커져"

전문가들은 이러한 외국자본 이탈현상이 부동산위기에 대한 당국의 미온적 대처, 미진한 경기부양책, 온라인게임 규제 등 복잡한 요인으로 얽혀 있으며 중국증시를 바라보는 투자자들의 신뢰문제와도 맞닿아 있다고 지적했다. 증시뿐만 아니라 2023년 중국 내에서 외국으로 빠져나가는 자본유출 규모도 크게 늘어났다. 블룸버그 통신은 지난 10월 골드만삭스 자료를 인용해 9월 중국의 자본 순유출 규모가 전월 대비 80% 가까이 늘어난 750억달러(약 101조 5,000억원)를 기록, 2016년 말 이후 가장 많았다고 보도한 바 있다.

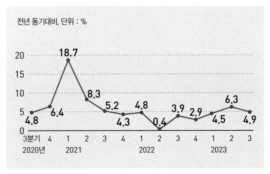

중국 경제성장률 추이

전년 동기대비, 단위 : %

자료 / 중국 국가통계국

2023년 중국경제가 최악의 한 해를 보낸 가운데 올해에는 더 나빠질 것이라는 전망도 나왔다. 싱크탱크 미국기업연구소(AEI)의 데렉 시저스 선임연구원은 "2024년 중국경제의 도전은 국내총생산(GDP) 성장이 아니다"라며 "문제는 유일한 방향이 아래라는 점"이라고 지적했다. 일각에서는 중국이 중대한 경제개혁 조치를 시행하지 않는다면 신흥경제국이 빈곤에서 벗어나 빠르게 성장하다 고소득국가 문턱을 넘지 못하는 '중진국 함정'에 빠질 수 있다는 우려도 제기됐다. 또 장기적인 관점에서 감소세를 보이고 있는 인구구조도 중국경제의 가장 큰 문제로 언급되고 있다.

26위

가뭄·전쟁 … 운하 비상 … 세계 해운업계 타격

70여 년 만에 극심한 가뭄으로 파나마운하가 통행할 수 있는 선박 수를 점점 제한하고 있는 가운데 수에즈운하의 관문인 홍해에서는 예멘 후티반군의 위협으로 물류차질이 계속되고 있다. 불안한 세계경제에 국제교역의 주요 바닷길이 위협받는 또 다른 악재가 불거진 것이다.

파나마운하

수위 감소·반군 위협으로 물류차질 지속

파나마운하관리청(ACP)은 73년 만에 가장 건조한 10월을 기록했다면서 지난해 11월 초 파나마운하 선박 통행량을 31척에서 25척으로 줄였다. 2023년 초 36척에서 31척으로 줄인 데 이어 한 번 더 감축한 것이다. 그런데 여기에 더해 올해 2월부터는 18척으로 제한할 방침이다. ACP은 엘니뇨현상이 기록적인 가뭄의 원인이라고 전했다. 평년보다 41% 적은 양의 비가 내리면서 운하에 물을 공급하는 가툰 호수 수위가 대폭 낮아졌다는 것이다. ACP는 가뭄 이후 파나마운하의 물을 절약하기 위해 선박이 물에 잠기는 깊이를 제한하다가 지난해부터는 운하를 통과하는 선박의 수를 줄이기 시작했다. 파나마운하는 선박이 대서양과 태평양 사이를 이동하는 시간을 크게 줄여주는데, 매달 선박 1,000척이 지나가고 물품 4,000만톤(t)을 운송하는 등 세계 해상무역량의 5%를 차지한다. 우리나라의 경우 미국을 오갈 때 수에즈운하보다 10일이 덜 소요되는 지름길이다.

한편 홍해 뱃길에 대한 예멘의 후티반군의 공격위협이 커지면서 홍해와 지중해를 연결하는 수에즈운하도 위기에 처했다. CNBC 방송 등 외신에 따르면 지난해 10월 이스라엘-하마스 전쟁이 시작된 이후 홍해에서는 예멘의 후티반군에 의해 대략 15차례 선박공격이 이뤄졌다. 이 때문에 일부 물류업체의 컨테이너선 57척이 수에즈운하를 통과하지 않고 아프리카 주변으로 돌아 항해해야 했다. 컨테이너당 5만달러(6,500만원)라고 추산했을 때 화물의 총가치는 350억달러에 달한다. 급기야 미국은 홍해 뱃길 보호를 위해 다국적 태스크포스 창설을 발표했지만 해운사와 보험사들의 불안감이 커졌고, 결국 영국의 글로벌 에너지기업 BP는 수에즈운하를 거치는 유조선 운항을 중단하겠다고 발표했다. 세계 1위 해운사 MSC를 비롯해 머스크(2위), CMA CGM(3위), 하파그로이드(5위), 에버그린(7위), 한국 HMM(8위), 양밍해운(9위) 등 10위권 선사도 줄줄이 홍해를 버리고 우회항로를 이용했다.

해상·항공 운임 폭등 … 유가도 들썩

컨테이너선과 유조선 등 주요 상선들이 긴 우회항로를 이용하는 등 운항에 차질을 빚으면서 해상은 물론 항공화물 운임까지 치솟고 있다. 바닷길 불안과 홍해발 중동지역 긴장으로 국제유가마저 들썩이면서 국내 수출기업에 빨간불이 켜졌다. 1월 5일 기준 중국 상하이컨테이너 운임지수*(SCFI)는 1896.65로 한 달 전에 비해 83.7%나 뛰었다. 40여 전과 비교하면 2배가량 폭등한 수치다.

상하이컨테이너 운임지수

상하이거래소(Shanghai Shipping Exchange, SSE)에서 2005년 12월 7일부터 상하이 수출컨테이너 운송시장의 15개 항로의 스팟(spot) 운임을 반영한 운임지수로서 해상운송 운임수준을 보여주는 글로벌 지표다. 기존에는 정기용선운임을 기준으로 했으나, 2009년 10월 16일부터는 20피트(ft)컨테이너(TEU)당 미달러(USD)의 컨테이너 해상화물운임에 기초해 산정하고 있다.

항공운임도 덩달아 뛰고 있다. 바닷길을 포기하고 하늘길을 택하는 수요가 늘었기 때문이다. 글로벌 항공운임 대표지수인 발틱항공운임지수를 보면 지난해 12월 홍콩-유럽과 홍콩-미국 항공화물운임은 1kg당 각각 5.36달러, 7.1달러로 두 달 새

22~25%가량 오르며 연중 최고수준을 기록했다. 국제유가도 불안하다. 수에즈운하가 원유 핵심수송망이기 때문인데, 서부텍사스산유(WTI) 선물가격은 1월 7일 배럴당 73.77달러로 일주일 전 배럴당 71.97달러에서 2.5% 상승했다.

전문가들은 물류대란 장기화를 점친다. 수에즈운하의 경우 미국의 다국적 연합군 결성과 진압활동에도 홍해 일대에서 후티반군의 공격이 여전히 지속되고 있고, 파나마운하의 경우 인간의 기술로 단기간 내 물부족 현상을 해결할 수 없기 때문이다. 결국 물류대란으로 인한 물류비 급등은 제품가격 인상으로 이어져 소비자에게 전가되고, 인플레이션을 잡으려는 애쓰는 세계 각국의 노력에 찬물을 끼얹을 수 있다는 분석이다.

HOT ISSUE **27위**

인터넷·아이폰 넘은 AI혁명 …
부작용 우려에 규제 필요성 대두

사람처럼 묻고 답하는 생성형 인공지능(AI) 챗GPT가 지난 11월 30일 '출시 1주년'을 맞았다. 전 세계에 생성형 AI 열풍을 일으키며 역대 가장 임팩트 있는 기술로 받아들여지고 있는 가운데, 1990년대 인터넷, 2000년대 아이폰을 뛰어넘는 혁명을 만들어내고 있다는 평가가 나왔다.

출시 두 달 만에 이용자 1억 … 기업가치 111조

챗GPT는 출시 두 달 만에 이용자 수가 1억명에 이르며 붐을 일으켰다. 개발사인 오픈AI 역시 마이크로소프트(MS)의 대규모 투자 속에 1년 새 기업가치

가 3배로 늘어나 860억달러(111조 7,140억원)에 달했다. 이에 일론 머스크의 우주기업 스페이스X와 틱톡의 모기업 바이트댄스 다음으로 세계에서 가장 가치 있는 비상장 기업이라는 평가를 받고 있다. 그 덕분에 '챗GPT 아버지'라 불리는 샘 올트먼 최고경영자(CEO)는 전 세계에서 주목받는 CEO 중 한 명으로 이름을 날렸다.

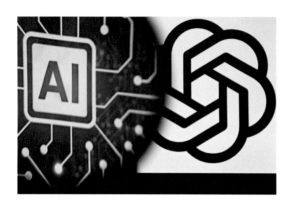

간단한 질문에 대한 답변부터 작문, 여행일정 계획, 작곡, 그림, 코딩 등에 이르기까지 여러 분야로 활용이 가능한 생성형 AI는 우리의 일상생활 속으로 발 빠르게 파고들었다. 이러한 이유 중의 하나로는 '정확성'이 꼽힌다. 오픈AI의 최신 대규모 언어모델(LLM)인 GPT-4*는 미국 모의 변호사시험에서 상위 10%, 대학입학 자격시험인 SAT 읽기와 수학시험에서는 각각 상위 7%와 11%의 성적을 거뒀다. 또 지난해 4월 한의사 국가시험에 도전해 합격선인 60%에 근접하는 평균 57.29%의 정답률을 기록하기도 했다.

GPT-4

오픈AI가 2023년 3월 공개한 최신 AI 언어모델을 말한다. 기존 모델인 GPT-3.5가 텍스트만 입력 가능했던 것과 달리 이미지 인식과 해석이 가능한 '멀티모달(Multimodal)' 모델이라는 점이 가장 큰 특징이다. 각종 시험에서 기존 버전을 뛰어넘는 성능을 입증했으며, 한국어를 포함한 24개 언어능력도 향상됐다.

생성형 AI 고도화 ··· 규제 필요성도 높아져

지난 1년간 생성형 AI기술은 빅테크가 주도하면서 챗GPT 개발사 오픈AI 등 스타트업도 두각을 나타내며 업계의 구도를 바꿔놓고 있다. 그 선두에 있는 마이크로소프트(MS)는 오픈AI에 2019년부터 지난해까지 130만달러(약 17조원)를 투자했다. 또 자체 검색엔진 '빙'에 챗GPT와 같은 AI챗봇을 탑재, 구글의 아성에 도전장을 던졌다. 워드와 엑셀, 아웃룩, 팀즈 등이 포함된 사무용 소프트웨어에는 자사의 AI비서 코파일럿을 탑재하며 인기몰이를 하고 있다. 이에 그동안 AI 부문에서 가장 앞서 있다는 평가를 받았던 구글도 뒤질세라 자사 제품에 AI를 접목했다. 검색엔진에 자사 AI챗봇인 '바드'를 탑재했고, 클라우드 협업도구인 워크스페이스에는 생성형 AI인 '듀엣 AI'를 얹으며 MS에 맞섰다.

아마존도 자사의 클라우드서비스를 이용하는 기업 고객을 위한 AI챗봇 '큐(Q)'를 선보였고, 페이스북 모회사 메타도 인스타그램과 왓츠앱, 메신저 등 자사의 SNS 제품에 텍스트 입력으로 구동하는 AI비서 '메타 AI'를 내놓았다. 일론 머스크 테슬라 CEO는 자신이 소유한 엑스(X)에서 이용할 수 있는 생성형 AI '그록(Grok)'을 공개하기도 했다. 스타트업 중에서는 MS가 전략적 파트너십을 공고히 하는 오픈AI가 단연 두각을 나타냈다. 여기에 구글과 아마존

샘 올트먼 오픈AI CEO

이 각각 20억달러(약 2조 6,000억원)와 40억달러(5조 2,000억원)를 투자할 것으로 알려진 앤스로픽 등도 주목받고 있다. 특히 미국 반도체기업 엔비디아는 AI기술 발전에 따른 가장 큰 수혜기업이 됐다. AI모델을 구동시키는 H100 등 칩이 세계적으로 인기를 끌면서 2022년 말 140달러대였던 주가가 500달러에 육박하며 200% 이상 급등했다.

그러나 AI기술이 빠르게 고도화할수록 가짜뉴스 등의 문제도 커지고 있다. **진짜와 가짜를 구별할 수 없을 정도로 AI기술이 정교해지고 있기 때문이다. 이로 인해 AI기술이 인류 존재를 위협할 수 있다며 규제를 신속히 도입해야 한다는 주장도 힘을 얻고 있다.** IT 기업 경영자와 과학자로 구성된 비영리단체 'AI 안전센터(CAIS)'는 지난해 5월 AI의 위험성을 핵무기와 신종 전염병에 비견하며 AI기술 통제 필요성을 주장하는 성명을 발표했고, 미국과 유럽연합(EU)도 규제 도입에 착수했다.

28위

학교폭력 조사, 교사 대신 '전담조사관'이 맡는다

학부모 악성민원과 교권침해로 이어졌던 학교폭력(학폭) 조사업무를 교사가 아닌 전담조사관이 맡게 된다. **학교전담경찰관*(SPO)** 규모도 이전보다 10% 가량 늘어난다. 교육부와 행정안전부(행안부), 경찰청은 12월 7일 이런 내용을 중심으로 하는 '학교폭력 사안처리 제도개선 및 학교전담경찰관 역할강화 방안'을 발표했다.

학교전담경찰관

다른 말로 'School Police Officer(SPO)'라고도 하며 학폭 예방 및 근절 업무를 전담하는 경찰관을 말한다. 아동·청소년·상담 관련 학위 또는 자격증 소지 여부, 아동·청소년 지도경력 여부 등을 고려해 선발된다. 학교전담경찰관 제도는 2011년 대구의 한 중학생이 학폭으로 자살한 사건이 계기가 돼 2012년 도입됐으며, 2017년 '학교폭력예방 및 대책에 관한 법률(학교폭력예방법)'에 학교전담경찰관에 대한 규정이 신설됨으로써 근거 법령이 마련됐다.

학폭 발생 시, 전담조사관 → 사례회의 → 학폭위

그간 **일선 학교에서는 교사들이 학폭사안을 조사하는 과정에서 학부모 악성민원과 협박에 시달려 수업과 생활지도에 집중하기 어렵다는 지적이 있었다.** 윤석열 대통령도 앞선 10월 용산 대통령실에서 열린 교원과의 대화에서 관계부처에 학교전담경찰관 등을 확대하라고 지시한 바 있다. 이에 따라 교육부와 행안부는 학폭처리제도를 전반적으로 개선하고 SPO의 역할과 기능을 강화하는 방안을 마련했다.

정부는 우선 '전담조사관' 제도를 신설해 현재 교사들이 하고 있는 학폭 조사업무를 담당하도록 할 방침이다. 이들 조사관 채용은 학폭조사나 생활지도,

학교폭력 사안처리 제도 개선 계획

학교폭력 발생 및 인지		
학교폭력 전담조사관 사안 조사		
전담기구, 학교장 자체해결 요건 및 피해학생 측의 동의 여부 확인		
요건 충족 및 동의		요건 미충족 또는 미동의
학교장 자체해결		학교폭력 사례회의 : 조사결과 검토
		학교폭력제로센터장 : 조사결과 학교 통보 및 심의위원회 요청

자료 / 교육청

수사 · 조사 경력 등이 있는 퇴직경찰 또는 퇴직교원 등을 활용할 예정이다. 최근 학폭 건수 등을 고려해 177개 교육지원청에 약 15명씩 모두 2,700명을 배치하고, 조사관 1명당 월 2건 정도의 학폭사안을 조사하게 될 것으로 보인다.

전담조사관이 사안을 조사하면 학교는 조사결과를 토대로 학교장 자체해결 요건을 충족하는지, 피해학생 측이 동의하는지 등을 따져 자체적으로 종결할 수 있는 사안은 종결하고 피해자 긴급조치와 상담 · 지원, 피 · 가해학생 관계 회복 프로그램 등을 운영한다. 자체해결이 어려운 경우 교육지원청 학교폭력 제로센터에서 '학교폭력 사례회의'를 통해 조사결과를 검토한 후 학교폭력대책심의위원회에 심의를 요청한다. 학폭 사례회의는 학교폭력제로센터장 주재하에 조사관, SPO, 변호사 등이 참여해 진행하는데, 조사결과를 검토 · 보완해 객관성을 높이고 다양한 사안을 체계적으로 분석하는 기능을 맡게 된다.

SPO의 규모 확대해 역할과 기능 강화

정부는 이와 함께 SPO의 역할을 강화하고 규모도 늘린다. SPO는 현재 학폭 예방과 가해학생 선도 · 피해학생 보호 등의 업무를 하는데, 앞으로는 학폭 전담조사관과 관내 학폭사건에 대한 정보를 공유하는 등 유기적으로 협력하게 된다. 학폭 사례회의에 참석해 자문하고, 학폭 대책심의위원회에도 참가해

심의의 전문성과 객관성을 높이는 역할을 한다. 교육부와 행안부는 1,022명인 SPO를 10%가량인 105명을 증원해 1,127명 규모로 운영하고, 추가증원에 대해서도 협의할 계획이다.

한편 12월 8일 국회 본회의에서는 아동학대범죄처벌특례법 개정안이 통과됐다. 이에 따라 앞으로는 학교에서 아동학대 혐의로 신고돼도 정당하게 생활지도를 한 점이 증명된 교사는 아동학대로 처벌받지 않는다. 개정안은 유아교육법과 초 · 중등교육법에 따른 교원의 정당한 교육활동과 학생 생활지도를 아동학대로 보지 않도록 했다. 또한 교육현장의 특수성을 고려해 교육감 등이 의견을 제출하면 시 · 도지사나 시장, 군수, 구청장이 아동학대 사례를 판단해 참고하도록 했다. 교원이 아동학대 범죄로 신고됐을 경우 이를 수사하는 경찰이나 검찰이 관할 교육감 의견을 의무적으로 참고해야 한다는 내용도 담겼다. 이번 개정안은 서이초 교사 사망사건 이후 교권보호 필요성에 대한 목소리가 커지자 무차별적인 아동학대 신고로부터 교원들을 보호하기 위해 마련됐다.

HOT ISSUE **29**위

'기다리면 무료' 웹툰 사라지나 … '문산법' 추진에 업계 우려

문화상품 제작자를 보호한다는 취지의 '문화산업의 공정한 유통환경 조성에 관한 법률안(문산법)' 제정이 추진되는 가운데 웹툰업계에서는 포괄적인 규제안으로 인해 산업이 위축될 수 있다는 우려의 목소리가 커지고 있다.

산업위축·다양성 감소 … "현장 목소리 수렴해야"

문산법은 2020년 유정주 의원의 발의안과 2022년 김승수 의원 발의안을 반영한 위원회 대안 형태로 지난해 3월 29일 문화체육관광위원회 전체회의를 통과했다. 같은 해 1990년대 인기만화 '검정고무신'의 고(故) 이우영 작가의 별세와 맞물려 이른바 '**검정고무신법***'이라고도 불리면서 국회와 정부에서 법안 통과를 빠르게 추진해온 결과다. 법안은 문화상품 제작업자를 보호하겠다는 의도지만, 규제범위가 지나치게 포괄적이라서 자칫 웹툰산업 자체를 고사시킬 수 있다는 지적이 나온다.

검정고무신 사건

만화 '검정고무신'의 이우영 작가가 저작권 및 수익배분 문제로 괴로워하다 세상을 등진 이후 문화계에 만연한 불공정계약 문제가 논란이 됐다. 이 작가는 생전 사업권계약을 맺은 애니메이션 제작업체 측과 수년째 저작권 관련 법적 공방을 벌였는데, 원작자인 자신이 애니메이션, 게임 등 2차적 저작물 관련 사업의 진행에서 배제되고 '검정고무신' 캐릭터도 마음대로 쓸 수 없다는 것에 대해 억울함을 호소했던 것으로 알려졌다.

이 법안에서는 10개의 불공정행위를 규정하고 있다. ▲ 제작방향의 변경, 제작인력의 지정·교체 ▲ 문화상품 수령 거부 ▲ 비용보상 없는 문화상품 수정·보완 또는 재작업 요구 ▲ 기술자료·정보 제공 강요 ▲ 판매촉진비 및 가격할인 비용 전가 ▲ 자기 또는 계열사가 제작한 문화상품 차별 취급 ▲ 문화상품 판매대금 결제방법, 가격, 조건의 부당 지정

▲ 통상보다 현저히 낮은 수준의 대가 ▲ 문화상품 사재기 ▲ 지식재산권 양도 강제 등이다. 이 중 웹툰업계가 공통으로 부작용을 우려하는 항목은 '판매촉진비 및 가격할인 비용 전가'다. 판매촉진 비용 또는 합의하지 않은 가격할인 비용 등을 문화상품 제작업자에게 부담시키지 말라는 내용인데, 웹툰업계에서는 이 문구가 이미 업계 표준이 된 '기다리면 무료(기다무)', '매일 10시 무료(매열무)'와 같은 비즈니스 모델의 근간을 흔들 수 있다고 본다.

웹툰업계 "취지는 좋지만 부작용 가능성 커"

'기다무' 등은 초반 회차를 무료로 공개해 독자들의 흥미를 끈 뒤 뒷이야기의 유료결제를 유도하는 비즈니스 모델이다. 무료공개 회차는 수익이 나지 않으므로 작가에게도 수익배분이 이뤄지지 않는다. 그러나 플랫폼이 모든 비용을 감당해야 할 경우 흥행이 보장되지 않은 신인작가나 비인기작가 작품에 무료공개 프로모션을 지원할 이유가 사라진다. 결과적으로는 유명작가 작품에만 독자가 쏠리고, 신인작가가 설 자리가 사라짐으로써 작품의 다양성이 축소되는 부작용이 생길 수 있는 것이다.

고 이우영 작가 추모 특별기획전

또한 웹툰 제작사에서는 '문화상품을 납품한 후 해당 문화상품의 수정·보완 또는 재작업을 요구하면서 이에 소용되는 비용을 보상하지 아니하는 행위'

라는 금지항목에 특히 난색을 보였다. 웹툰 제작과정에서 작업물의 수정 등 피드백과 이를 반영하는 일은 항상 발생하기 때문이다. 무엇보다 규제법안이 지나치게 모호하고 포괄적이라는 데 불만이 모인다.

법안의 가장 큰 수혜자가 될 것으로 예상됐던 창작자들은 결국 법안 통과를 보류해달라는 목소리를 냈다. 사단법인 웹툰협회는 1월 5일 성명서를 내고 "문화체육관광부가 국회의 (문산법) 법안 통과 연기를 요청하고, 시급히 웹툰업계 각 주체의 의견을 수렴해 해당 법안에 대한 심도 있는 논의의 장을 마련해 줄 것을 강력히 요구한다"고 밝혔다. 협회는 창작자를 비롯한 웹툰계 여론수렴이 제대로 이뤄지지 않았다는 점과 창작자의 권한을 강화하겠다는 문산법의 취지는 좋지만, 예상 외의 부작용을 낳을 수 있다는 점을 지적했다. 특히 웹툰 프로모션 관련 비용 전가 항목과 관련해서는 "웹툰의 유통구조 상 작가가 수익을 플랫폼의 프로모션에 절대적으로 기대고 있는 상황"이라며 충분한 논의가 필요하다고 강조했다.

국립중앙의료원

보건복지부 산하의 국립의료기관으로 6·25전쟁 이후 부상 병사와 민간환자의 치료 및 의사와 의료요원의 교육과 훈련을 목적으로 설립됐다. 환자진료는 물론 의료와 의료기술 수준의 향상을 위한 조사연구, 환자의 영양에 관한 사항을 맡고 있으며, 중앙암등록사업본부 및 중동관리센터, 장기이식관리센터(KONOS) 운영과 국가의료정보망 구축에도 힘쓰고 있다.

10·20대가 46% … 인간관계 단절, 취업난 탓

자료에 따르면 2022년 전국 응급실 이용자 769만 4,472건 중 자해·자살 시도자는 4만 3,268건(남성 1만 5,675건, 여성 2만 7,593건)이었다. 전체 응급실 이용자의 0.56%는 스스로 신체를 손상하거나 극단적 선택을 시도해 내원했다는 의미다. 자살·자해 시도자는 2019년 4만 2,968건으로 4만건을 넘긴 후 2020년 4만 828건, 2021년 4만 3,674건으로 늘다가 2022년도에 소폭 감소했다. 연령별로는 20대가 1만 2,432건, 10대가 7,540건, 30대가 6,071건 순이었다. 전체 시도자 중 10~20대 비중이 46%를 차지한 것이다.

특히 10대와 20대의 자해·자살 시도가 최근 수년간 급증하는 추세다. 자해·자살을 시도한 10대는 2018년 인구 10만명당 95.0건에서 2022년 160.5건으로 5년간 68.9% 급증했다. 같은 기간 20대는 127.6건에서 190.8건으로 49.5% 뛰었다. 이 기간 전체 자해·자살 시도자 증가율 11.8%를 훌쩍 뛰어

HOT ISSUE

30위

청년층, 자살·자해 시도 급증 …
"고위험군 선별, 치료해야"

한 해 응급실에 방문하는 자살·자해 시도자가 4만 3,000명을 넘어섰으며, 그중 절반 가까이가 10대와 20대인 것으로 나타났다. 특히 국립중앙의료원*과 중앙응급의료센터가 발간한 '2021-2022 응급실 자해·자살 시도자 내원 현황'에 따르면 10·20대 자살·자해 시도자가 수년간 50~70% 급증한 것으로 나타나 대책 마련이 요구되고 있다.

넘는 수치다. 코로나19 유행으로 인한 인간관계 단절, 경기침체로 인한 극심한 취업난 등을 겪으면서 정신건강에 어려움을 겪는 청년층이 크게 늘어난 것으로 분석된다.

모든 학교에 위기학생 선별검사 도구 도입

정부는 이러한 상황의 심각성을 인식하고 청년층 정신건강 검진주기를 기존 10년에서 2년으로 단축하는 등 청년을 위한 정신건강대책을 강화하고 있다. 또 올해 3월부터는 초·중·고 모든 학교에서 필요할 때 상시 활용할 수 있는 '위기학생 선별검사 도구(마음 EASY 검사)'를 도입하기로 했다. 자살, 은둔·고립 청소년 등 갈수록 심각해지는 청소년의 정신건강을 지키기 위해 학교에서 정서위기 의심학생에 대한 상시 검사를 실시하고 이를 상담자료로 활용할 수 있도록 하기 위한 조치다.

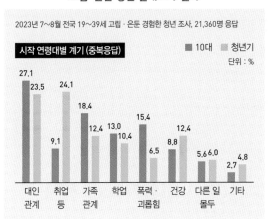

고립·은둔 청년 실태조사 결과

2023년 7~8월 전국 19~39세 고립·은둔 경험한 청년 조사, 21,360명 응답

자료 / 보건복지부, 한국보건사회연구원

정서위기 학생을 조기에 발견하기 위해 도입되는 이 검사는 정서·불안, 대인관계·사회성, 심리외상 문제, 학교적응 등 다양한 영역에 관한 약 37개 문항으로 구성된다. 문항은 온라인으로 제공돼 시기나 장소에 구애받지 않고 활용할 수 있다. 교사들이 학교생활 중 정서적으로 불안정해 보이는 학생을 대상

으로 검사 시행을 권고하면 초등학생은 학부모가, 중·고등학생은 학생이 직접 검사받게 될 전망이다. 결과표에 '요주의'가 뜨면 관심군으로 구분돼 교사가 이를 바탕으로 학생·학부모에게 전문기관 연계 등을 요청하게 된다.

초1·4, 중1, 고1 학생을 대상으로 매년 4~5월 시행하는 '정서·행동 특성검사' 도구도 개선한다. 교육부는 정신건강전문가 자문을 거쳐 위기학생 선별 효과를 높일 수 있도록 검사도구를 개선하고 학교현장에 보급할 계획이다. 검사결과도 우편으로만 발송했으나, 올해부터는 온라인으로 조회하고 확인할 수 있도록 할 예정이다. 의료 취약지역에 거주하거나 비용문제로 치료받지 않는 학생들을 위해 '정신건강전문가 학교 방문서비스'도 확대한다. 또 지역 내 병의원이나 상담센터와 연계해 학생들이 적기에 상담이나 진료·치료도 받을 수 있도록 지원하고, 학생이 스스로 긍정적인 태도를 갖고 감정을 관리할 수 있도록 '마음 챙김 교육' 프로그램을 개발해 시범운영할 예정이다. 시대

화제의 뉴스를 간단하게!
간추린 뉴스

개식용금지법 국회 통과 … 업계 보상안 두고 진통 예상돼

개식용금지법이 1월 9일 국회 본회의를 통과함에 따라 앞으로 국내에서 개식용이 금지된다. 개식용금지법에 따라 개를 식용 목적으로 사육·증식하거나 도살하는 행위, 개나 개를 원료로 조리·가공한 식품을 유통·판매하는 행위를 금지하고 이를 위반하면 처벌된다. 다만 업계의 전업, 폐업 등 준비기간을 고려해 처벌유예기간을 3년간 두기로 했고, 정부와 업계는 보상방안에 대한 논의에 나섰으나, 입장차가 커 이를 좁히기는 쉽지 않을 것으로 관측된다. 앞서 육견협회는 개 한 마리당 1년 소득을 40만원으로 잡고 5년간 손실액 200만원을 보상해야 한다고 주장했다.

올해 5월 말까지 빚 갚으면 채무연체 기록 삭제 … 최대 290만명 혜택

정부와 국민의힘은 서민과 소상공인의 대출 연체기록을 삭제하는 이른바 '신용사면'을 하기로 했다. 2021년 9월부터 올해 1월까지 2,000만원 이하 채무연체자가 올해 5월 말까지 전액상환하면 연체기록이 삭제될 예정이다. 지원대상자는 최대 290만명이 될 것으로 추산된다. 유의동 국민의힘 정책위의장은 "불가피한 상황으로 대출을 연체했지만 이후 연체금액을 전액상환해도 과거에 연체가 있었다는 이유로 금융거래와 경제활동에 어려움을 겪고 있다"며 "엄중한 경제상황을 고려해 적극적인 신용회복지원이 필요하다"고 설명했다.

5·18조사위 "전두환이 5·18작전 관여 … 실질 결정권자" 결론

1월 11일 5·18진상규명조사위원회(조사위)는 전두환과 신군부 세력이 내란행위의 일환으로 5·18진압작전에 관여·개입한 정황증거를 확보하고 전씨가 실질적인 결정권자였다는 결론을 내렸다. 또한 5월 19일 발생한 첫 발포사건부터 27일 최후진압작전까지 발포경위와 피해자를 구체적으로 확정했다. 다만 발포명령을 구체적으로 내린 사람을 특정하는 기록이나 문서를 확보하지 못했다는 이유로 이 과제는 '진상규명불능' 결정을 내렸다. 조사위는 "어떤 이유로 진상규명불능 결정이 됐는지 그 사유까지 포함해 모든 조사활동 내용을 정리해 공개할 예정"이라고 말했다.

기준금리 또 동결 … 물가·경기·PF·부채 난제에 1년째 제자리

이창용 한국은행 총재

한국은행이 2023년 2·4·5·7·8·10·11월에 이어 올해 1월 11일 기준금리를 다시 3.50%로 묶었다. 2021년 8월 이후 2년 넘게 이어진 통화긴축 탓에 부동산 프로젝트파이낸싱(PF)을 중심으로 고조된 대출부실 위험, 2년 연속 경제성장률 1%대(실질GDP 기준) 추락 등을 막으려면 기준금리를 낮춰야 한다. 하지만 물가 안정 측면에서 소비자물가 상승률이 5개월째 3%대에서 내려오지 않는 데다 가계대출 증가세도 확실히 꺾였다고 보기 어려운 만큼 일단 다시 금리를 묶고, 물가·가계부채·미국 통화정책 등을 더 지켜보자고 판단한 것으로 해석된다.

서울 도봉구 아파트 성탄절 화재 참변 … 발화지점에서 증거물 찾아

12월 25일 새벽 서울 도봉구의 한 아파트에서 불이나 30대 남성 2명이 가족을 지키려다 참변을 당했다. 화재원인과 사고경위를 조사한 경찰 등은 사고 당시 방화문이 모두 열려 있었다는 점, 아파트 1층이 필로티 구조로 외부공기가 원활하게 유입됐다는 점, 2001년 준공 당시 소방법에 따라 16층 이상에만 스프링클러가 설치돼 있었다는 점 등을 불이 빠르게 번진 원인으로 봤다. 아울러 화재현장 합동감식 중 발화지점으로 추정되는 301호에서 담배꽁초와 라이터를 발견했으며, 이를 결정적 증거물의 일부로 보고 사고 관련성을 확인하고 있다고 밝혔다.

화재가 발생한 서울 도봉구의 아파트

헌정사 첫 검사 탄핵심판 … "공소권 남용" vs "원칙 지켰다"

12월 28일 안동완 부산지검 2차장 검사의 파면 여부를 가릴 탄핵 재판이 시작됐다. 지난 2014년 검찰이 서울시 전 공무원 유우성 씨의 간첩혐의 사건에서 증거가 조작된 것으로 밝혀져 파문이 일자 안 검사가 이미 기소유예 처분을 받은 별도의 대북송금사건을 가져와 유씨를 '보복기소'했다는 게 탄핵소추 사유다. 탄핵을 소추한 국회 측은 "안 검사가 유씨를 외국환거래법 위반혐의로 기소한 것은 공소권 남용이자 형법상 직권남용 권리행사방해 행위"라고 주장했다. 반면 안 검사 측은 "기소할 이유가 충분했고, 이는 법과 원칙에 따른 행위였다"고 반박했다.

이준석 탈당·'개혁신당' 창당 … "총선 전 재결합 안 해"

이준석 전 국민의힘 대표

이준석 전 국민의힘 대표가 2024년 총선을 100여 일 앞둔 12월 27일 탈당과 신당창당을 공식선언했다. 이 전 대표는 이날 중앙선거관리위원회에 가칭 '개혁신당' 명칭으로 창당준비위원회 결성 신고서를 제출했으며, 시도당과 중앙당 등록을 최대한 신속히 진행하겠다고 밝혔다. 이 전 대표는 창당 후 총선 전 국민의힘과 재결합·연대 가능성에 대해 "적어도 총선 전 재결합 시나리오는 부정하겠다. 총선 이후에도 연대 가능성은 약하다"고 선을 그었다. 신당 출마인원에 대해선 "약 60~80명을 출마가능자원으로 파악했고, 개별적으로 소통하고 있다"고 말했다.

폴란드 정권교체로 K2·K9 방산계약 차질? … K-방산업계 '긴장'

폴란드 새 정부가 전 정부에서 지난 2023년 10월 총선 이후 체결한 무기수입계약 일부를 무효로 할 가능성이 있다는 보도가 나오면서 2022년 '폴란드 잭폿'을 터뜨렸던 국내 방산업계가 긴장하고 있다. 2022년 기본계약에 이어 1차계약을 맺고 납품을 시작한 국내 방산업체 중 2차계약을 맺지 않은 업체와 폴란드 총선 이후 2차계약을 맺은 업체를 중심으로 달라진 정치환경이 추가계약에 악영향을 미치지 않을지 우려가 나왔다. 다만 폴란드가 신속한 무기납품이 가능한 한국 방산업체를 필요로 하는 상황이고, 정부가 맺은 계약을 쉽게 뒤집기는 어려울 것이라는 전망도 있다.

미 방산전시회에 전시된 한국 K-9 자주포

유저 몰래 '메이플 큐브' 확률 낮춘 넥슨 … 116억원 과징금 철퇴

공정거래위원회가 넥슨코리아의 전자상거래법 위반 행위에 대해 시정명령과 과징금 116억 4,200만원을 부과한다고 1월 3일 밝혔다. 넥슨은 2010년 5월 유료 판매 아이템인 '큐브'를 자사게임인 메이플스토리에 도입했다. 큐브는 게임 내 캐릭터가 착용하는 장비의 옵션을 재설정할 수 있는 장비다. 넥슨은 큐브 도입 당시에는 옵션별 출현확률을 균등하게 설정했으나, 2010년 9월부터 이용자들의 선호도가 높은 인기옵션이 덜 나오도록 확률구조를 변경했다. 넥슨은 이러한 사실을 이용자들에게 알리지 않았고, 오히려 '기존과 동일하다'는 거짓공지를 발표했다.

넥슨에 과징금 부과 발표하는 김정기 공정위 시장감시국장

무역판도가 변했다 … 20년 만에 월간 대미 수출, 대중 수출 제쳐

산업통상자원부가 1월 1일 발표한 2023년 수출입 동향을 보면 '대미 수출 약진, 대중 수출 약화' 현상이 두드러졌다. 2023년 12월 대미 수출액이 대중 수출액을 추월했다. 월간 기준으로 미국이 2003년 6월 이후 20여 년 만에 우리나라의 최대 수출국 지위를 회복했다. 12월 대미 수출액은 113억달러를 기록하면서 역대 최대치를 경신한 반면, 대중 수출액은 109억달러로 전년 같은 달보다 2.9% 감소했다. 월간 대미 수출액은 작년 초반부터 대중 수출액을 근소한 차이까지 따라잡다가 결국 제쳤다. 이는 전기차 등을 앞세운 대미 수출이 강한 활기를 띤 데 따랐다고 분석됐다.

'故 김용균 사건' 원청대표 무죄 확정 … 관련자 10명 유죄

태안화력발전소에서 일하던 비정규직 하청노동자 고(故) 김용균 씨 사망사고의 형사책임을 원청기업 대표에게 물을 수 없다고 대법원이 결론 내렸다. 대법원 2부(주심 이동원 대법관)는 산업안전보건법 위반, 업무상과실치사 혐의로 기소된 김병숙 전 한국서부발전 사장에게 무죄를 선고한 원심판결을 12월 7일 확정했다. 대법원은 "원심판결에 업무상 주의의무 위반, 산업안전보건법 위반죄에서의 안전조치의무 위반, 인과관계에 관한 법리 등을 오해한 잘못이 없다"고 밝혔다. 아울러 함께 기소된 서부발전·발전기술 임직원 중 10명과 발전기술 법인은 유죄가 확정됐다.

고(故) 김용균 씨의 어머니 김미숙 씨

외국인 총수 '채찍' 마련하려던 공정위 … 외려 국내기업에 '당근'

공정거래위원회가 12월 27일 발표한 동일인(총수) 규정 개정안의 초점은 그간 지나치게 추상적이라는 지적을 받아온 '동일인'의 기준을 구체화하는 쪽에 맞춰졌다. 내·외국인 구분 없이 동일한 기준을 적용하되, '자연인' 총수가 있어도 '법인'을 동일인으로 지정할 수 있는 예외조항도 뒀다. 개정안대로라면 제도개선 논의의 시발점이 됐던 김범석 쿠팡 의장은 동일인 지정을 피할 가능성이 커졌다. 오히려 기존에 동일인으로 지정돼 있던 국내 재벌총수들마저 동일인 지정을 피할 길이 열리면서 당초 기대와 달리 '당근'만 주는 제도개선이 됐다는 지적도 나왔다.

하늘 날던 미국 보잉 737맥스 갑자기 구멍 뻥 … 공포 속 비상착륙

미국에서 보잉 737맥스 여객기가 이륙 직후 발생한 압력문제로 비상착륙했다. 다행히 인명피해는 없었지만 승객들은 "공중에서 동체 옆면에 큰 구멍이 뚫렸다"면서 "죽는 줄 알았다"고 말했다. 1월 6일(현지시간) 오리건주 포틀랜드 국제공항을 이륙한 알래스카 항공 1282편 보잉 737맥스 9 여객기가 공중에서 동체 측면 일부가 뜯겨 나가면서 큰 구멍이 뚫린 채로 돌아왔다. 회항 전 고도는 4,876m까지 상승했고, 최고시속은 708km를 기록했다. 이 항공기는 2023년 11월 출고돼 인증을 받았으며, 같은 달 11일 상업운항을 시작해 145차례 비행을 했다.

보잉 737맥스 여객기 동체를 조사하는 美 당국

'가습기살균제' 제조·판매 2심 유죄 … "전 국민 상대 독성시험"

유해 가습기살균제를 제조·판매한 혐의로 기소돼 1심에서 무죄를 선고받은 SK케미칼과 애경산업 전 대표가 2심에서는 유죄판결을 받았다. 서울고법 형사5부는 1월 11일 업무상 과실치사 등 혐의로 기소된 홍지호 전 SK케미칼 대표와 안용찬 전 애경산업 대표에게 각각 금고 4년형을 선고했다. 재판부는 "사실상 전 국민을 상대로 가습기살균제의 만성 흡입독성 시험이 행해진 사건"이라며 "불특정 다수가 원인을 모르는 상태에서 큰 고통을 겪었고 상당수 피해자는 사망이라는 돌이킬 수 없는 참혹한 피해를 입었다"고 지적했다.

가습기살균제 사태에 엄벌을 촉구하는 기자회견

트럼프, 콜로라도에 이어 메인주에서도 대선 경선 자격 박탈

CNN, 뉴욕타임스 등 외신에 따르면 미국 메인주 최고 선거관리자인 셰나 벨로즈 주 국무장관이 12월 28일(현지시간) 도널드 트럼프 전 대통령이 2021년 1·6 의회폭동에 가담했다는 점을 이유로 2024년 대선 출마자격이 없다고 결정했다. 콜로라도주에 이어 자격 박탈 결정이 또 나온 것이다. 다만 메인주 결정은 주 대법원이 주체가 됐던 콜로라도주와 달리 민주당 소속 공직자 개인이 내린 것이다. 트럼프는 이 같은 결정에 즉각 반발해 메인주와 콜로라도주의 연방대법원에 상소를 제기했다.

도널드 트럼프 전 미국 대통령

미국 증권위, 11개 비트코인 현물 ETF 상장승인 … 1월 11일부터 거래

미국 증권거래위원회(SEC)가 1월 10일(현지시간) 비트코인 현물 상장지수펀드(ETF)의 거래소 상장과 거래를 승인했다. 이날 SEC 승인결정에 따라 앞서 상장을 신청한 11개 비트코인 현물 ETF는 1월 11일부터 거래소에 상장돼 거래됐다. 다만 국내에서는 비트코인에 대한 법적성격이 정해지지 않아 당분간은 상장이 요원한 가운데 금융당국은 상장승인을 받은 11개 ETF에 대해서도 국내 투자자들은 거래할 수 없다는 결론을 내렸다. 국내 자산운용업계에서는 비트코인 현물 ETF라는 새로운 시장이 생긴다면 환영한다는 입장을 보여 왔다.

일가족 비극 부른 '소아당뇨' … "중증난치질환 인정해야"

1월 9일 충남 태안에서 부부와 9살 딸 등 일가족 3명이 숨진 채 발견된 가운데 이들이 딸의 제1형 당뇨병을 치료하는 과정에서 경제적 어려움을 겪다가 극단적 선택을 한 것으로 알려졌다. 이에 제1형 당뇨를 '중증 난치질환'으로 인정해 본인부담을 낮추고, 지원체계를 강화해야 한다는 목소리가 커지고 있다. 제1형 당뇨병은 주로 소아·청소년기에 발병해 흔히 '소아당뇨'라고 부른다. 소아당뇨 아이를 둔 부모는 진단과 함께 좌절과 우울을 느끼고, 이후에는 완치가 되지 않는 병에 맞서야 하는 정신적·신체적·경제적 어려움에 시달린다.

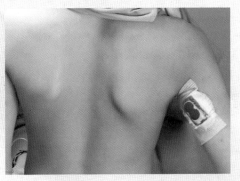

소아당뇨 연속혈당측정기

여신도 성폭행·강제추행 ··· JMS 정명석 징역 23년 선고

12월 22일 대전지법 형사12부는 여신도들을 성폭행하고 강제추행한 혐의를 받는 기독교복음선교회(JMS) 총재 정명석에게 징역 23년을 선고했다. 재판부는 "종교적 약자로서 범행에 취약한 다수 신도를 상대로 상습적으로 성폭력 범행을 저질렀고, 피고인을 순종하던 여성신도의 심신장애 상태를 계획적으로 이용했다"고 선고이유를 밝혔다. 선고 직후 방청하던 JMS 신도들은 울음을 터뜨리거나 강하게 항의하며 반발했다. JMS 교인협의회는 정씨의 범행을 다룬 넷플릭스 다큐멘터리 '나는 신이다' 방영 이후 국민적 관심이 커지면서 여론재판에 떠밀렸다고 주장했다.

정명석 선고에 법원 앞 경비를 강화하는 경찰

3,500억원짜리 ASML 최첨단 반도체 장비 ··· 인텔 품으로

피터 베닝크 ASML 회장과 이재용 삼성전자 회장

윤석열 대통령이 네덜란드와의 반도체동맹을 순방성과로 내세운 것이 무색하게 네덜란드 반도체 장비 기업 ASML은 최첨단 반도체 양산에 필요한 하이NA 극자외선(EUV) 노광장비 첫 제품을 인텔에 공급했다. 블룸버그통신은 12월 22일(현지시간) ASML이 최신 반도체 제조 장비의 첫 주요 부품을 인텔의 D1X 공장으로 배송했다고 보도했다. 삼성전자와 대만의 TSMC 등 세계 주요 반도체업체들이 ASML의 첨단장비를 공급받기 위해 기다리는 상황이다. ASML은 EUV 노광장비 분야 세계 최고 제조업체로 최첨단 반도체를 만들기 위해서는 ASML의 장비가 필요하다.

'인파 몸살' 베네치아, 단체관광객 최대 25명 제한·확성기 금지

이탈리아 북부 수상도시 베네치아가 단체관광객 규모를 최대 25명으로 제한하고 가이드의 확성기 사용을 금지하기로 했다. 베네치아 시의회는 12월 30일(현지시간) 베네치아 주민과 관광객 간의 균형과 공존을 추구하기 위해 2024년 6월 1일부터 이 같은 규칙을 시행한다고 밝혔다. 이에 따라 올해 6월부터 베네치아를 방문하는 단체관광객의 규모는 25명을 초과할 수 없고, 관광가이드는 확성기를 사용할 수 없다. 또 단체관광객이 좁은 거리, 다리 또는 통행로에 멈춰 서서 가이드의 설명을 듣는 것도 보행자의 통행불편을 초래할 수 있다는 이유로 금지된다.

코로나19 재확산 … 새 주종된 JN.1변종, 백신·항체도 돌파해

코로나19 신규 양성자 수가 증가세를 이어가고 있다. 신규 양성자는 2023년 10월 4주 이후 증감을 반복하다가 12월 3주에 최저 수준(4,642명)을 기록했다. 그러나 12월 4주부터 다시 증가세로 돌아서 12월 4주에 전주 대비 14%, 1월 1주 6%만큼 각각 증가했다. 특히 양성자 중 BA.2.86 변이에서 유래한 JN.1 검출률은 14.9%로 4.1%포인트 늘어 8주 연속 증가세를 이어가고 있다. 각국에서 새 주종으로 부상한 JN.1은 백신을 접종했거나 감염으로 항체가 생긴 사람들까지 빈번히 감염시키는 것으로 전해졌다.

철거되는 코로나19 선별진료소

2023년 하이브리드차 등록 30만대 첫 돌파 … 디젤은 5만여 대 감소

2023년 국내 자동차시장에서 하이브리드차는 강세를 보였지만 디젤(경유)차는 뚜렷한 하락세를 나타냈다. 1월 11일 시장조사 기관 카이즈유데이터연구소가 2023년 연료별 국내 승용차 신차 등록현황을 분석한 결과 하이브리드차는 30만 9,164대(전체의 22.7%)로 집계됐다. 하이브리드차 등록대수가 연간 30만대를 돌파하기는 처음으로 2022년과 비교해 46.3% 증가했다. 반면 지난해 신규등록된 디젤차는 13만 3,394대로 2022년에 비해 5만대 가까이 감소했다. 한편 휘발유차는 4만대 이상 증가했고, 전체의 58.6%를 차지했다.

이정후·고우석 MLB 동반입성 … 미국에서 '경쟁 2막' 펼쳐

한국야구 간판스타 이정후와 마무리투수 고우석이 미국 프로야구 메이저리그(MLB)에 동반입성했다. 12월 13일 이정후는 6년 약 1,462억원 계약에 샌프란시스코 자이언츠와 입단에 합의했고, 뒤이어 샌디에이고 파드리스 구단은 1월 4일 고우석과 상호옵션이 포함된 2년 총액 약 59억원 계약을 맺었다고 공식발표했다. 특히 이정후는 포스팅으로 MLB에 진출한 한국선수 최고액 기록을 경신했고, 고우석은 2023년 골든글로브를 수상한 유격수 김하성과 한솥밥을 먹게 됐다. 이로써 '친구 겸 처남' 관계인 이정후와 고우석은 미국무대에서 경쟁 2막을 펼치게 됐다.

고우석(왼쪽)과 이정후

악몽이 된 새해 첫날
일본 노토강진

일본 이시카와현 지진 발생

러시아

중국

북한

■서울
한국

동해

규모 7.6

이시카와현

일본 ■도쿄

태평양

2024년 새해 첫날인 1월 1일 오후 4시 10분경 일본 노토반도에 규모 7.6의 강진이 발생했다. 해당 지역은 규모 5가 넘는 지진이 최근 몇 년간 이어져 왔다.

지진 발생 직후 일본 기상청은 최고높이 5m에 달하는 쓰나미 발생을 예측, 일본 북부 연안에 쓰나미 경보 및 주의보를 광범위하게 발령했다.

건물붕괴와 화재로 인한 인명피해가 특히 큰 가운데 곳곳의 도로가 파괴돼 인명구조와 피해복구를 위한 이동이 어려워지면서 피해가 더 커졌다.

1월 10일까지 200명 이상의 사망자가 확인된 가운데 이중 일부는 장기 피난생활에 따른 '재해 관련사'로 추정되면서 주민들을 이주하는 방안이 추진됐다.

11일에는 노토반도 지진을 '격심재해(특별재해)'로 지정해 정부 예산 및 예비비를 통해 피해지역을 지원하고 신속한 복구비 집행에 나서기로 했다.

일본정부는 우선 '재해 관련사' 위험이 높은 지병이 있는 이들과 임산부, 75세 이상 고령자 등 노약자와 그 가족을 먼저 2차 피난소에 입주시킬 계획이다.

핵심 브리핑

1월 1일 새해 일본 혼슈 중부 이시카와현 노토반도에서 7.6 규모의 강진이 발생했다. 이로 인해 200명이 넘는 사망자가 발생했고, 주택이 파괴되거나 전기·수도 등이 끊어져 2만 6,000여 명의 주민들이 장기 피난생활을 이어가고 있는 것으로 알려졌다. 이에 지병 악화와 피로, 정신적 스트레스 등이 사인인 '재해 관련사' 증가가 우려되고 있다. 시대

포장마차는 카드결제를
안 하는 게 아니라 못 한다?

What?

최근 한 커뮤니티 사이트에 올라온 포장마차에 대한 글이 화두에 올랐다. 해당 글쓴이는 "대부분의 포장마차가 계좌이체를 선호하고 현금만 받는다"며 "카드계산이 안 돼 불편하다"고 했다. 이에 상인들은 포장마차는 노점상이라 사업자등록과 카드결제 허가를 내주지 않아 어쩔 수 없다는 입장이다. 노점상도 사업자등록을 할 수 있는 방법은 없는 걸까?

'고정된 사업장' 있어야 사업자등록 가능해

부가가치세법 6조 납세지에 관한 법령에 의해 사업자등록은 원칙적으로 '고정된 사업장'의 주소가 있어야만 신청할 수 있다. 따라서 포장마차처럼 고정된 사업장의 주소지가 없는 경우에는 사업자등록을 할 수 없다. 한 논문(백주연, '경영환경의 변화에 따른 새로운 고정사업장 개념의 필요성')에 따르면 '고정사업장'이라는 개념은 1958년 경제협력개발기구(OECD) 모델 조세조약에서 생겨났다. 이 조약에 따르면 기업이 다른 나라에 고정사업장 없이 진출하면 그 나라는 해당 기업에 과세할 수 없다. 이때 만들어진 '고정사업장'이라는 개념이 세계 각국의 현 과세기준으로 자리잡고 있다.

일부 포장마차 상인들은 도로점용료로 세금을 대신하고 있다고 주장한다. 도로점용료는 도로법 61조 '도로의 점용허가'와 도로법 시행령 54조 '도로의 점용허가 신청' 등에 따라 허가증을 받고 해당 지방자치단체(지자체)에 납부하는 것을 말한다. 그러나 도로점용료는 각 지자체에서 노점자리에 대한 비용을 청구한 것이라 세금과는 다르다는 게 전문가의 설명이다. 김성훈 법무법인 로운 변호사는 "도로점용료는 포장마차 상인들의 불법행위에 대한 제재로 내는 것"이라고 지적했다. 실제로 담당공무원이 노점상에 대한 실태조사를 진행해 매출액에 관해 물어도 상인들이 재산신고에 동의하지 않아 정확한 매출액을 파악하지 못하고 있는 실정이다.

푸드트럭은 왜 합법? 예외도 있어

푸드트럭은 고정된 사업장이 없다는 점에서 포장마차와 비슷하지만, 적극적으로 관련 조례를 규정해 상황이 달라졌다. 2014년 3월 박근혜정부는 푸드트럭 규제 완화를 언급하면서 식품위생법과 도로교통법 등 관련 법률을 개정했다. 이에 지자체장은 공유재산법 시행령 13조 3항 19에 따라 '수의계약'으로 푸드트럭 영업자를 선정해 영업을 허가할 수 있다.

또 서울시는 2017년 9월 '서울특별시 음식판매자동차 영업장소 지정 및 관리 등에 관한 조례'를 제정해 푸드트럭 영업을 지원하고 있다. 조례를 통해 영업할 수 있는 장소를 구체적으로 규정하고 있으며 지자체장이 필요한 경우 추가로 지정할 수도 있다. 즉, 푸드트럭은 거리를 임차하는 개념이기 때문에 영업허가를 받을 수 있었던 것이다. 이에 허가된 지역에서 영업하고자 하는 푸드트럭 상인은 공유재산법 시행령 31조 2항 공시지가에 따라 산정된 도로점유료를 지자체에 납부하고 있다.

무허가 영업 3,570곳 … "소득규모 파악 어려워"

서울시에서 발행한 '거리 가게 허가제 사업보고서'에 따르면 2022년 서울 시내의 거리 가게는 5,443개로 나타났다. 이중 허가된 거리 가게는 1,872개로 34.4%에 불과하다. 앞선 2018년 6,669개에 비해 운영 중인 포장마차의 수는 매년 감소하는 추세지만 여전히 무허가로 영업하는 거리 가게가 3,570여 곳에 이른다. 이러한 노점상은 수십 년간 도심 속에서 경제적 약자로 인식돼 공공도로 점용허가와 면세혜택을 받아왔다. 일례로 소득세법 시행령 211조는 노점상에게 영수증 발급의무를 면제하고, 부가가치세법 시행령 71조는 노점상에게 세금계산서 발급의무를 면제해준다고 규정하고 있다.

하지만 현실적으로 노점상인들의 소득규모를 명확하게 파악할 방법은 없다. 국세청 관계자는 "포장마차업은 별도의 업종코드가 없어 세금신고 사례와 사업자등록 현황을 파악할 수 없다"라며 "포장마차에서 카드를 받지 않고 현금결제하는 경우 매출규모를 파악하는 데 어려움이 있어 자체 모니터링과 소비자 제보 등을 활용해 세원을 관리하고 있다"고 말했다. 즉, 포장마차업에 대한 소득세 관리기준이 명확하지 않다는 것이다.

서울시 관계자 역시 "현재 포장마차 세금에 관련된 것은 부가가치세법 이외에 다른 규정이 없다"면서 "부가가치세 면제대상이라서 매출액 등을 신고하지 않으니 소득세도 신고할 수 있는 방법이 없다. 애초에 부가가치세 적용대상이 아닌데 소득세를 말하는 것이 모순이라고 생각한다"는 입장을 전하기도 했다. 김 변호사는 "영수증과 세금계산서를 면제한 상황에서 포장마차의 소득을 알 수 있는 방법은 상인의 말뿐"이라면서 "상인들이 과세대상에 포함될 수 있도록 징수에 대한 명확한 기준을 세워야 한다"고 말했다. ^{시대}

포장마차의 경우 현행 부가가치세법에 명시된 '고정된 사업장' 요건을 충족하지 못하기 때문에 사업자등록을 할 수 없으며, 사업자등록이 돼야 허가받을 수 있는 카드단말기 역시 사용할 수 없으므로 카드결제가 불가능하다.

AI·로봇 기술 발전,
진짜 인류의 미래일까

미국 전기차업체 테슬라 생산공장 기가팩토리에서 2021년 제조로봇 때문에 작업자가 부상을 입은 사고를 회사가 2년 동안이나 은폐하고 있었다는 사실이 지난 2023년 12월 언론을 통해 드러났다. 지난 11월에는 국내에서도 한 농산물 작업장에서 로봇을 점검하던 40대 직원이 머리를 농산물로 오인한 로봇의 집게에 끼여 숨지는 일이 발생했다. 기술발 달과 함께 산업현장에서 로봇이 인간을 대체하는 비중이 높아지면서 로봇에 의한 사고·살인도 늘어나고 있다.

1987년 사이보그 경찰이라는 새로운 히어로를 등장시킨 미국 오리온 영화사 제작 SF액션영화 '로보캅(RoboCop)'이 상영됐을 때만 해도 인간을 대체하는 로봇은 공상과 상상의 영역으로 치부됐다. 그러나 2024년 현재 그때의 상상은 이미 현실이다. 지난해 9월 미국 뉴욕경찰(NYPD)은 타임스스퀘어역에서 로봇 제작업체 나이트스코프사가 제작한 K5에 대한 시험운용을 시작했다고 전했다.

160cm 높이에 바퀴가 장착된 이 로봇은 인권단체 우려를 감안해 안면인식 기능을 제외한 4개 카메라가 부착돼 주변 행인모습과 상황을 360도 살필 수 있는데, 임대가격은 시간당 9달러(약 1만 2,000원)로 뉴욕주 서비스 노동자가 받는 최저임금인 15달러(약 2만원)보다 저렴하다. 최저임금보다 낮은 비용으로 자정부터 새벽 6시까지 경비임무를 수행시킬 수 있는 것이다. 인간과 달리 화장실에도 가지 않고, 식사시간이나 휴식시간도 필요 없다.

나이트스코프 경비로봇 K5

로봇의 사전적 정의는 사전에 정해진 규칙에 따라 스스로 판단해 행동하는 기계를 말한다. 의미상으로는 기계의 하위범주를 말하며 스스로 상황을 인식하기 위한 센서, 주어진 명령어를 받아들이고 센서를 통해 받은 정보를 판단할 수 있도록 하는 프로세서,

마지막으로 프로세서에서 나온 신호를 받아 움직이며 구동하는 액추에이터(Actuator), '작동장치'의 복합체라고 할 수 있다.

업계에서는 편의상 산업용 로봇과 서비스 로봇으로 구분한다. 산업용 로봇은 공장 자동화나 협동 로봇 등 제조 현장에서 주로 쓰인다. 서비스용 로봇에는 국방, 의료 등 전문서비스 로봇과 가사, 건강, 교육 등 개인 서비스 로봇 등이 있다. 최근에는 기계적인 움직임은 없는 인공지능도 로봇 개념에 포함하고 있다. 인공지능이 탑재된 자율주행차, 드론, AI 스피커 등이 로봇의 범주에 들어가는 까닭이다. 최근 마이크로소프트에서 '챗GPT(ChatGPT)'를 드론이나 로봇을 조종하는 데 활용하는 기술이 그것이다.

지난 1월에는 세계 최대 가전·정보기술(IT) 전시회 'CES 2024' 개막에 맞춰 주요 전시장인 미국 네바다주 라스베이거스 라스베이거스컨벤션센터(LVCC)와 베네티안엑스포 등과 인접한 세계 최대 규모의 구형 공연장에서 휴머노이드 로봇 '아우라'가 관람객과 소통했다. 아우라는 관람객과 대화뿐 아니라 손짓과 표정으로도 소통했다. 노래는 부르지 못했지만 팔을 흔들며 흥겹게 춤을 췄으며, 한국어를 비롯해 수십여 개 언어로 인사말도 했다. 수많은 관람객들 속에서 자신이 지금 말하는 상대가 누구인지 알고 상대방을 정면으로 응시했으며, 무엇보다 눈길을 끈 건 "비행기를 오래 탔다"는 관람객의 말에 "긴 여행이 지루했겠다"고 맞장구를 치는 등 아우라가 인간의 감정을 이해하려 했다는 것이다.

인간의 피부와 같은 감촉에 인간처럼 촉감을 느낄 수 있는 '인공피부'의 상용화도 머지않았다. 한국과학기술원(KAIST, 카이스트)의 기계공학과 김정 교수 연구팀은 단층촬영법을 활용해 인간의 피부구조

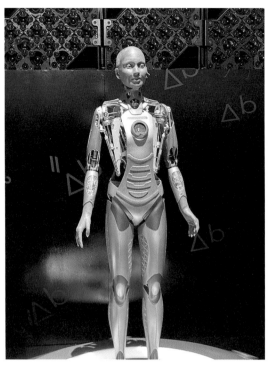

'CES 2024'에서 선보인 휴머노이드 '아우라'

와 촉각수용기 특징, 구성방식을 모사해 측정된 촉 감신호를 인공지능(AI) 신경망으로 처리해 누르기, 두드리기, 쓰다듬기 등 촉각자극을 종류별로 분류하 는 데 성공했다. 이런 인공피부를 아우라처럼 AI를 탑재한 인간형 로봇에 적용하면 '인간과 구분할 수 없는 휴머노이드', 즉 안드로이드가 탄생하게 된다.

심지어 테슬라 최고경영자 일론 머스크가 이끄는 뇌 신경과학 스타트업 '뉴럴링크'는 뇌에 무선통신이 가 능한 전자칩을 심는 기술을 개발 중이다. 현실화될 경우 뇌파를 디지털 신호로 분석 · 포착해 컴퓨터 등 외부장치를 제어할 수 있게 된다. 말을 할 수 없는 전신마비 환자가 생각만으로 컴퓨터를 구동해 검색 과 의사소통을 하고, 자기 몸에 장착한 외골격 로봇 으로 마비된 몸을 움직이게 하는 식이다. 로보캅과 같은 사이보그가 등장할 수도 있다.

새로운 혁명 … 인간의 삶 곳곳에 깊은 영향

❖ 줄어드는 노동력 대체
❖ 기피하는 4D 작업에 투입
❖ 장애가 더는 장애가 아닌 세상

이처럼 최근 로봇 분야에서는 AI와 융합해 궁극적 으로 인간의 개입을 필요로 하지 않는 '무인화'를 표 방하며 기술개발이 빠르게 이뤄지는 추세다. 실제 로 로봇을 둘러싼 경제강국들의 공격적인 투자는 각 국의 '제조업 부흥 정책'을 빼놓고 설명하기 어렵다. 코로나19 팬데믹 이후 비대면과 자동화가 일반화되 면서 국방, 제조, 모빌리티, 물류, 정보통신 등 산업 곳곳에서 로봇 활용이 빠르게 확산됐다. 이러한 가 운데 성장이 멈춘 선진국들이 고령화 · 저출산에 따 른 일손 부족, 인건비 상승 흐름 속에서 로봇을 제조 업을 혁신시킬 핵심기술로 주목하고 있는 것이다.

궁극적으로 AI와 같은 기반기술의 발전은 물리세계 에서 혐오감을 주지 않는 인간적인 외형에 '생성형 AI'를 탑재한 로봇이 인간의 명령을 수행하기 위해 스스로 활동하는 '휴머노이드 로봇'의 출현으로 이어 지고 있다.

연구자들은 개인용 컴퓨터, 스마트폰, 인터넷이 우 리 사회에 혁명을 일으켰듯이 로봇이 운송, 제조, 공 급망 물류, 항공, 노인 돌봄 등 다양한 영역에서 인 간 삶의 많은 측면에 깊은 영향을 미칠 것이라고 주 장한다. 실제로도 로봇은 이미 현장 곳곳에서 반복 적이고 위험하며 인간의 노동력이 부족한 작업, 즉 인간이 하기에는 너무 위험하고(Dangerous), 더 럽고(Dirty), 지루하고(Dull), 멍청한(Dumb) 작업 (4D)을 수행하고 있다.

윤리 없는 이성 … 맹신은 금물

❖ 노동시장에서 인류 대체 점화
❖ 오작동, 오류 … 여전히 미완성
❖ 인간성 · 윤리 없는 판단은 위험

그러나 그로 인한 문제도 점점 심각해지고 있다. 검색엔진과 유튜브 등의 광고에 생성형 AI 기술을 도입하면서 기존처럼 많은 직원이 필요 없자 매출의 상당 부분을 광고에 의존하고 있는 구글이 3만명에 이르는 직원을 대상으로 조직개편에 들어갈 예정이라는 관측이 제기됐다. 코로나팬데믹 이후 비용절감을 위해 사람 대신 로봇을 들여 서빙을 하는 중소상공인들도 늘었다. 인천공항 여객터미널에는 청소는 물론이고 질문을 듣고 안내를 하는 등의 다양한 로봇이 여행객들 사이를 누비고 있다. 의료현장이나 산업현장에서 로봇을 보는 일은 이제 놀랄 일도 아니다. 사람이 했던 일을 로봇이 하고 있는 것이다.

사고도 빈번하다. 국내 농작물유통센터에서는 로봇이 인간 작업자를 압사시키는 사고가 발생했다. 사고는 2023년 11월 7일 산업용 로봇이 로봇을 점검하던 노동자를 상자로 인식해 작동하면서 발생했다. 그 결과 해당 노동자는 로봇 팔의 'ㄷ' 모양 집게와 컨베이어벨트 사이에 얼굴과 왼쪽 빗장뼈가 짓눌린 상태로 발견됐고, 병원으로 옮겨졌으나 끝내 숨졌다. 이처럼 우리나라에서 산업용 로봇에 의해 사망하는 사고는 매년 평균 3건에 달한다.

역사적으로 로봇 살인은 1979년까지 거슬러 올라간다. 그해 1월, 미국 미시간주 플랫록에 위치한 포드의 자동차공장에서 부품을 이동시키는 로봇 운송시스템이 작업자를 인식하지 못한 채 작동하면서 작업자를 사망케 했다. 2년 뒤인 1981년에는 일본 아카시의 가와사키 중공업공장에서 고장난 로봇을 점검

하던 정비원이 로봇 팔에 압사당해 사망했다. 현재도 첨단시스템을 자랑하는 테슬라의 생산공장 기가팩토리에서 제조로봇이 직원들을 공격해 근로자가 다치는 사고가 다수 발생하고 있다. 그중에는 로봇에게 근로자가 직접적으로 공격당한 사례까지 있는 것으로 알려졌다.

고성군 농산물유통업체 산업용 로봇

업계 전문가들은 이러한 사건들이 대부분 로봇의 의지로 인한 것이 아닌 단순한 오류와 우연일 뿐이라고 강조한다. 그러나 인간이 입력한 프로그램이 아닌 AI가 스스로 판단한 결과로 작동하는 쪽으로 개발되고 있는 상황에서 AI가 인간을 해치려는 의지를 갖게 될 경우에 대한 경고도 나온다.

'딥러닝(Deep Learning, 기계학습)' 개념을 처음 고안해 '딥러닝의 대부'로 불리는 제프리 힌턴 캐나다 토론토대학 교수가 "AI가 '살인로봇(Killer Robots)'으로 변할 날이 두렵다"며 10년간 몸담았던 구글에 사표를 낸 것도 같은 맥락에서 이해할 수 있다. 프란치스코 교황도 2024년 신년사에서 "인간의 생존을 위협하고 공동의 터전을 위험에 빠뜨릴 수 있는 것들을 포함해 다양한 선택지가 인간의 손에 쥐어져 있다"며 AI규제에 대한 국제협력을 강조했다. ◼️

경제투자 킬러규제 혁파,
환경에 부작용 없도록 해야

NEWSPAPER

"화학물질 관리시스템 제대로 작동될까"

화학물질 관리기준을 완화하는 개정안이 1월 9일 국회 본회의를 통과한 가운데 달라진 규제로 '제2의 가습기살균제 참사'가 발생할 수 있다는 우려가 이어지고 있다. 환경단체 관계자들은 "화학물질 기준완화로 신규 화학물질을 관리하는 시스템이 제대로 작동하지 않을 수 있다"고 지적했다. 강홍구 환경운동연합 활동가는 "등록기준이 완화되며 정부는 신고제를 활성화겠다고 설명했는데 신규 화학물질은 정보가 부족해 우려된다"고 말했다.

2024.1.10. 세계일보

환경분야 킬러규제 혁파, 경제계 환영

경제계가 투자에 걸림돌이 되는 환경분야 킬러규제의 대표적 사례로 지목해온 화학물질등록평가법(화평법) 및 화학물질관리법(화관법) 개정안이 1월 9일 국회 본회의를 통과했다. 모처럼 여야합의로 기업 대상규제를 국제기준에 맞게 완화했다. 화평법 개정안은 신규 화학물질을 제조·수입할 때 유해성 정보 등록기준을 현행 100kg에서 1t으로 낮추는 것 등이 골자다. 화관법 개정안은 화학물질의 위험도와 취급량에 따라 대상시설 등을 차등화하는 내용이다. 부담을 덜게 된 기업들이 투자를 늘려 반도체 등 소부장(소재, 부품, 장비) 산업에서 국제경쟁력을 강화하고 국산화를 촉진하는 기폭제로 삼기를 기대한다.

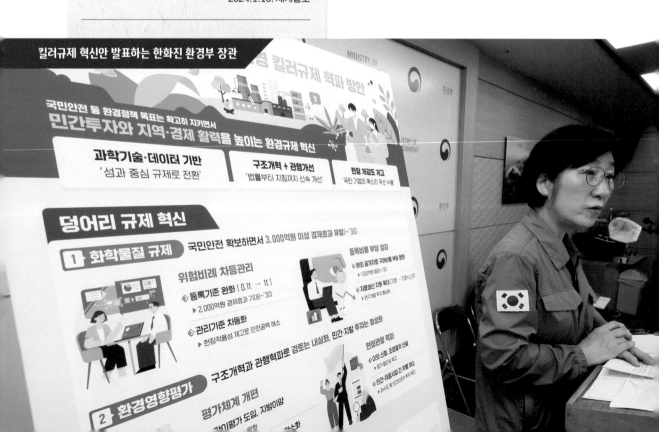

킬러규제 혁신안 발표하는 한화진 환경부 장관

2021년 여수산단 화학공장에서 발생한 화재

"화학물질 관련 규제 지나쳐" 그동안 업계는 불만

업계는 그동안 반도체, 디스플레이, 바이오 등 첨단 산업을 운영하기 위해서 각종 화학물질이 꼭 필요한데, 지나친 규제가 발목을 잡는다고 지적해왔다. 따라서 화평법의 유해성 화학물질 등록기준을 유럽연합(EU)이나 일본 수준으로 낮추고 관련절차도 간소화해달라고 요구했다. 업계에 따르면 EU와 일본은 등록기준이 연간 1t, 미국은 10t 이상이라는 것이다.

또 1개의 물질정보를 등록하려면 적게는 수천만원, 많게는 수억원에 달하는 비용과 상당한 시간을 들여야 해 신물질 개발은 엄두도 내지 못한다고 호소해왔다. 아울러 화관법은 화학물질의 위험도와 취급량과 무관하게 사고위험이 낮은 시설에도 일괄 적용돼 불합리하다고 주장했다.

업계 숨통 트였으나, 안전장치 풀려선 안 돼

두 법은 2011년 가습기살균제 사태와 2012년 경북 구미공단 불산 누출사고로 수많은 인명피해를 낸 것을 계기로 제도화됐다. 연이은 두 사고로 화학물질 전반에 대한 국민의 불신과 공포가 팽배해졌고, 케모포비아(Chemophobia, 화학공포증)라는 신조어까지 생겼다. 법제화 과정에서 과잉규제가 아니냐는 논란이 일기는 했지만, 2015년부터 결국 시행됐다.

환경보다 경제를 우선했던 당시 이명박·박근혜 정부도 '국민안전'에 주안점을 뒀다는 점을 뒷받침한다. 문재인정부 때 일본의 불화수소 등 핵심 화학소재 수출중단에 대응해 법에 규정된 인허가 기간을 단축하는 패스트트랙을 운영했지만, 법 개정까지는 이르지 못했다.

현실에 맞지 않은 규제가 풀려 관련업계의 숨통이 트이게 된 것은 환영할 일이다. 정부는 2030년까지 1만 6,000여 기업이 3,000억원의 경제적 효과를 볼 것으로 전망했다.

그러나 간과해서는 안 되는 것도 있다. 바로 이번 조치가 자칫 '안전장치' 해체로까지 이어져서는 안 된다는 것이다. 관련부처는 개정안 시행·운용과정에서 유해 화학물질로부터 국민안전과 환경을 보호한다는 당초 법 제정 취지를 살려야 한다. 산업현장에서의 실질적 안전성 관리에 필요한 시설, 제도, 인력 확보 등도 빈틈없이 강구돼야 한다. 소규모 사업장 등에서 혹여 구멍이 생기지 않는지 철저하게 모니터링도 해야 할 것이다. 시대

34세 프랑스 총리 탄생
젊어지는 세계 지도자

에마뉘엘 마크롱 프랑스 대통령이 1월 9일(현지시간) '젊은 피' 가브리엘 아탈 교육부 장관을 신임 총리로 임명했다. 1989년 3월생으로 올해 만 34세인 아탈 장관이 총리직에 오르면서 1984년 37세에 임명된 로랑 파비우스 총리의 기록을 깨고 제5공화국 최연소 총리가 됐다. 그는 공화국 역사상 최초의 공개 동성애자 총리이기도 하다.

34세의 성소수자·최연소 총리

만 34세 나이로 최연소 총리 자리에 오른 아탈 총리는 학창시절부터 '최초 고용계약법'에 반대하는 캠페인을 벌였고, 2006년에는 중도좌파 사회당에 입당했다. 이후 2007년 대통령선거 당시 사회당 세골렌 루아얄 후보 캠프를 돕기도 했다. 명문 파리정치대학 출신인 그는 2012년 마리솔 투레인 당시 보건부 장관 밑에서 임무를 수행했고, 2014년에는 지역 시의원에 당선됐다. 그는 이후 마크롱 대통령이 창당한 '전진하는공화국(LREM)'에 합류하며 젊은 나이에도 탄탄한 정치이력을 쌓았다. 2018년 당 대변인을 지낸 후 29세에 교육담당 국무장관에 올랐는데, 이 역시 최연소 기록이다.

아탈 신임 총리는 5개월여의 교육부 장관 임기 동안 프랑스 교육혁신을 강하게 밀어붙였다. 이를 통해 학교의 권위를 바로 세우고자 했고, 여론의 반응도 좋아 최근 공개된 한 설문조사 결과에서는 마크롱정부에서 가장 인기 있는 장관으로 꼽히기도 했다. 아탈 총리는 취임사에서 "저의 목표는 마크롱 대통령과 함께 프랑스의 잠재력을 발휘하도록 하는 것"이라며 "일 처리에 있어 명확한 진단을 내리고 강력하고 구체적인 조치들을 취할 것"이라고 말했다.

여론은 대체로 "만족", 다만 부정적 의견도

최연소 총리 임명에 국민여론은 나쁘지 않은 편이다. 프랑스 일간지 르피가로가 프랑스인 1,003명을 대상으로 인터넷 설문을 한 결과 53%가 아탈 총리 임명에 만족하거나 매우 만족한다고 답했다. 46%는 불만족·매우 불만족이라는 반응을 보였다. 그의 젊은 나이에 대해서는 응답자의 35%가 '자산'이라고 평가했고, 16%는 '불리한 조건'이라고 답했다. 대다수인 49%는 나이는 상관없다는 반응을 보였다.

반면 정치권 일각에서는 그의 총리발탁을 곱지 않게 보는 시선도 있다. 극우정당 국민연합(RN)의 세바스티앵 셰누 부대표는 "아탈 총리는 말과 소통, 이미지가 전부"라며 "그는 파일을 열어놓고 끝내지 않는 마치 나쁜 학생 같은 소년으로, 새 총리에게 너무 많은 걸 기대해서는 안 된다"고 비판했다. 범여권인 모뎀(Modem)의 프랑수아 바이루 대표도 "심각한 어려움을 겪고 있는 국가를 이끌어 갈 만큼 경험이 충분한지 의문"이라고 지적했다.

젊어지는 세계 지도자, 미국은 최고령 대선?

1950년대 이래 경제협력개발기구(OECD)에 속한 선진국들에서는 갈수록 젊은 나이에 대통령이나 총리로 선출되는 양상을 보였다. 미국 싱크탱크 퓨리서치센터에 따르면 OECD 선진국 최고지도자의 평균나이는 55.5세로 50년 전(60.2세)보다 5세 가까이 낮아졌다.

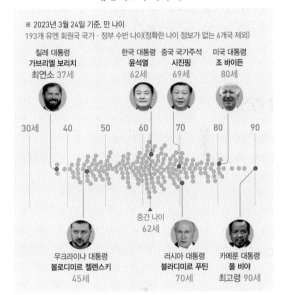

세계 지도자 나이 비교

※ 2023년 3월 24일 기준, 만 나이
193개 유엔 회원국 국가·정부 수반 나이(정확한 나이 정보가 없는 6개국 제외)

칠레 대통령
가브리엘 보리치
최연소 37세

한국 대통령
윤석열
62세

중국 국가주석
시진핑
69세

미국 대통령
조 바이든
80세

30세 40 50 60 70 80 90

중간 나이
62세

우크라이나 대통령
볼로디미르 젤렌스키
45세

러시아 대통령
블라디미르 푸틴
70세

카메룬 대통령
폴 비야
최고령 90세

자료 / 퓨리서치센터

유럽의 대표 선진국 프랑스에서 최연소 총리가 탄생한 데 반해 초강대국 미국에서는 '역대 최고령 대통령' 기록 보유자들 간의 대선이 치러질 것으로 전망된다. 2023년 퓨리서치센터의 조사결과에 따르면 세계 187개국 최고지도자 중 트럼프와 바이든보다 고령인 경우는 8명에 불과하다. 이 때문에 누가 이기든 임기를 완주하지 못할 수 있다는 우려도 제기된다. 별세하거나 노인성 질환으로 정상적인 직무수행이 불가능해질 가능성을 무시할 수 없다는 이유에서다. 이와 관련해 영국 이코노미스트지는 "설령 병증이 드러나지 않더라도 고령으로 인지기능 자체가 저하되는 건 피할 수 없는 문제"라고 평가했다. 시대

"국가책임 vs 포퓰리즘"

개인의 간병파산 막아야

우리나라에서 간병이 필요한 환자에게 의료 혹은 돌봄의 형태로 지출되는 공적 재원은 국민건강보험과 장기요양보험으로 전자는 요양병원에 근무하는 의사나 간호사의 임금, 입원료 등에, 후자는 요양보호사 자격을 소지한 사람이 간병이 필요한 환자를 돌보는 일을 수행하는 경우 지급된다. 따라서 입원환자를 돌보는 간병인의 급여는 오직 환자와 가족의 몫이다. 실제로 요양병원의 경우 간병인을 혼자 쓰면 한 달 간병비가 450만원, 간병인을 여럿이 나눠 써도 100만원을 훌쩍 넘는다. '간병파산'이라는 말이 유행할 정도다.

문제는 개인의 사적 간병비 부담이 지속적으로 증가하고 있다는 것이다. 간병 도우미에 지급한 비용의 전년 대비 증가율도 2020년 2.7%에서 2022년 9.3%로 가파르게 상승하고 있다. 2023년에는 약 10조원을 상회할 것으로 추정된다.

또한 특별한 경쟁력을 가질 수 없는 요양병원은 (간병)비용을 낮춰 경쟁할 수밖에 없는 구조다. 이는 질 낮은 간병서비스를 낳는 악순환을 부른다. 이런 만큼 국민은 절반 넘게 간병비 국가책임제를 찬성(2023년 5월 조사, 57.6% 찬성)하고 있다. 미국, 영국, 대만, 일본 등에서도 이미 간병인 급여를 국가가 부담하고 있다.

지난해 12월 21일 정부는 당·정 협의를 통해 국가가 중심이 돼 책임진다면서 '간병 걱정 없는 나라'를 만들겠다는 비전하에 환자의 치료 전(全) 단계에서 간병서비스 지원체계를 구축하는 '국민 간병 부담 경감방안'을 확정·발표했다. 핵심은 수술 후 입원하는 급성기병원부터 요양병원, 퇴원 후 재택까지 환자의 치료 전(全) 단계별로 간병서비스 지원체계를 구축한다는 계획이다.

먼저 개편되는 간호·간병 통합서비스는 중증 수술환자, 치매·섬망 환자 등 중증도와 간병요구도가 높은 환자들을 위한 중증환자 전담병실을 도입, 간호사 1명이 환자 4명, 간호조무사 1명이 환자 8명을 담당하는 것이 골자다. 아울러 퇴원 후 가정에 의료·간호·돌봄 서비스를 제공하기 위해 간병인력 공급기관 관리기준 마련 및 등록제 도입으로 서비스 품질을 높이겠다고 밝혔다. 또한 복지용구(보조기기) 지원을 확대하고 간병·돌봄 로봇을 개발해 복지와 경제 간 선순환구조도 창출한다는 목표도 제시했다. 요양병원 간병지원의 경우 2024년 7월부터 2025년 12월까지 10개 병원을 대상으로 1차 시범사업을 실시한 후 단계적 시범사업을 거쳐 2027년 1월(차기 정부)부터 본 사업으로 전환한다는 계획이다.

간병비 급여화

이는 모두 '요양병원 간병비 급여화'를 위한 초석이다. 요양병원 간병비 급여화는 요양병원에서 일하는 간병인의 급여를 장기요양보험을 적용해 요양병원 입원환자의 부담을 줄여주자는 방안이다. 즉, 요양병원에서의 간병비를 국민건강보험에 적용시키겠다는 것이다. 현재 국내 요양병원은 간병비가 비급여항목에조차 포함돼 있지 않아 간병비용을 환자에게서 받을 수 없는 실정이다.

이는 요양보호사가 수가화돼 있는 요양시설과 비교되는 점이다. 노인장기요양보험법 제23조, 26조에 따르면 요양병원 간병비는 장기요양보험수급자가 병원을 이용하는 경우 이를 특별현금급여로 지급하도록 돼 있지만 하위법령이 없어 이마저도 유명무실한 법령으로 남아 있다. 이 때문에 요양병원 간병비 급여화는 요양병원계의 오랜 요구였고, 윤석열 대통령의 대선공약이었으며, 야당인 더불어민주당의 2024년 총선공약 1호다.

그러나 요양병원 간병인 급여가 장기요양보험 적용대상이 되면 상대적으로 인건비가 높은 요양사를 고용해야 하는 데다 의료시설이 아닌 요양원은 생존의 위협을 받게 된다는 등 반대하는 쪽의 주장이 거세 그동안 수차례 지연돼왔다. ◼️

YES! "간병 때문에 고통받는 사람 없어야"
"질 좋은 간병서비스의 첫걸음"

NO! "늙고 병들면 모두 요양병원으로?"
"구체적 내용 없는 허울뿐인 말잔치"

현대판 고려장 부추겨

현재 우리나라의 간병인은 (요양)병원에서 개인적으로 구하는 데다가 대부분이 요양보호사가 아닌 무자격자다. 간병인 급여 역시 현금영수증 같은 지출증빙이 이루어지지 않는다. 이 때문에 간병비 급여화에 따라 소득신고와 세금납부가 이루어지면 실질적으로 과거보다 간병인의 가처분소득이 감소한다. 현재의 간병인들이 제도권으로 들어오기보다는 이탈할 가능성이 커지는 것이다. 결국 간병인을 구하는 게 어려워질 수밖에 없다.

수도권 병원에 환자쏠림이 심각한 상황에서 시범사업을 수도권의 유명 대학병원의 병동으로 제한한다는 것도 문제다. 간호계가 300병상 이상 급성기 병원에 대해 전면확대를 요구해온 것과 달리 발표에 따르면 환자 쏠림문제마저 시장에 맡긴 셈이다.

실효성도 의문이다. 정부가 언론을 통해 간병비 부담 완화를 위해 제도를 만들었다고 하지만, 대상병원이 고작 10개 병원에 예산은 고작 85억원인 데다가 더 중요한 점은 구체적인 내용이 하나도 없기 때문이다. 무엇보다 우리나라 노인들은 10명 중 7명이 집에서 노후를 보내고 싶어 한다. 그러나 간병비에 대한 개인부담이 줄면 늙고 병든 경우 너 나 없이 요양병원으로 내몰릴 가능성이 더 커질 수밖에 없다.

"능률증가 vs 시기상조"

직장과 가정의 양립

OECD 통계자료에 따르면 우리나라의 연간 노동시간은 2008년 2,228시간에서 2020년 1,908시간까지 약 320시간이나 단축됐다. 그럼에도 불구하고 우리나라는 여전히 OECD 회원국 중 가장 많이 일하는 국가 중 하나다. 그나마도 공기업과 대기업을 제외하면 OECD 최하위국이다.

노동환경이 변화된 만큼 근로형태도 변해야 한다. 4차 산업혁명과 기술의 발전으로 사람의 업무가 자동화·로봇·AI로 대체되며 더 오랜 시간 일할 필요가 없어지고 있는 것이다. 저출산·고령화로 노동인구가 줄어들어드는 것도 고려해야 한다. 현재 여성, 청년, 노인의 적절한 노동시장 투입이 필요하지만, 실업률은 계속해서 증가하는 상황이다. 주4일제는 이러한 불균형 해소를 위한 새로운 시도이기도 하다.

현대는 노동시간과 생산성이 비례하지 않는 시대다. 일과 생활의 양립(워라밸, Work Life Balance)을 통해 개인과 가정을 위한 시간을 제공하고 노동자의 건강권과 쉴 권리를 보호하는 것이 오히려 생산성 증대로 연결될 수 있는 선순환적인 변화이기 때문이다. 이를 위해서는 무엇보다 '임금 삭감을 하지 않는 것', 즉 '동일노동 동일임금'의 원칙이 지켜져야 한다. 그래야만 불필요하게 사용되던 시간을 제대로 사용하게 하는 동기가 되기 때문이다.

지난 12월 국내 최대 단일노조인 현대자동차 노동조합의 새 지부장에 '주4일 근무제' 전면 도입을 공약으로 내건 후보(문용문)가 당선되면서 근무시간 단축 문제가 산업계의 뜨거운 감자로 재부상했다. 문 신임 지부장은 우선 2024년 전주·아산 공장에 금요일 근무시간을 현재 8시간에서 4시간으로 줄이는 안을 시범시행한 뒤 2025년부터 완전한 주4일제를 도입하는 방안을 사측과 협의할 방침이다.

삼성전자와 SK그룹, 카카오 등 대기업들은 이미 주4.5일제에 해당하는 유연근무제를 일부 도입하고 있다. 지난해 11월 임금단체협약을 마무리한 포스코 노사도 격주 4일제를 도입하겠다는 내용을 합의안에 담았다. 삼성전자도 지난해 6월부터 '쉬는 금요일', 월급날인 21일이 있는 주의 금요일을 쉴 수 있게 하는 '월중휴무제'를 신설했다. SK하이닉스 역시 지난해 4월부터 '행복한 금요일' 제도를 시행하고, 2주 동안 80시간 이상 일하면 휴가를 따로 내지 않고 한 달에 한 번 금요일에 쉴 수 있도록 했으며, SK텔레콤의 경우에도 이와 유사한 제도를 시행하고 있다. 카카오는 매월 1회씩 주4일제를 시행 중이다.

주4일제

주4일제는 표준 근로시간을 주 40시간에서 주 32시간으로 줄여 일주일 동안 4일을 일하는 제도로서 중요한 것은 기업·사업장 영업 단축이 아닌 노동자의 업무시간 단축이 핵심이며 근로시간을 단축하면서도 임금을 그대로 유지하고자 한다는 것이다. 현재 우리나라는 근로기준법에 따라 일주일에 40시간 일하는 '주40시간제'를 시행하고 있다. 우리나라 표준 근로시간은 1953년 주48시간으로 시작해 36년이 지난 1989년 주44시간으로 바뀌었다가 다시 10여 년이 지난 후에야 논의를 시작해, 2011년 마침내 주40시간제로 정착했다.

최근에 IT기업과 대기업을 중심으로 주4일제가 정착하는 데는 기술의 고도화로 과거와 같이 투입하는 노동의 양과 시간이 생산량과 비례하던 시기가 지나고, 창의성이 생산성을 좌우하게 된 데 있다. 여기에 코로나팬데믹을 겪으며 재택근무, 비대면·원격 회의, 워케이션(일과 휴가의 합성어로 휴가지 근무를 의미) 등 새로운 근무형태를 반강제적으로 경험했던 것도 주4일 근무제의 문턱을 낮췄다는 평가가 나온다. 한편 한국리서치가 2021년 10월 18세 이상 1,000명을 대상으로 주4일 근무제 도입에 대한 의견을 묻자 찬성이 51%, 반대는 41%로 집계됐다.

YES!
"많이 일하는 나라, 이제 벗어나야"
"건강과 여유가 있어야 일도 한다"

NO!
"생산성 증대된다는 보장 없어"
"너도 나도 대기업만! 중소기업은 안 가"

1998년 사회당 출신 리오넬 조스팽 총리 때 주35시간으로 근로시간을 줄였던 프랑스는 법 시행 후 정부조사 결과 주35시간 제도가 고용창출 없이 사회·경제적으로 부정적 효과를 끼쳤다고 결론지었다. 그러나 한번 만들어진 법을 되돌리기 힘들어서 시행과정에서 보완하는 방법으로 대책을 꾸린 탓에 그 여파가 현재까지 이어지고 있다.

더욱이 경쟁국에 비해 우리 기업의 생산성은 매우 떨어진다. 이런 상황에서 주40시간제가 겨우 안착돼 가고 있는 중인데 일률적으로 근로시간을 줄이면 기업의 국제경쟁력을 저하시키고, 그 피해는 결국 국민에게 돌아갈 것이다. 근로시간을 줄일 것이 아니라 근로시간 유연화 같은 생산성을 제고할 수 있는 제도적 개선을 적극적으로 추진해 나가야 할 필요가 있다.

또한 대기업들의 주4일제 도입은 경기 침체와 아울러 워라밸보다 생존이 더 급한 중소기업 종사자들에게 상대적 박탈감을 키울 수 있다. 결국 중소기업 기피현상은 더 커질 것이다. 짧은 근무시간으로 인한 업무 압박감 증대, 생산성 하락과 급여 삭감 가능성 등의 문제점도 고려하지 않을 수 없다. 무엇보다 노동집약적 산업의 경우 여전히 근로시간이 생산성에 직접적인 영향을 미치는 만큼 획일적으로 강제로 조정해서는 안 된다.

01 (   )(이)란 칼과 같은 날카롭거나 뾰족한 물체가 피부 및 기저조직을 관통하는 외상을 말한다.

02 더불어민주당이 윤석열 대통령의 거부권 행사와 관련해 헌법재판소에 (   )을/를 청구하기 위한 법리 검토에 나섰다.

03 (   )은/는 출산과 양육에 대한 부담을 개인이 아닌 사회 전체가 부담하자는 취지에서 제시된 방안이다.

04 교육부는 2028학년도 대입개편안에 미적분 Ⅱ·기하를 (   ) 선택과목으로 두는 방안도 검토했으나 결국 최종안에서 제외했다.

05 (   )은/는 자력으로 채무를 상환하는 것이 불가능한 기업을 대상으로 한다.

06 북한이 해상 완충구역을 향해 사격을 실시함에 따라 군사적 긴장완화와 신뢰구축을 위해 체결된 (   )이/가 사실상 파기됐다.

07 (   )은/는 정부가 배상 확정판결을 받은 일제 강제동원 피해자들에게 일본기업 대신 판결금을 지급하기로 한 것을 말한다.

08 지난해 제정된 '국가유산기본법'이 시행됨에 따라 올해 5월 17일부터 문화재라는 명칭이 (   )(으)로 변경된다.

09 이스라엘-하마스 전쟁으로 촉발된 갈등의 불씨가 중동 전체로 확산하면서 (   )의 개입이 가시화하고 있다.

10 (   )은/는 자체적으로 정보를 처리해 인터넷 연결이나 통신상태로부터 자유롭다.

11 국방부가 발간한 장병 정신전력교육 기본교재에 (   )이/가 영토분쟁이 진행 중인 지역으로 기술돼 논란이 됐다.

12 (   )(이)란 업무량이나 일의 성격 등에 따라 근로시간을 탄력적으로 운영할 수 있도록 한 제도를 말한다.

13 내사란 형사사건으로 입건되기 전 범죄혐의점의 유무를 조사하는 단계를 가리키는 용어로 내사의 종결권은 (   )에게 있다.

14 개도국이 겪는 기후로 인한 피해에 대해 선진국이 책임과 보상 필요성을 인정하고 자금을 지원하기 위해 (   )이/가 조성됐다.

15 조달청에서 운영하는 (   )은/는 온라인을 통해 공공기관의 입찰정보를 통합공고하는 등 창구역할을 수행하고 있다.

16 (   )은/는 이름이나 신분, 사회적 지위, 인격 등에 대한 일방적인 평가로 타인에게 손해를 입히는 행위를 말한다.

17 (   )(이)란 자연적인 군사분계선 역할을 하고 있는 대만해협을 두고 서안(대륙)과 동안(대만)으로 마주 보는 관계라는 뜻이다.

18 한국판 나사로 불리는 (   )이/가 설립되면 부처별 흩어져 있던 연구개발 및 산업육성 기능과 해외 우주 전담기구와의 협력 역할을 한 데 모을 수 있을 것으로 기대된다.

19 지난 1월 13일 치러진 대만 총통선거에서 (   ) 성향의 집권 민진당 소속 라이칭더 후보가 승리하면서 중국과 미국의 갈등도 더 커질 것으로 전망됐다.

20 (   )은/는 회원국의 인권상황을 지속적으로 조사·검토하고, 각국의 낙후된 인권을 개선하기 위한 활동을 실시하고 있다.

21 현대차그룹이 러시아-우크라이나 전쟁의 여파로 러시아공장을 준공 13년 만에 현지 공장에 매각하며 (   ) 조건을 내걸었다.

22 2021년 중국 최대 부동산업체인 (   )이/가 대규모 디폴트 상태에 빠지며 시작된 중국의 부동산위기가 다른 초대형 부동산업체들의 디폴트로 번지는 모양새다.

23 오픈AI의 최신 대규모 AI 언어모델인 GPT-4는 텍스트 입력부터 이미지 인식·해석이 가능한 (   ) 모델이다.

24 (   )은/는 학교폭력 예방·근절 업무를 전담하는 경찰관으로 선발 시 관련 학위 또는 자격증, 지도경력 등이 고려된다.

25 웹툰업계에서는 (   ) 속 지나치게 포괄적인 규제범위가 산업위축이라는 부정적 결과를 야기할 수 있다며 우려하고 있다.

26 정부는 청소년들의 자해·자살 현황을 토대로 상황의 심각성을 인지하고 올해부터 초·중·고 모든 학교에서 상시 활용할 수 있는 (   )을/를 도입하기로 했다. 시대

---

01 자상 **02** 권한쟁의심판 **03** 부모보험 **04** 심화수학 **05** 워크아웃(기업구조개선작업) **06** 9·19남북군사합의 **07** 제3자 변제 해법 **08** 국가유산 **09** 저항의 축 **10** 온디바이스 인공지능(AI) **11** 독도 **12** 유연근무제 **13** 경찰서장 **14** 손실과 피해 기금 **15** 나라장터 **16** 명예훼손 **17** 양안관계 **18** 우주항공청 **19** 친미 **20** 유엔인권이사회(UNHRC) **21** 바이백 **22** 헝다그룹 **23** 멀티모달 **24** 학교전담경찰관(SPO) **25** 문산법 **26** 위기학생 선별검사 도구(마음 EASY 검사)

장애인스포츠지도사 자격전망 소개!

SD에듀 유튜브 채널 토크레인 인터뷰 영상 보러가기

 장애인스포츠지도사란?

'장애인'이라는 단어 속에는 지체 장애인, 청각 장애인, 시각 장애인, 지적 장애인 등 굉장히 다양한 장애 유형이 포함돼 있거든요. 장애인스포츠지도사는 이렇게 다양한 장애 유형에 대한 이해를 바탕으로 전문체육이나 생활체육을 지도하는 사람을 말합니다.

주로 전국의 시도민·시군구의 장애인체육회에서 장애인체육지도자로 근무하게 되는데요. 이밖에 장애인복지관에서 특수체육교사로, 운동발달센터에서 지도교사로 근무하거나 장애인 복지 교육기관 등에서 근무할 수 있습니다.

 전문·생활스포츠지도사와의 차이점은?

장애인스포츠지도사 2급 필기시험 과목 (5과목)
- **필수(1과목)** : 특수체육론
- **선택(4과목)** : 스포츠교육학, 스포츠사회학, 스포츠심리학, 스포츠윤리, 운동생리학, 운동역학, 한국체육사
※ 전문·생활스포츠지도사는 특수체육론을 제외한 나머지 과목 중 5과목 선택 (2급 기준)

필수과목인 특수체육론의 경우 장애인과 특수체육에 대한 이해 없이 시작하게 되면 처음에는 상당히 당황스러울 수도 있어요. '지적 장애인과 지체 장애인의 차이가 뭐지?'라던가 '시각 장애인은 알겠는데, 청각 장애인과 어떻게 다르게 지도해야 하지?'와 같은 의문점이 생길 수도 있는데, 이러한 장애 유형에 대한 다양성에 중점을 두고 공부하는 것이 중요합니다.

또 일반체육에서 사용하는 용어들이 특수체육에는 잘 나오지 않습니다. 다소 생소한 용어들이 많이 나오기 때문에 이런 용어들을 미리 암기해두는 것이 합격에 가까워지는 길이 아닐까 싶습니다.

Q 근무하면서 어려웠던 점이나 보람찼던 경험은?

실제로 현장에 나가게 되면 여러 유형의 장애를 가진 학생들을 같이 지도해야 하는 상황이 발생하는데요. 똑같은 종류의 장애라고 해도 그 수준 차이가 굉장히 달라서 개별화 교육을 진행합니다. 이런 개별화 교육을 하기 위해서는 끊임없는 고민과 학생에 대한 이해가 밑바탕이 돼야 해요.

저희가 현장에서 자주 하는 말이 '우리는 제자가 없는 지도자다'라고 말하기도 하는데요. 그 이유가 보통 지체 장애인과 지적 장애인을 지도하게 될 때가 많은데, 저 같은 경우에도 학교에 자주 나가다 보니까 지적 장애나 자폐 스펙트럼을 가진 학생들을 많이 만나거든요. 수업할 때마다 제 이름을 알려주는 데도 학생들이 제 이름을 잘 기억하지 못해요. 그럼에도 불구하고 학생들이 수업 마지막 날에 제 이름을 이야기하면서 고맙다고 해주는 게 가장 보람차고 기억에 남는 순간인 것 같습니다.

Q 시험합격률과 공부기간은?

2015년부터 2020년까지의 필기시험 평균 합격률이 약 57% 정도 되고요. 실기 같은 경우는 약 58% 정도 됩니다. 하지만 이런 수치는 어디까지나 평균에 불과합니다. 자격시험이 처음 시행됐던 2015년과 2016년은 합격률이 70~80% 정도로 굉장히 높았어요. 그런데 앞서 필기시험 평균 합격률이 57%라고 말씀을 드렸잖아요. 그렇기 때문에 난이도는 점점 더 어려워지고 있다고 할 수 있어요. 이런 점을 생각해 봤을 때 공부기간은 적어도 하루에 2시간 이상 꾸준하게 공부를 한다는 가정 하에 약 두 달 정도로 보고 있습니다.

Q 장애인스포츠지도사의 전망은?

선진국으로 갈수록 장애 유형에 대한 세분화가 조금 더 디테일해지거든요. 이런 것들을 우리 정부와 지자체에서도 인지를 하고 있어요. 그래서 관련 사업들이 계속 증가하는 추세라 자격전망은 굉장히 밝다고 생각합니다. 또 국가에서도 장애인 우선형 체육센터인 '반다비 체육센터'를 2027년까지 150개소를 건립한다고 공약해서 장애인스포츠지도사 자격을 취득하면 자연스럽게 일자리도 늘어날 것이라 예상하고 있습니다. 시대

장애인스포츠 **이성진**
지도사

- **자격** 장애인스포츠지도사 1·2급
- **자격** 특수학교(중등) 체육 정교사 2급
- **현** 용인시 장애인체육회 근무
- **현** SD에듀 스포츠지도사 강사

필수 시사상식

화제의 용어를 한자리에!
시사용어브리핑

범용인공지능(AGI) 인간과 유사한 능력치로 모든 인지작업을 수행할 수 있는 AI

▶ 과학·IT

주어진 모든 상황에서 스스로 학습하고 창작할 수 있는 능력을 갖춘 인공지능(AI)을 말한다. 즉, 인간의 학습·추론·문제해결 및 다양한 환경에서의 적응능력 등 여러 지적작업을 수행할 수 있는 AI를 일컫는 말이다. 따라서 인간이 설정한 조건에 따라 제한적으로 업무를 수행하는 것이 아니라 사람처럼 인지능력을 가지고 익숙하지 않은 상황에서도 해결책을 찾을 수 있어야 한다. 챗GPT를 개발한 오픈AI는 이를 '경제적으로 가치 있는 일에서 인간을 능가하는 자율시스템'으로 정의한다.

왜 이슈지?

2023년 11월 오픈AI의 최고경영자(CEO) 샘 올트먼의 해고 및 복귀 사태의 배경에 **범용인공지능(AGI)** 기술을 둘러싼 갈등이 있었다는 사실이 공개되면서 '두머(Doomer, 인공지능이 인류를 파멸할 수 있다는 주장)'와 '부머(Boomer, 인공지능 개발론자)' 이슈도 주목을 받았다.

번영의 수호자 작전 미국의 주도로 홍해의 안보를 위해 창설된 다국적 안보 구상

▶ 국제·외교

2023년 12월 미국을 비롯한 한국, 영국, 호주, 바레인, 캐나다, 덴마크, 독일, 네덜란드, 뉴질랜드 10개국이 이스라엘–하마스 전쟁 이후 예멘 후티반군의 상선 공격으로 위험성이 커진 홍해의 안보를 위해 창설한 다국적 안보 구상이다. 앞서 친(親)이란 시아파 무장단체이자 팔레스타인 무장정파 하마스를 지지하는 예멘의 후티반군은 최근 아시아와 유럽을 잇는 최단항로인 홍해에서 민간선박을 잇달아 공격한 바 있다. 작전에 참여하는 국가들은 홍해 남부와 아덴만에서 항해의 자유보장 및 지역안보·번영증진을 목표로 활동하며, 합동순찰과 정보지원을 나눠서 수행하게 된다.

왜 이슈지?

지난해 11월부터 홍해를 지나는 선박을 연이어 공격한 예멘 후티반군에 맞서 미국이 다국적군을 규합해 '**번영의 수호자 작전**'을 펼치고 있는 가운데 1월 12일(현지시간) 미국과 영국이 후티반군의 근거지를 전격 공습하면서 가자지구 전쟁의 파장이 중동 전역으로 번지는 모양새다.

담배꽁초 투자 주가가 저평가된 헐값의 종목을 발굴하는 투자방식

길가에 버려진 담배꽁초라도 불을 붙이면 공짜로 한 모금 정도는 피울 수 있다는 뜻에서 유래한 말로 회사의 장부가치보다도 주가가 저평가된 매우 저렴한 종목을 발굴하는 투자방식을 말한다. 미국 투자회사 버크셔 해서웨이를 이끄는 워런 버핏이 '투자의 귀재'로 명성을 높이기 전부터 구사했던 투자방식인데, 장기투자에는 효과적이지 않았다. 버핏은 그의 오랜 파트너 찰리 멍거를 만난 이후 브랜드 가치 등을 고려해 투자하는 것으로 방식을 바꿔 더 큰 이익을 얻었다.

왜 이슈지?

찰리 멍거는 **담배꽁초 투자**를 고수하던 워런 버핏을 설득해 '훌륭하지만 저평가된 기업'에 투자하는 방식으로 전략을 바꿨는데, 덕분에 버핏은 1972년 초콜릿 기업 '시즈캔디' 인수를 시작으로 코카콜라, 애플 등으로 이어지는 성공 투자 신화를 이끌어 갈 수 있었다.

국가자원안보 특별법 에너지·자원 공급망의 안정적 관리를 위해 제정된 법률

국가 차원의 자원안보 체계를 구축하기 위해 제정된 법률로 1월 9일 국회를 통과했다. 우리나라의 경우 에너지의 90% 이상을 수입에 의존하고 있는데, 주요국의 자원무기화 추세가 심화하는 상황에서 러시아-우크라이나 전쟁, 이스라엘-하마스 사태 등으로 지정학적 위기가 연이어 발생함에 따라 에너지·자원 공급망의 안정적 관리가 중요하다는 인식하에 마련된 법안이다. 석유, 천연가스, 석탄, 우라늄, 수소, 핵심광물, 신재생에너지 설비 소재·부품 등을 핵심자원으로 지정하고, 정부가 해외 개발자원의 비상반입 명령, 비축자원 방출, 주요 자원의 할당·배급, 수출 제한 등을 할 수 있도록 하는 내용이 담겨 있다.

왜 이슈지?

산업통상자원부는 2023년 6월 소재부품장비산업법 개정, 12월 공급망기본법 제정에 이어 1월 9일 **국가자원안보 특별법**까지 마련된 것에 대해 "'공급망 3법' 체계가 완성돼 우리나라 핵심품목의 공급망 안정화에 기여할 것으로 전망된다"고 밝혔다.

시체관극 전혀 움직이지 않고 숨죽여 극을 관람하는 행위

말 그대로 시체처럼 아무런 움직임 없이 작은 소리조차 내지 않은 채 극을 관람해야 한다는 뜻으로 콘서트나 영화와 달리 뮤지컬이나 연극 등 일부 공연장르에 적용되고 있는 문화다. 비싼 관람비용과 라이브로 진행되는 점을 비롯해 극의 유기적 흐름이나 배우의 연기 몰입도 등이 모든 장면에서 중요하게 작용하는 연극·뮤지컬의 특성을 고려해 생겨난 문화이지만, 기본 에티켓을 넘어 사소한 소음조차 허용되지 않는다는 점에서 공연계에서 찬반논란이 계속되고 있다.

왜 이슈지?

다른 공연장르에 비해 '**시체관극**' 같은 행동적 제약이 심한 일부 장르의 문화를 두고 찬반논란이 지속되는 가운데 최근 한 공연전문지 기자가 옆자리 관객과 제작사의 반대로 공연 중 메모를 하지 못해 관람을 중단했다는 내용을 기사로 작성해 화제가 됐다.

가사랑 정부 인증 가사서비스 공식 누리집

사회 · 노동 · 교육

고용노동부가 지난해 12월 7일 운영을 시작한 정부 인증 가사서비스 공식 누리집(홈페이지)을 말한다. 정부 인증 가사서비스 제도는 가사서비스 질 향상과 가사관리사의 권익보호를 위해 2022년 6월 도입된 제도로 법정 요건을 갖춘 가사서비스 제공기관을 정부가 인증하고 인센티브를 주는 방식으로 운영된다.  이용자들은 청소 · 돌봄 등의 서비스를 종류별로 검색해 집에서 가까운 인증기관을 쉽게 찾을 수 있으며, 가사관리사는 무료 교육훈련이나 채용정보를 얻을 수 있다.

왜 이슈지?

'**가사랑**' 운영이 본격 시작된 가운데 편도인 고용부 고용지원정책관은 "정부 인증 가사서비스 활성화를 통해 맞벌이 가정 등에 양질의 가사서비스를 제공할 수 있도록 하고, 가사관리사의 권익도 보호하기 위해 최선을 다할 계획"이라고 밝혔다.

르완다 정책 영국으로 불법입국하는 이민자를 막기 위해 도입된 난민정책

국제 · 외교

보리슨 존슨 전 영국 총리 재임 당시인 2022년 4월 이주민(난민)들이 영불해협을 건너 영국으로 불법입국하는 것을 막기 위해 도입된 정책이다. 영국에 온 난민신청자들을 6,400km 떨어진 아프리카 르완다로 보낸 뒤 르완다정부의 심사를 받아 난민 등 지위로 현지에 정착하거나 제3국에 난민신청을 하게 하는 내용이 골자다. 대신 영국정부는 르완다정부에 1억 4,000만파운드(약 2,272억원)를 지급하기로 합의한 바 있다. 같은 해 10월 취임한 리시 수낙 총리 역시 난민신청 건수를 줄이겠다고 선언하면서 '반(反) 이민 기조'를 이어갔다. 그러나 난민의 르완다 송환문제를 두고 국내외에서 비윤리적이라는 비판이 거세게 일었다.

왜 이슈지?

최근 리시 수낙 행정부가 이민자 문제 해결을 위해 추진한 '**르완다 정책**'이 인권침해 논란에 휩싸인 데 이어 대법원이 이러한 정부의 불법 이주민 대책이 위법이라는 내용의 판결을 내리면서 제동이 걸렸다.

인공지능(AI) 동맹 개방형 AI 분야의 협력을 위해 관련 기업 · 기관이 결성한 연합체

과학 · IT

12월 5일 페이스북 모회사 메타와 IBM을 비롯해 50개 이상 인공지능(AI) 관련 기업과 기관이 결성한 연합체로 개방형(오픈소스) AI 분야의 협력을 위해 출범했다. 오픈소스 AI모델에 대한 협업, AI연구를 위한 자본 기여 등을 목표로 한다.  이들은 AI의 미래가 근본적으로 개방형 과학적 아이디어 교환과 개방형 혁신을 기반으로 구축될 것이라는 점을 분명히 하고 있으며, 이는 곧 AI의 선두주자로 꼽히는 챗GPT 개발사 오픈AI와 구글에 공동대응하기 위한 전략으로 분석되고 있다.

왜 이슈지?

인공지능(AI) 동맹은 개발 원천코드를 외부에 공개하지 않는 폐쇄형 AI 진영인 오픈AI와 마이크로소프트(MS)에 맞서 대규모 언어모델(LLM)을 오픈소스로 제공해 개방형 AI 모델을 추진한다는 계획을 밝혔다.

K-루트 남극 내륙에서의 연구·보급 활동 등을 위해 우리나라가 개척한 육상루트

우리나라가 남극 대륙 해안에 위치한 '장보고과학기지'를 기점으로 연구·보급 활동 등을 위해 개척한 육상 루트다. 비행기를 통한 물자보급은 기상변수가 크고 비용이 높다는 문제가 있어 남극내륙기지를 건설·운영 하는 데 있어 육상루트는 필수적이다. 남극내륙기지 후보지는 남위 76도 11분 동경 117도 36분에 위치하며, 250~300km 떨어진 곳에 프랑스와 이탈리아가 공동으로 운영하는 콩코르디아 기지와 러시아 보스토크 기지 가 있다. 또 해당 지역의 빙하 두께가 최소 3,200m 이상이어서 100만년 전 기후복원이 가능하고, 최저기온이 영하 80도 이하로 내려가기 때문에 우주 등 극한지 탐사기술연구 유망지로 꼽힌다.

왜 이슈지?

우리나라가 제1차 극지활동 진흥기본계획에 따라 2032년까지 세계에서 6번째로 남극내륙기지 건설을 추진 중인 가운데 **'K-루트 탐사대'** 가 2023년 12월 31일 남극 해안에서 내륙으로 향하는 1,512km의 육상루트를 개척한 것으로 알려졌다.

빈집세(Empty Homes Tax) 장기간 방치된 빈집에 부과하는 세금

부동산시장의 안정화나 붕괴·화재 및 범죄발생 우려 차단, 도시미관을 목적 으로 부과하는 세금으로 주택을 보유하고 있으면서도 사용하지 않거나 임대 하지 않는 주택을 대상으로 한다. 2013년부터 빈집세를 시행하고 있는 영국 은 2년 이상 비어 있는 집에 대해 최대 100%, 5년 이상은 200%, 10년 이상은 300%까지 중과세를 부과하고 있다. 캐나다 밴쿠버에서도 외국인이 투자목적  으로 사둔 집들이 오랜 기간 방치되자 2017년부터 현 공시지가의 3% 정도의 빈집세를 부과하고 있다.

왜 이슈지?

부동산시장 안정화를 위해 영국과 캐나다 밴쿠버, 일본 등에서 **빈집세**가 시행되고 있는 가운데 국내에서도 인구감소와 지방소멸 등으로 방 치된 빈집이 증가하고 있어 빈집세를 도입해 불안정한 주택시장의 안정화를 꾀해야 한다는 주장이 제기돼 왔다.

마스(MaaS ; Mobility as a Service) 다양한 교통수단을 하나의 앱으로 이용하는 통합서비스

철도, 항공, 버스 등 여러 교통수단을 하나로 연계한 교통 어플리케이션(앱) 서비스를 말한다. 단일 플랫폼으 로 모든 교통수단 시스템을 하나로 통합해 최적경로 안내와 검색·예약·결제 등의 서비스가 가능하다는 점 이 특징이다. 또 다양한 빅데이터와 초고속 네트워크망을 활용해 대중교통 이용을 유도하는 효과가 있다. 핀 란드의 헬싱키는 MaaS가 가장 활성화된 지역으로 꼽히는데, 2016년부터 서비스를 시작한 'Whim'은 택시, 렌터카, 공유차량, 자전거, 킥보드 등 여러 이동수단을 하나의 앱으로 이용할 수 있도록 연계하고, 다양한 고 객맞춤형 서비스를 제공해 많은 사랑을 받고 있다.

왜 이슈지?

국토교통부 대도시권광역교통위원회는 지난해 12월 18일부터 27일까지 '전국 통합교통서비스(**MaaS**)' 시범서비스의 국민체험단을 모집 하고, 올해 1~3월 별도로 배포되는 앱을 통해 교통비 절감 등 혜택이 지원되는 체험서비스를 이용할 수 있다고 밝혔다.

페레그린(Peregrine) 우주기업 애스트로보틱이 개발한 세계 최초 민간 달 탐사선

1월 8일 미국 플로리다주 케이프커내버럴 우주기지에서 발사된 세계 최초 민간 달 탐사선이다. 애스트로보틱이 미국 항공우주국(NASA)의 지원을 받아 개발했다. 높이 1.9m, 폭 2.5m의 크기로 제작됐으며, 한 달 동안 달 궤도를 돌다가 서서히 고도를 낮춰 연착륙을 시도하는 방식으로 발사가 계획됐다. NASA는 민간기업을 활용해 비용절감과 더불어 달 탐사를 추진하는 '민간 달 탑재체 수송서비스(CLPS)' 계획의 일환으로 애스트로보틱과 이번 발사 계약을 맺은 바 있다. 페레그린은 이날 발사 이후 달 궤도 진입에는 성공했으나 발사 약 7시간 만에 기술적 결함이 보고되면서 1차 발사시도는 실패가 예측됐다.

왜 이슈지?

세계 첫 민간 달 탐사선으로 주목을 받은 **페레그린**이 기술적 결함으로 달 착륙에 실패한 가운데 추진체의 연료가 누출되는 문제와 더불어 태양 방향으로 위치를 잡지 못한 점 등이 주요 실패 원인으로 분석됐다.

멀티호밍(Multi-homing) 이용자가 플랫폼을 바꾸거나 동시에 여러 개의 플랫폼을 사용하는 현상

플랫폼 이용자가 기존에 사용하던 플랫폼에서 다른 플랫폼으로 옮겨 가거나 여러 개의 플랫폼을 동시에 사용하는 현상을 말한다. 정보기술(IT) 분야에서는 다중 IP주소를 사용해 둘 이상의 네트워크 또는 링크에 다중접속을 실현하는 것을 의미한다. 이용자의 입장에서는 목적과 니즈에 따라 여러 플랫폼을 이용할 수 있으므로 선택의 폭이 넓어지고 합리적인 선택을 할 수 있다. 또한 플랫폼 간 경쟁유발을 통해 각 플랫폼이 지속적으로 서비스를 개선할 수 있도록 자극하는 역할을 한다.

왜 이슈지?

정부가 거대 플랫폼 기업들의 반칙행위 방지와 시장 내 경쟁 촉진을 위한 '플랫폼 공정경쟁촉진법' 제정을 추진하겠다고 밝혔는데, 해당 법안에는 소수의 거대 플랫폼 기업을 '지배적 사업자'로 사전지정하고 자사 우대, **멀티호밍** 제한 등을 금지하는 내용이 담겼다.

인류운명공동체 시진핑 중국 국가주석이 중국 중심의 역내질서를 구축하기 위해 제시한 개념

2012년 11월 개최된 중국 공산당 제18차 전국대표대회에서 시진핑 국가주석이 처음 제시한 개념이다. 미국 중심의 기존 세계질서에 대항해 주변국과 개도국들을 중국 중심으로 모아 중국의 역할과 영향력을 강화하겠다는 의지를 담은 새로운 세계관을 말한다. 2015년 9월 시 주석의 유엔총회 연설과 2017년 1월 다보스포럼 연설에서 공식 표명되면서 본격화됐다. 이러한 인류운명공동체를 이론적으로 뒷받침하는 두 개의 축은 '글로벌안보이니셔티브(GSI)'와 '글로벌발전이니셔티브(GDI)'이며, 이를 실제 프로젝트로 구현한 것이 일대일로(一帶一路, 중국-중앙아시아-유럽을 연결하는 육상·해상 실크로드) 전략이다.

왜 이슈지?

중국과 미국이 인도태평양 지역에서 패권경쟁을 강화하는 가운데 시진핑 중국 국가주석이 지난해 12월 베트남을 국빈방문 하면서 양국 관계가 기존의 '포괄적 전략 동반자'에서 중국이 주창해온 '**인류운명공동체**'로 재정립될지 이목이 집중됐다.

포토프레스(Photopress) 세대 사진을 자신의 정체성을 드러내는 수단으로 여기는 신세대를 가리키는 신조어

문화·미디어

'포토(photo)'와 '표현(express)'의 합성어로 사진을 통해 자신의 정체성을 드러내는 세대를 가리키는 용어다. 이들은 사진을 촬영하는 과정 자체를 놀이이자 경험으로 여기기 때문에 단순히 촬영하는 것에서 끝내지 않고 실물 사진으로 현상해 소장한다. 일상에서 쉽게 촬영 가능한 스마트폰 사진부터 셀프스튜디오에서 촬영한 사진, 전문 사진작가가 찍어준 사진 등 다양한 형태로 사진을 남긴다. 또한 이러한 사진을 선별해 소셜네트워크서비스(SNS)에 올려 타인과 공유·소통하기도 한다.

왜 이슈지?

최근 유통업계에서는 '**포토프레스 세대**'로 불리는 MZ세대를 사로잡기 위해 팝업스토어, 체험존 등 다양한 '인증샷 맛집'을 마련해 서비스하고 있다.

스트레스 DSR DSR 산정 시 일정수준의 가산금리를 부과해 대출가능액을 줄이기 위한 제도

경제·경영

총부채원리금상환비율(DSR, Debt Service Ratio)을 산정할 때 변동금리 대출 등을 이용하는 차주가 대출 이용기간 중 금리 상승으로 원리금 상환부담이 커질 것을 감안하여 일정수준의 스트레스 금리(가산금리)를 부과해 결과적으로 대출한도를 줄이는 제도다. 이때 DSR은 모든 신용대출 원리금을 포함한 총대출상환액이 연간소득액에서 차지하는 비중으로 연간 총부채원리금상환액을 연간소득으로 나눠 산출한다. 과거 5년 내 가장 높았던 수준의 가계대출 금리와 현 시점(매년 5·11월 기준) 금리를 비교해 결정하되, 하한(1.5%)과 상한(3.0%)을 둔다.

왜 이슈지?

정부가 올해부터 가계부채 관리 강화를 위해 전 금융권의 변동금리·혼합형·주기형 대출을 대상으로 기존 총부채원리금상환비율(DSR) 규제보다 엄격한 **스트레스 DSR** 제도를 시행한다고 밝혔다.

빈일자리 기업의 적극적인 구인활동에도 인력을 구하지 못하는 경우 발생하는 일자리

사회·노동·교육

기업이 휴직이나 퇴사 등으로 발생한 결원 또는 사업확장으로 추가인력이 필요하여 적극적으로 구인활동을 함에도 불구하고 인력을 구하지 못해 발생하는 일자리를 일컫는다. 즉, 현재 사람을 뽑고 있으며 한 달 이내에 바로 업무를 시작할 수 있는 일자리다. 매월 5만여 개 사업체를 대상으로 사업체의 노동력을 조사해 파악하고 있는데, 조선업·뿌리산업·물류운송업·보건복지

업·음식점업·농업·건설업·해운업·수산업·자원순환업 등이 지원업종으로 지정돼 있다.

왜 이슈지?

정부가 올해부터 제조업 등 10개의 **빈일자리** 해소 지원업종에 취업하는 청년들의 생계부담 완화와 임금격차 해소를 위해 최대 200만원을 지원하는 '빈일자리 청년취업지원금' 제도를 실시한다.

시사상식 기출문제

01 중국이 경제력과 군사력을 바탕으로 취하는 공세적 외교전략을 뜻하는 말은?

[2023년 머니투데이]

① 전묘외교
② 판다외교
③ 전랑외교
④ 투쟁외교

해설

전랑외교는 중국이 경제력과 군사력의 성장을 바탕으로 무력시위 등 공격적인 형태로 외교전략을 펼치는 것을 말한다. 전랑(戰狼)이란 '늑대전사'라는 뜻으로 2015년과 2017년 중국 인민해방군 특수부대의 전투를 그린 인기 동명영화의 제목에서 따왔다. 코로나19 팬데믹 이후 중국이 지향한 외교방식이다.

02 원유의 가격상승이 불러오는 인플레이션을 뜻하는 말은?

[2023년 머니투데이]

① 밀크플레이션
② 콘플레이션
③ 프로틴플레이션
④ 베지플레이션

해설

밀크플레이션(Milkflation)은 원유(原乳)의 가격상승이 연쇄적으로 원유를 원료로 하는 유제품과 가공식품의 가격까지 오르게 하는 현상을 뜻한다. 폭염이나 가뭄 등 이상기후로 젖소의 사료가 되는 농작물이 부족해지거나, 전쟁이나 재난으로 에너지·인건비가 폭등하게 될 때 원유시장도 덩달아 타격을 입을 수 있다.

03 한 여성이 가임기간 동안 낳을 것으로 예상되는 평균 출생아 수를 뜻하는 용어는?

[2023년 머니투데이]

① 합계출산율
② 조출생률
③ 일반출산율
④ 대체출산율

해설

'조출생률'은 1년 동안의 총출생아 수를 해당연도의 총인구로 나눈 값에 1,000을 곱한 값이다. 또, '일반출산율'은 1년 동안의 총출생아 수를 15~49세 여성인구의 수로 나눈 값에 1,000을 곱한 값을 말하며, '대체출산율'은 한 국가의 인구가 감소하지 않고 유지하는 데 필요한 수준의 출산율을 말한다.

04 우리나라 최초의 달 탐사선의 이름은?

[2023년 머니투데이]

① 창어
② 나로호
③ 누리호
④ 다누리

해설

2022년 8월 5일 미국 케이프커내버럴 우주군 기지에서 발사된 우리나라 최초의 달 탐사선(궤도선)의 이름은 '다누리'다.

05 2023년 11월 프랑스의 메디치 문학상을 수상한 우리나라 작가는? [2023년 국민일보]

① 김중혁
② 천명관
③ 한강
④ 정보라

해설
국내 소설가 한강이 제주4·3사건의 비극을 다룬 장편소설 〈작별하지 않는다〉로 2023년 11월 프랑스의 문학상 중 하나인 '메디치상'을 받았다. 이로써 한강은 2016년 영국 부커상 수상 이후 유럽에서 문학적 역량을 다시 한번 인정받게 됐다. 메디치상은 프랑스의 4대 문학상 중 하나로 꼽힌다.

07 다음 중 탄핵소추의 대상이 아닌 공직자는? [2023년 국민일보]

① 대통령
② 중앙선거관리위원회 위원
③ 서울중앙지검 검사
④ 국회의장

해설
탄핵소추가 가능한 공직자에는 대통령, 국무총리, 국무위원, 대법원장, 대법관, 판사, 헌법재판소장, 헌법재판소 재판관, 중앙선거관리위원회 위원, 감사원장, 감사위원, 검찰총장, 검사, 경찰청장, 국가수사본부장, 방송통신위원회 위원장, 각급선거관리위원회의 위원, 원자력안전위원회 위원장, 특별검사 및 특별검사보, 고위공직자범죄수사처 처장, 차장, 수사처검사 등이 있다.

06 전략적으로 계산해 소비하는 알뜰한 소비자를 뜻하는 신조어는? [2023년 국민일보]

① 모디슈머
② 세컨슈머
③ 체리피커
④ 체리슈머

해설
체리슈머는 체리피커에 소비자를 뜻하는 'consumer'를 합한 말로 간단히 말하면 '알뜰한 소비자'를 뜻한다. 체리슈머는 남들에게 폐를 끼치지 않는 선에서 극한의 알뜰함을 추구한다는 점에서 체리피커에 비해 비교적 긍정적이다. 한정된 자원을 최대한으로 활용하는 합리적 소비형태를 띠고 있다.

08 제2차 세계대전 당시 미국정부에서 극비로 진행한 핵무기 개발 계획의 이름은? [2023년 국민일보]

① 우란프로엑트
② 맨해튼 계획
③ 바루흐 계획
④ 아마다 계획

해설
미국은 제2차 세계대전 당시 독일 나치가 핵무기 개발을 계획하고 있다는 첩보를 입수하고, 1941년 이론 물리학자인 로버트 오펜하이머를 수장으로 세워 맨해튼 계획을 극비리에 진행해 핵무기를 개발했다.

🔒 01 ③ 02 ① 03 ① 04 ④ 05 ③ 06 ④ 07 ④ 08 ②

09 햇빛이나 달빛에 비치어 반짝이는 잔물결을 뜻하는 순우리말은? [2023년 국민일보]

① 모숨
② 희나리
③ 알심
④ 윤슬

해설
'햇빛이나 달빛에 비치어 반짝이는 잔물결'을 뜻하는 순우리말은 '윤슬'이다. '모숨'은 '길고 가느다란 물건의, 한 줌 안에 들어올 만한 분량을 세는 단위'를 말하고, '희나리'는 '채 마르지 않은 장작'을 뜻하는 단어다. '알심'은 '은근히 동정하는 마음' 또는 '보기보다 야무진 힘'을 의미하는 순우리말이다.

10 미국의 IT업계를 선도하는 5대 기술주인 'FAANG'에 해당하지 않는 기업은?

[2023년 국민일보]

① 엔비디아
② 애플
③ 넷플릭스
④ 구글

해설
'FAANG'은 페이스북(Facebook, 현 메타), 애플 (Apple), 아마존(Amazon), 넷플릭스(Netflix), 구글 (Google)의 이니셜을 딴 것으로 미국증시 5대 기술주를 뜻한다.

11 현 경제가 좋은지 나쁜지 판단하기 어려운 상황을 뜻하는 용어는? [2023년 연합인포맥스]

① 모나리자 효과
② 스노브 효과
③ 파노플리 효과
④ 네트워크 효과

해설
모나리자 효과는 어떤 표정을 짓는 것인지 잘 알기 어려운 레오나르도 다빈치의 걸작 〈모나리자〉에서 따온 용어로, 모나리자의 알 듯 말 듯 한 표정처럼 가늠하기 어려운 경제상황을 표현한다. 영국 주간지 〈이코노미스트〉가 코로나19 사태 이후 불확실한 세계 경제상황을 분석하며 쓴 용어다.

12 어떤 소비자의 효용도 손실되지 않는, 자원의 배분이 가장 효율적으로 이뤄진 상태를 뜻하는 용어는? [2023년 연합인포맥스]

① 세이의 법칙
② 파레토 최적
③ 쿠즈네츠의 U자 가설
④ 기펜의 역설

해설
파레토 최적(Pareto Optimum)이란 이탈리아 경제학자 빌프레도 파레토가 주창한 경제이론으로 경제주체 사이에 이뤄지는 거래로 더 이상 개선이 불가능한, 자원배분이 가장 효율적으로 이뤄진 상태를 일컫는다.

13 실업급여는 현행법상 실직한 날을 기준으로 18개월 중 며칠 이상 근무한 이에게 주어지는가? [2023년 대전광역시공공기관통합채용]

① 180일
② 240일
③ 280일
④ 320일

해설

실업급여는 실직한 날을 기준으로 18개월 중 180일 이상 근무하다가, 직장이 문을 닫거나 구조조정(해고) 등 자의와는 상관없이 실직한 사람에게 지급된다.

14 상업주의에 반발해 독립영화만을 다루는 권위 있는 세계 최고의 국제영화제는? [2023년 대전광역시공공기관통합채용]

① 선댄스영화제
② 부산 국제영화제
③ 로테르담 국제영화제
④ 제라르메 국제판타스틱영화제

해설

미국 유타주에서 열리는 선댄스영화제(The Sundance Film Festival)는 세계 최고의 독립영화제로 독립영화를 다루는 권위 있는 국제영화제이다. 할리우드식 상업주의에 반발해 미국 영화배우 로버트 레드포드가 독립영화제에 후원하면서 시작됐다.

15 파키스탄에 소재한 인더스문명의 인류 최초 계획도시 유적은? [2023년 대전광역시공공기관통합채용]

① 카불
② 지구라트
③ 모헨조다로
④ 하라파

해설

모헨조다로(Mohenjo-Daro)는 지금의 파키스탄 신드 지방에 있는 인더스문명의 도시유적으로 유네스코 세계문화유산에 등재되어 있다. 기원전 4,000년 경 건설됐을 것으로 추정되며 인류 최초의 계획도시로 평가된다. 목욕탕과 배수로, 건축물의 반듯한 구획 등이 발굴됐다.

16 2023년 노벨평화상을 수상한 인물은? [2023년 대전광역시공공기관통합채용]

① 아비 아머드
② 드미트리 무라토프
③ 나르게스 모하마디
④ 알레스 발랴츠키

해설

2023년 노벨평화상 수상자는 이란의 여성 인권운동가 '나르게스 모하마디'이다. 그는 이란 여성에 대한 압제와 차별에 저항하고 인권과 자유를 위한 투쟁에 앞장섰다. 2003년 노벨평화상 수상자 시린 에바디가 이끄는 인권수호자센터의 부회장을 맡으면서 여성의 인권을 비롯해 20여 년간 이란의 민주주의화, 사형제 반대운동을 이끌었다.

17 다음 중 한국의 전통색상인 오방색에 해당하지 않는 것은? [2023년 평택시문화재단]

① 황색
② 백색
③ 흑색
④ 녹색

해설
동양의 음양오행사상을 바탕으로 하는 오방색은 우리나라의 전통색상으로, 흑색(북쪽), 적색(남쪽), 청색(동쪽), 백색(서쪽), 황색(중앙)으로 구성된다. 또한 이 각각의 색을 결합해 만들어진 녹색, 홍색, 벽색, 자색, 유황색 등 5가지 색을 '오간색'으로 칭하기도 한다.

18 이탈리아의 예술가 미켈란젤로의 마지막 조각품은? [2023년 평택시문화재단]

① 브뤼헤의 마돈나
② 론다니니의 피에타
③ 바쿠스
④ 다비드

해설
〈론다니니의 피에타〉는 이탈리아의 예술가인 미켈란젤로가 1564년 사망하기 직전까지 조각한 미완성의 작품이다. 그는 이 작품을 1552년 처음 조각하기 시작했다가 이듬해 중단했고, 또 다른 구도로 1555년부터 두 번째 작품을 조각하다가 완성하지 못한 채 사망했다. 잘 알려진 바티칸 대성당의 〈피에타〉와 달리 수직적인 구도로 성모 마리아가 예수를 부축하는 형상을 하고 있다.

19 그림물감을 종이 등 화면에 비벼서 채색하는 회화기법은? [2023년 평택시문화재단]

① 콜라주
② 프로타주
③ 데칼코마니
④ 그라타주

해설
프로타주(Frottage)는 '비비다', '마찰하다'라는 뜻의 불어 'frotter'에서 나온 용어로, 그림물감을 짜내어 종이 등 화면에 비벼 채색층을 내는 회화기법을 말한다. 독일의 예술가 막스 에른스트가 발견한 기법이다. 채색층을 낸 독특한 기법으로 조형감과 색감을 동시에 획득할 수 있다.

20 오페라 〈마술피리〉를 작곡한 음악가는? [2023년 평택시문화재단]

① 자코모 푸치니
② 리하르트 바그너
③ 주세페 베르디
④ 볼프강 아마데우스 모차르트

해설
〈마술피리〉는 오스트리아의 작곡가 볼프강 아마데우스 모차르트가 1791년 작곡한 2막 오페라다. 기존의 오페라는 이탈리아어로 되어 있어 당시 서민들이 즐기기 쉽지 않았다. 그러나 〈마술피리〉는 '징슈필(Singspiel)'이라 하여 가사와 대사가 독일어로 구성되어 있고 희극적인 요소가 가미되어 민간의 서민층에게 인기를 끌었다.

21 마케팅 분석기법 중 하나인 3C에 해당하지 않는 것은?

[2023년 창원문화재단]

① Company

② Competitor

③ Coworker

④ Customer

해설

'3C'는 마케팅 전략을 수립하면서 분석해야 할 요소들을 말하는 것으로 'Customer(고객)', 'Competitor(경쟁사)', 'Company(자사)'가 해당한다. 자사의 강점과 약점, 경쟁사의 상황, 고객의 니즈 등을 종합적으로 판단해 마케팅 전략을 수립하는 데 활용한다.

22 사소한 것들을 방치하면 더 큰 범죄나 사회 문제로 이어진다는 사회범죄심리학 이론은?

[2023년 창원문화재단]

① 깨진 유리창 이론

② 하인리히 법칙

③ 이케아 효과

④ 메디치 효과

해설

'깨진 유리창 이론(Broken Window Theory)'은 미국의 범죄학자 제임스 윌슨과 조지 켈링이 1982년 한 잡지에 기고한 '깨진 유리창'이라는 글에 처음으로 소개된 이론이다. 길거리에 있는 상점에 어떤 이가 돌을 던져 유리창이 깨졌을 때 이를 방치해두면 그 다음부터는 '해도 된다'라는 생각에 훨씬 더 큰 문제가 발생하고 범죄로 이어질 확률이 높아진다는 이론이다.

23 약세 후보가 유권자들의 동정을 받아 지지도가 올라가는 경향을 뜻하는 용어는?

[2023년 창원문화재단]

① 밴드왜건 효과

② 언더독 효과

③ 스케이프고트 현상

④ 레임덕 현상

해설

'언더독 효과(Underdog Effect)'는 개싸움 중에 밑에 깔린 개가 이기기를 바라는 마음과 절대 강자에 대한 견제심리가 발동하게 되는 현상으로 선거철에 지지율이 낮은 후보에게 유권자들이 동정표를 주는 현상을 말한다. 여론조사 전문가들은 밴드왜건 효과와 언더독 효과가 동시에 발생하기 때문에 여론조사 발표가 선거 결과에 미치는 영향은 중립적이라고 보고 있다.

24 포화되지 않고, 기존과는 다른 새로운 가치의 시장을 만드는 경영전략은?

[2023년 창원문화재단]

① 레드오션

② 골드오션

③ 블루오션

④ 퍼플오션

해설

'퍼플오션(Purple Ocean)'은 레드오션과 블루오션의 장점만을 따서 만든 새로운 시장을 말한다. 레드와 블루를 섞었을 때 얻을 수 있는 보라색 이미지를 사용한다. 경쟁이 치열한 레드오션에서 자신만의 차별화된 아이템으로 블루오션을 개척하는 것을 말한다.

시사상식 예상문제

01 사회학 명저인 〈프로테스탄트 윤리와 자본주의 정신〉을 집필한 경제·사회학자는?

① 프리드리히 엥겔스
② 막스 베버
③ 칼 마르크스
④ 에밀 뒤르켐

해설

〈프로테스탄트 윤리와 자본주의 정신〉을 집필한 사람은 독일의 경제·사회학자 막스 베버(Max Weber)다. 베버는 자본주의의 근원을 프로테스탄트 즉, 영국의 청교도 전통에서 발견했다. 그는 자본주의가 추구하는 물질에 대한 지향이 영국과 미국에서 뿌리내린 개신교의 윤리에서 근원했다고 주장했다. 칼 마르크스의 〈자본론〉과 함께 자본주의 논쟁을 태동하게 한 양대 명저 중 하나로 꼽힌다.

02 전 세계의 모든 문자를 다룰 수 있도록 설계된 표준 문자 전산처리 방식은?

① 아스키코드
② 유니코드
③ BCD코드
④ EBCDIC코드

해설

유니코드(Unicode)는 전 세계 모든 국가의 언어를 모두 표현하기 위해 설계된 코드다. 운영제제나 프로그램, 언어와 상관없이 문자마다 고유한 값을 부여함으로써 모든 언어를 16진수로 표현할 수 있다. 각 언어를 통일된 방식으로 컴퓨터상에 나타내며, 1995년 9월에 국제표준으로 지정됐다.

03 오케스트라에 사용되는 목관악기 중 유일하게 리드를 하나만 사용하는 것은?

① 클라리넷
② 플루트
③ 오보에
④ 바순

해설

클라리넷은 목관악기의 일종으로 연주자가 공기를 불어 소리를 내는 마우스피스의 리드를 하나만 사용하는 악기다. 같은 목관악기인 플루트는 리드를 사용하지 않고, 오보에와 바순은 두 개의 리드를 사용한다. 클라리넷은 부드러운 음색과 넓은 음역대의 소리를 자랑하여 오케스트라 외에도 다양한 장르의 음악에서 사용된다.

04 다음 중 주식시장에서 대형 우량주를 통틀어 일컫는 용어는?

① 레드칩
② 블랙칩
③ 옐로우칩
④ 블루칩

해설

블루칩(Blue Chip)은 주식시장에서 건실한 재무구조와 경기변동에 강한 대형 우량주로 수익성, 성장성, 안정성이 높은 주식을 말한다. 블루칩은 주식시장 이외에도 '유망하다'라는 의미로 쓰이고 있다.

05 스웨덴의 통신기업 에릭슨이 최초로 개발한 근거리 무선통신기술은?

① 블루투스
② NFC
③ 지그비
④ 와이파이

해설

블루투스(Bluetooth)는 1994년 스웨덴의 통신업체 에릭슨이 최초로 고안한 기술로, 10미터(m) 내외의 근거리에서 휴대기기를 서로 연결할 수 있는 무선기술표준이다. 같은 주파수를 사용하는 다른 시스템들과의 충돌을 피하기 위해 여러 채널을 빠르게 넘나드는 '주파수 도약'이라는 기술을 이용한다. 그러나 보안에 취약하다는 것이 단점으로 지적된다.

06 다음 중 고려시대 충렬왕 때 문신이었던 이승휴가 지었던 역사서는?

① 제왕운기(帝王韻紀)
② 백운소설(白雲小說)
③ 계원필경(桂苑筆耕)
④ 동사강목(東史綱目)

해설

〈제왕운기(帝王韻紀)〉는 고려시대 문신이었던 이승휴가 지은 역사서로 상·하권으로 되어 있으며, 칠언고시의 형태로 저술되었다. 상권에는 중국의 신화부터 하나라, 은나라, 주나라, 한나라를 거쳐 원나라 흥성기까지의 역사를 기록했다. 하권은 우리나라의 역사로 고조선부터 삼국, 후삼국을 걸쳐 고려의 통일까지를 담고 있다.

07 교육심리학에서 학생에게 교사가 믿음과 기대를 가질 때 실제로 학생의 성적이 상승하는 효과는?

① 호손 효과
② 헤일로 효과
③ 골렘 효과
④ 피그말리온 효과

해설

피그말리온 효과는 어떤 것에 대한 사람의 기대와 믿음이 실제로 그 일을 현실화하는 경향을 말하는 것으로, 교육심리학에서는 학생에 대한 교사의 기대와 예측, 믿음이 학생의 성적을 향상시키는 현상을 가리킨다. 1964년 미국의 교육심리학자인 로버트 로젠탈과 레노어 제이콥슨이 실험을 통해 확인했다.

08 절약이나 저축이 개인에게는 바람직하나, 장기적으로는 국가 전체의 불황을 일으키는 현상은?

① 역부의 효과
② 부의 효과
③ 절약의 역설
④ 소프트 랜딩

해설

절약의 역설(Paradox of thrift)이란 개인의 입장에서는 저축과 절약이 부를 증가시키는 데 도움이 되나, 장기적으로 봤을 때는 소비·지출을 줄여 기업의 수익을 감소시키고 더 나아가 사회의 전체 소득까지 떨어뜨리는 현상이다. 특히 경기불황일 때 저축한 돈을 투자하지 않거나, 마땅한 투자처가 없을 때 여실히 일어난다.

09 20세기 초 강렬한 표현과 대담한 색채로 사물의 형태를 단순화한 미술사조는?

① 미래파
② 입체파
③ 야수파
④ 인상파

해설

야수파는 20세기 초반 모더니즘 예술에서 나타난 미술사조로 강렬한 표현과 대담한 원색을 사용하고, 사물의 형태를 단순화한 것으로 유명하다. 사실주의의 전통적인 색채 사용과 명암법 등을 해체했다. 대표적인 화가로는 마티스, 드랭, 블라맹크, 루오 등이 있다.

10 갑질을 하는 기득권이나 부정부패를 일삼는 부유층을 일컫는 용어는?

① 리세스 말라드
② 노블레스 오블리주
③ 리세스 오블리주
④ 노블레스 말라드

해설

노블레스 말라드(Noblesse Malade)는 '귀족'을 뜻하는 프랑스어 'noblesse'와 '아픈, 병든'을 뜻하는 프랑스어 'malade'의 합성어로, '부패한 귀족'을 의미한다. 오늘날로 말하면 갑질을 하는 기득권층이나 권력에 기대 부정부패를 일삼는 부유층이라 할 수 있다. '노블레스 오블리주(Noblesse Oblige)'와 반대되는 개념이다.

11 재정·실현가능성은 생각하지 않는 대중영합주의 정치를 뜻하는 말은?

① 프러거니즘
② 포퓰리즘
③ 리버타리아니즘
④ 맨해트니즘

해설

포퓰리즘(Populism)은 대중의 의견을 존중하고, 대중의 이익을 대변하는 방향으로 정치활동을 펼치는 것을 말한다. 또한 재정이나 환경 또는 실현가능성을 고려하지 않고 인기에 따라 '퍼주기식' 정책을 펼치는 대중영합주의 정치를 뜻하기도 한다.

12 다음 중 자력으로 1톤 이상의 실용급 위성 발사에 성공한 국가가 아닌 것은?

① 프랑스
② 영국
③ 인도
④ 중국

해설

2024년 1월 기준 무게 1톤(t) 이상의 실용위성 발사체를 쏘는 데 성공한 국가는 러시아, 미국, 프랑스, 중국, 일본, 인도, 한국이다. 우리나라는 2022년 6월 21일(2차 발사) 순수 국내 기술로 개발한 한국형 발사체 누리호(KSLV-II)를 쏘아올려 무게 1.3t 위성모사체의 궤도 안착까지 성공하면서 세계 7번째 우주강국으로 발돋움했다. 또 2023년 5월 25일 진행된 3차 발사에서는 실용위성 발사에도 성공하면서 발사체 본연의 역할을 증명해 냈다.

13 물리적 매장을 디지털화하는 소비형태를 말하는 경제용어는?

① 피지털 경제
② 아웃플레이스먼트
③ 윈도우드레싱
④ 브라운 필드

해설
피지털(Phygital) 경제는 디지털을 활용해 오프라인 공간에서의 육체적 경험을 확대한다는 뜻이다. 오프라인을 의미하는 '피지컬(physical)'과 온라인을 의미하는 '디지털(digital)'의 합성어다. 피지털 경제에서는 오프라인 매장에서 마음에 드는 물건을 찾고 상품에 부착된 QR코드를 스캔해 상품정보 및 리뷰를 간편하게 찾을 수 있다. 픽업 단계에서도 온라인에서 주문한 제품을 오프라인 매장에서 연중무휴 24시간 찾아갈 수 있도록 변화하고 있다.

14 스마트폰 없이 생활하기 힘들어하는 세대 또는 사람들을 일컫는 용어는?

① 퍼네이션
② 스몸비족
③ 디지털 디바이드
④ 포노 사피엔스

해설
'포노 사피엔스(Phono Sapiens)'는 영국의 경제주간지 〈이코노미스트〉에서 사용한 신조어로 지혜가 있는 인간이라는 뜻의 '호모 사피엔스'를 변형하여 만든 용어다. 스마트폰을 비롯한 첨단 디지털기기를 마치 신체의 일부처럼 사용하며, 스마트폰 없이는 생활할 수 없는 세대 또는 사람들을 의미한다.

15 우리나라의 국가교육위원회에 대한 설명으로 틀린 것은?

① 2022년 7월 말에 출범했다.
② 사회부총리 겸 교육부 장관의 직속기구다.
③ 총 21명의 위원으로 구성된다.
④ 국가교육발전계획을 10년 주기로 수립해야 한다.

해설
국가교육위원회는 2021년 7월 '국가교육위원회 설치 및 운영에 관한 법률'이 통과됨에 따라 2022년 7월 출범한 교육정책기구다. 대통령 직속의 합의제 행정위원회로 사회적 합의에 바탕을 둔 교육정책과 제도개선을 제시한다. 총 21명의 위원으로 구성되어 있으며, 중앙행정부를 비롯한 교육 기관·단체의 의견을 수립해 10년마다 국가교육발전계획을 수립해야 한다.

16 조선시대 세종이 실시한 것으로 남쪽 백성들을 함길도, 평안도 등 북방으로 이주시킨 정책은?

① 은본위제
② 13도제
③ 기인제도
④ 사민정책

해설
세종은 한반도 북방의 여진족을 몰아내고 압록강과 두만강 일대의 4군 6진을 개척했다. 이후 1433년에 세종은 조선 백성이 살지 않는 함길도와 평안도 지역에 남쪽 백성들을 이주시키는 사민정책을 실시했다. 또한 해당 지역을 관리할 지방관을 배치하기 위해 이주한 지방 백성들과 같은 지방 출신인 관리를 지방관으로 임명하는 토관제도를 실시했다.

17 다음 중 천문학에서 사용하는 거리의 단위인 광년에 대한 설명으로 틀린 것은?

① 빛의 속도로 1년 동안 가는 거리다.
② 다른 별까지의 거리를 가장 정확히 측정할 수 있는 단위다.
③ 약어로는 ly로 적는다.
④ 1광년은 대략 10조km에 해당한다.

해설
광년(Light Year)은 천문학에서 거리를 나타내는 단위로 약어로는 ly로 적는다. 빛이 1년 동안 진행하는 거리를 뜻한다. 빛의 속도와 1년의 시간을 곱해 계산하면 1광년은 대략 10조km로 볼 수 있다. 다른 별까지의 거리를 나타내는 다른 주된 단위로는 파섹(parsec)이 있는데, 이는 별의 공전운동(연주운동)과 그 연주시차를 이용해 거리를 측정하는 방법이다. 파섹은 다른 별까지의 거리를 더 정밀하게 측정할 수 있다.

18 강한 경쟁자로 인해 조직 전체가 발전하는 것을 뜻하는 용어는?

① 메기 효과
② 플라시보 효과
③ 메디치 효과
④ 헤일로 효과

해설
메기 효과는 치열한 경쟁환경이 오히려 개인과 조직 전체의 발전에 도움이 되는 것을 말한다. 정어리들이 천적인 메기를 보면 더 활발히 움직인다는 사실에서 유래한다. 정어리를 운반할 때 수족관에 천적인 메기를 넣으면 정어리가 잡아먹힐 것 같지만, 오히려 정어리가 생존을 위해 꾸준히 움직여 항구에 도착할 때까지 살아남는다는 것이다. 조직 내에 적절한 자극제가 있어야 기업의 경쟁력을 높일 수 있다는 의미다.

19 창작물의 악역을 의미하는 것으로 고대 로마의 농장에서 일하던 농민을 가리키던 말에서 유래한 용어는?

① 이멀션
② 페르소나
③ 빌런
④ 개퍼

해설
빌런(Villain)은 고대 로마의 농장 빌라(villa)에서 일하던 농민을 가리키는 '빌라누스(villanus)'에 어원을 두고 있으며 영화, 소설 등에 등장하는 악당을 뜻한다. 원래는 히어로물에 등장하는 악당들을 지칭하는 말로 주로 쓰였다. DC코믹스의 캐릭터 배트맨의 숙적인 조커가 대표적이다. 최근에는 더 많은 창작물에서 단순 악행을 넘어 해괴한 짓을 하거나 쓸데없는 일에 집착하는 이들을 가리키는 용어로 범위가 확장됐다.

20 다음 문장의 밑줄 친 단어의 품사가 나머지와 다른 것은?

① 그는 이미 학교에 도착해 있었다.
② 밤새 눈이 많이 내렸다.
③ 방바닥이 얼음장같이 차가웠다.
④ 설마 네가 그럴 줄은 몰랐다.

해설
'같이'는 주로 격조사 '과'나 여럿임을 뜻하는 말 뒤에 쓰여 어떤 상황이나 행동 따위와 다름이 없다는 의미로 부사로서 쓰일 수 있다. 그러나 ③에서는 '얼음장'이라는 체언 뒤에 붙어 '앞말이 보이는 전형적인 어떤 특징'이라는 뜻으로서 격조사로 쓰였다. ③을 제외한 나머지 밑줄 친 단어들은 모두 부사로 쓰였다.

21 다음 중 미국이 제안한 반도체동맹인 칩4 동맹에 해당하지 않는 국가는?

① 인도
② 한국
③ 대만
④ 일본

해설

칩(Chip)4 동맹은 미국이 우리나라와 일본, 대만에 제안한 반도체동맹이다. 반도체 설계가 특화된 미국과 이를 생산해 공급하는 우리나라와 대만, 거대한 반도체 소재시장을 갖춘 일본이 모여 안정적인 반도체 공급망을 구축하기 위함이다. 이는 미국이 동맹국들과 안정적 공급망을 이루는 프렌드쇼어링(Friend-shoring)의 일환으로 중국을 견제하기 위한 목적도 있다.

23 가톨릭에서 역대 한국인 추기경에 해당하지 않는 인물은?

① 유흥식
② 정순택
③ 정진석
④ 염수정

해설

추기경은 교황에 이어 두 번째로 높은 가톨릭의 고위급 성직자로 교황이 직접 임명한다. 추기경은 교황의 사망이나 사임 시에 차기 교황을 선출할 수 있는 권리를 가진다. 추기경들은 교황의 고문 역할을 하며 바티칸 시국의 위원이나 여러 부처의 장관으로도 활동하게 된다. 우리나라에서 현재까지 추기경으로 임명된 인물로는 김수환 스테파노, 정진석 니콜라오, 염수정 안드레아, 유흥식 라자로 등 단 4명이다.

22 국가의 중앙은행이 0.75bp 이상 금리를 올리는 것을 뜻하는 용어는?

① 빅 스텝
② 자이언트 스텝
③ 리디노미네이션
④ 트리플 딥

해설

중앙은행은 인플레이션이나 경제과열이 크게 우려될 때, 시장의 유동성을 줄이기 위해 금리를 인상하는 등의 경제정책을 쓴다. 빅 스텝과 자이언트 스텝은 이러한 금리를 한번에 크게 올리는 것을 뜻하는데 빅 스텝은 0.50bp(베이시스 포인트) 이상, 자이언트 스텝은 0.75bp 이상 올리는 것을 의미한다.

24 다음 중 양자컴퓨터에서 사용되는 기본 정보단위는?

① 필드
② 페타
③ 큐비트
④ 비트

해설

양자컴퓨터는 반도체가 아닌 원자를 기억소자로 활용하는 컴퓨터다. 고전적 컴퓨터가 한 번에 한 단계씩 계산을 수행했다면, 양자컴퓨터는 가능한 모든 상태가 중첩된 얽힌 상태를 이용한다. 양자컴퓨터는 0 혹은 1의 값만 갖는 2진법의 비트(Bit) 대신, 양자정보의 기본단위인 큐비트를 사용한다.

01 조선시대 정부기관 중 왕의 자문 역할을 했던 '홍문관'과 함께 삼사(三司)라 불린 두 기관은? [장학퀴즈]

정답

사헌부와 사간원은 홍문관과 더불어 조선시대 삼사(三司)라고 불렸는데, 왕권 견제는 물론 신하들의 권력 독점과 부정을 방지하는 역할을 담당했다.

02 국회의원이 부당한 압력을 받지 않고 국민을 위해 자유롭게 정치할 수 있게 하는 장치인 이 권리는? [장학퀴즈]

정답

불체포특권은 입법부를 보호하기 위한 헌법적인 장치로 국회의원은 현행범이 아닌 한 국회의 회기 중에는 국회의 동의 없이 체포 또는 구금되지 않으며, 회기 전 체포·구금됐을 때에도 국회의 요구가 있으면 회기 중 석방될 수 있는 권리다.

03 제시된 지문에 띄어쓰기를 올바로 적용하면? [우리말 겨루기]

> 한국에서보낸첫해겨울은외로웠지만올겨울은친구들과정을나눌수있어고국에있을때처럼따듯하다.

정답

지문에 띄어쓰기를 올바로 적용하면 다음과 같다. '한국에서 보낸 첫해 겨울은 외로웠지만 올겨울은 친구들과 정을 나눌 수 있어 고국에 있을 때처럼 따듯하다.'

04 국제암연구소에서는 생체리듬을 무너뜨릴 수 있는 이것을 발암물질로 분류했다. 뜻밖의 위험요인으로 꼽힌 이것은 무엇인가? [옥탑방의 문제아들]

정답

세계보건기구 국제암연구소는 야간 근무를 발암물질로 분류했다. 우리 몸의 생체리듬을 조절하는 유전자에는 손상된 DNA 복구 및 종양 억제 기능이 있는데, 야근이 잦거나 밤낮이 바뀌면 이 유전자가 제대로 작동하지 않아 암 발병률이 최대 80%까지 높아질 수 있다고 경고했다.

05 이것은 볼록한 열매를 뜻하는 멕시코어에서 유래된 것으로 프랑스에서는 사랑이 불타오르는 연인의 심장에 비유해 '사랑의 사과'라 불렀다. 이것은 무엇인가? [유 퀴즈 온 더 블럭]

정답

토마토는 'tomatl'이라는 멕시코 인디언의 말에서 유래한 단어로 '속이 꽉 찬 과일'이라는 뜻이다. 원산지는 남미이며, 16세기 스페인에 의해 유럽에 전해졌다.

06 이것은 17세기 초 유럽에서 마차 형태로 처음 등장했으며, 19세기 독일에서 요금 자동 표시기가 개발되면서 본격적으로 이것의 시대가 열렸다. 이것은 무엇인가? [유 퀴즈 온 더 블럭]

정답

택시(Taxi)는 '거리와 요금을 기록한다'는 뜻의 독일어 'taxa'에서 유래한 말로 1891년 독일인 빌헬름 브룬이 택시요금 측정기(Taximeter)를 개발하면서 본격적으로 보편화되기 시작했다.

07 주어진 8장의 카드를 모두 이용해 두 수의 차가 가장 적은 네 자릿수 두 개를 만들고 그 차가 얼마인지 구하라.

[문제적 남자]

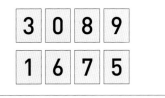

정답

제시된 8개의 숫자를 이용해 두 수의 차가 가장 적은 네 자릿수 두 개를 만들기 위해서는 우선 만들 수 있는 세 자릿수 중 가장 큰 수와 가장 작은 수를 알아야 한다. 가장 큰 세 자릿수는 987, 가장 작은 수는 013이다. 여기에 남은 5와 6을 987과 013의 천의 자리 숫자로 각각 사용하면 6013과 5987이 된다. 이 두 수의 차를 구하면 26으로, 만들 수 있는 네 자릿수 중 가장 적은 차가 된다.

08 다음 내용을 읽고 물음에 답하라.

[문제적 남자]

> 숫자 세기를 할 때, 엄지손가락부터 세기 시작해서 새끼손가락까지 간 후, 다시 약지에서 엄지손가락으로 도착하는 방식을 반복하며 센다면 1,000번째에 지정되는 손가락은?

정답

보기의 내용을 이용해 일정한 규칙을 찾으면 어렵지 않게 풀 수 있다. 보기에서 언급된 방식으로 숫자의 규칙을 찾아보면 엄지손가락이 지정될 때 나오는 수는 1, 9, 17, 25, … 으로 '8의 배수＋1'이라는 것을 알 수 있다. 이를 이용해 1,000번째에 가장 가까운 수로 지정되는 때를 구하면 약지에서 엄지로 돌아오는 차례로 1,001번째가 된다. 따라서 1,000번째에 지정되는 손가락은 검지다.

09 주어진 숫자와 기호의 규칙을 찾아 XX에 들어갈 수를 구하라.

[문제적 남자]

$$3 \star 3 = 12$$
$$4 \star 5 = 24$$
$$6 \star 10 = 66$$
$$7 \star 7 = XX$$
$$9 \star 10 = XX$$

정답

보기에서 규칙을 찾으면 쉽게 풀 수 있는 문제다. 위의 세 줄에 성립된 수식을 통해 두 수를 곱한 다음 맨 처음 숫자를 더하면 된다는 사실을 알 수 있다. 예를 들어 '3★3=12'를 수식으로 풀어서 보면 '$(3 \times 3) + 3 = 12$'가 된다. 같은 규칙을 적용해 아래 두 식에 들어갈 수를 구하면 차례대로 56과 99가 됨을 알 수 있다.

10 순환하는 8개의 수가 있다. 물음표에 들어갈 수는?

[문제적 남자]

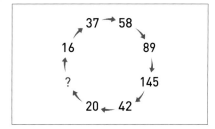

정답

제시된 숫자들을 이용해 그림에 적용된 규칙을 찾아 보면, 각각의 자릿수를 제곱해 합한 값이 다음 화살표에 위치한 숫자가 됨을 알 수 있다. 예를 들어 16과 37에 규칙을 적용해 보면 '$1^2 + 6^2 = 37$'이 된다. 따라서 동일한 규칙으로 물음표에 들어갈 숫자를 구하면 '$2^2 + 0^2 = 4$'가 된다.

취업!
실전문제

최종합격 기출면접

서울교통공사는 '안전한 도시철도, 편리한 교통서비스'라는 목표 아래 '안전 우선', '미래 대비', '고객 만족', '지속 경영'을 핵심가치로 추구하고 있다. 이에 따라 '안전분야 최고를 지향하는 인재', '혁신을 주도하는 인재', '열린 마음으로 협력하는 인재'를 선발하고자 한다. 필기시험과 인성검사를 거쳐 합격자에 한해 면접이 이뤄지며, 면접에서는 직무 관련 역량에 초점을 맞춰 구체적이고 체계적으로 구성된 질문이 주어진다.

1 2023년도 면접

서울교통공사에서는 면접에서 직원으로서의 정신자세, 전문지식과 응용능력, 의사발표의 정확성과 논리성, 예의·품행 및 성실성, 창의력·의지력 및 기타 발전 가능성 등을 평가한다. 이에 따라 자신이 공사에서 요구하는 인재상에 부합하는 인재라는 점을 강조할 필요가 있으며, 업무에 대한 관심과 이해를 충분히 보여줘야 한다. 미리 예상되는 질문 목록을 만들어 조리있게 말하는 연습을 해두는 것이 좋고, 직무와 관련된 전문지식에 대한 질문이 주어지는 경우 본인이 알고 있는 지식과 직무를 연결시켜 설명할 수 있어야 한다.

기출문제

- 서울교통공사와 관련하여 최근 접한 이슈에 대해 말하고, 그에 대한 본인의 생각은 어떠한지 말해 보시오.
- 팀 프로젝트 과정 중에 문제를 겪었던 경험에 대해 말하고, 그 문제를 어떻게 효과적으로 해결했는지 말해 보시오.
- 본인은 주위 사람들로부터 어떤 평가를 받는 사람인지 말해 보시오.
- 본인이 맡은 바보다 더 많은 일을 해 본 경험이 있는지 말해 보시오.
- 평소 생활에서 안전을 지키기 위해 노력했던 습관이 있다면 말해 보시오.
- 기대했던 목표보다 더 높은 성과를 거둔 경험이 있다면 말해 보시오.
- 공공데이터의 활용 방안에 대해 말해 보시오.
- 상대방을 설득하는 본인만의 방법에 대해 말해 보시오.
- 지하철 객차 내에서 느낀 불편한 점이 있는지 말해 보시오.
- 본인만의 스트레스 해소 방안에 대해 말해 보시오.
- 서울교통공사에 입사하기 위해 참고했던 자료 중 세 가지를 골라 말해 보시오.
- 본인의 악성민원 응대 방법에 대해 말해 보시오.
- 기획안을 작성하고자 할 때 어떤 자료를 어떻게 참고할 것인지 말해 보시오.

2 과년도 면접

서울교통공사는 기존의 틀에 박힌 관념에 사로잡히지 않고 서울 지하철 이용승객의 이용편의 증진을 위한 새로운 아이디어를 창출해 낼 수 있는 창의력 있는 인재를 선발하고자 한다. 또한 이를 실현시킬 수 있는 의지력과 발전성을 요구하므로, 이에 해당하는 답변을 미리 준비해 둘 필요가 있다.

기출문제

- 공직자에게 가장 중요한 신념이 무엇이라고 생각하는지 말해 보시오.
- 봉사활동 경험이 있는지 말해 보시오.
- 갈등해결 경험에 대해 말하고, 어떠한 갈등해결 전략을 어떻게 활용하였는지 말해 보시오.
- 직무에 대한 본인의 강점은 무엇인지 말해 보시오.
- 자기계발 경험에 대하여 간략하게 말해 보시오.
- 리더십을 발휘한 경험이 있는지 말해 보시오.
- 목표를 이루기 위하여 꾸준히 노력한 경험이 있는지 말해 보시오.
- 서울교통공사에서 시행 중인 4차 산업혁명 관련 사업을 아는 대로 말해 보시오.
- 지하철 관련 사건 · 사고에 대해서 아는 대로 말해 보시오.
- 다른 회사와 비교할 때 서울교통공사만의 장단점에 대해 말해 보시오.
- 역무원으로서 가져야 할 자세와 그에 대한 경험에 대해 말해 보시오.
- 역무원 업무에서 4차 산업혁명 기술을 이용할 수 있는 방안에 대해 말해 보시오.
- 부정승차를 대처할 수 있는 방안에 대해 말해 보시오.
- 컴플레인에 대처할 수 있는 방안에 대해 말해 보시오.
- 지하철 공간 활용 방안에 대해 말해 보시오.
- 일회용 교통권 회수율 상승 방안에 대해 말해 보시오.
- 분기기에 대해 말해 보시오.
- 이론교점과 실제교점에 대해 말해 보시오.
- 크로싱부에 대해 말해 보시오.
- 궤도 보수에 사용되는 장비에 대해 말해 보시오(MTT, STT 등).
- 온도 변화 신축관이란 무엇인지, 피뢰기와 피뢰침, 조합 논리회로와 순차 논리회로에 대한 개념과 비교하여 말해 보시오.
- 노인 무임승차 해결 방안에 대해 말해 보시오.
- 혼잡한 시간대에 열차를 증차하면 그에 따르는 추가비용은 어떻게 감당할 것인지에 대한 방안을 빅데이터를 활용해서 말해 보시오.
- 대중교통 이용을 통해 건강문제를 해결할 수 있는 방안에 대해 말해 보시오.
- 지하철 성범죄 예방 방법에 대해 말해 보시오.
- 신호체계 혼재로 인한 안전사고 해결 방안에 대해 말해 보시오.
- 4차 산업의 빅데이터를 활용하여 지하철 출퇴근 시간의 붐비는 현상을 개선할 방안에 대해 말해 보시오.
- 지하철 안내판 개선 방법에 대해 말해 보시오.
- 지하철 불법 광고 근절 방안에 대해 말해 보시오.
- 교통체계 시스템 개선 방안에 대해 말해 보시오.
- 국민들이 사기업보다 공기업 비리에 더 분노하는 이유는 무엇이라고 생각하는지 말해 보시오.
- 사람과 대화할 때 가장 중요한 것이 무엇이라고 생각하는지 말해 보시오.
- 본인을 색으로 표현하면 무슨 색이고, 왜 그 색인지 이유에 대해 말해 보시오.

한국전력공사는 무한 경쟁 글로벌시장에서 패기와 열정으로, 창의적이고 혁신적인 미래가치를 실행할 수 있는 인재상을 추구한다. 또한 능력과 성과에 따른 적절한 평가와 보상, 다양한 교육프로그램 등을 통해 도전적이고 창의적인 글로벌 인재를 양성하기 위해 노력하고 있다. 한국전력공사의 면접은 경험면접이 주를 이룬다. 주로 직업기초능력과 관련된 지원자의 과거 경험을 심층 질문하여 검증하는 방식으로 이뤄진다. 평가하고자 하는 능력 요소, 정의, 심사기준을 확인해 면접위원이 해당 능력 요소 관련 질문을 제시하고, 능력 요소에 관련된 과거 경험을 유도하기 위한 질문을 한다.

1

직무면접

자기소개서에 기반한 질문도 있으나, 기본적으로 전공 및 실무에 대한 질문이 많다. 지원자의 전공지식을 묻는 질문에 당황하지 않기 위해서는 미리 전공지식을 정리해보는 것이 좋다.

기출문제

- 한전에 입사하기 위해 어떤 준비를 하였는지 본인의 경험에 대해 말해 보시오.
- 본인의 분석력이 어떻다고 생각하는지 말해 보시오.
- 금리와 환율의 변화가 한전에 미치는 영향에 대해 말해 보시오.
- 공유지의 비극에 대해 설명해 보시오.
- 수평적 조직과 수직적 조직의 장점에 대해 말해 보시오.
- 가장 친환경적인 에너지는 무엇이라 생각하는지 말해 보시오.
- 윤리경영의 우수한 사례에 대해 말해 보시오.
- 연구비 및 회계처리 방법에 대해 말해 보시오.
- IPO(기업공개)에 대해 설명해 보시오.
- 연결 재무제표의 장단점에 대해 말해 보시오.
- 수금업무가 무엇인지 설명해 보시오.
- 변화된 전기요금체계에 대해 설명해 보시오.
- 윤리경영과 준법경영에 대해 설명해 보시오.
- 시장형 공기업의 정의에 대해 말해 보시오.
- 민법상 계약의 종류는 어떠한 것이 있는지 말해 보시오.
- 위헌법률에 대해 설명해 보시오.
- 소멸시효와 공소시효의 차이점에 대해 설명해 보시오.
- 인공지능으로 인해 발생 가능한 문제는 무엇이 있는지 설명하고, 인공지능을 한국전력공사에 반영한다면 어떠한 분야에 반영할 수 있을지 말해 보시오.
- 중대재해처벌법에 대해 설명하고, 이 법에 대한 자신의 견해를 말해 보시오.
- 독점시장이란 무엇인지 설명해 보시오.
- ESG 경영이란 무엇인지 설명해 보시오.
- 채권금리와 시장의 상관관계에 대해 설명해 보시오.
- 중앙은행이 금리를 올렸을 때 채권이자율의 변동을 설명해 보시오.
- 기회비용과 매몰비용의 개념에 대해 설명해 보시오.
- 시장실패와 정부실패의 개념과 발생원인에 대해 설명해 보시오.

2 종합면접

지원자의 태도와 인성을 평가하는 질문이 주를 이루며, 지원동기나 공사에 관련한 질문도 있으므로 한국전력공사 관련 기사나 이슈, 정보를 미리 숙지하는 것이 좋다.

기출문제

- 자기소개를 해 보시오.
- 회식에 참석하기 싫어하는 직장동료가 있다면 어떻게 할 것인지 말해 보시오.
- 지원한 직무와 전공이 다른데 지원한 이유를 말해 보시오.
- 청렴한 조직을 만들기 위해서는 어떠한 노력을 해야 하는지 말해 보시오.
- 한국전력공사에서 업무를 할 때 지침과 융통성 중 어느 것을 우선해야 하는지 말해 보시오.
- 민원인이 욕설을 한다면 어떻게 대처할 것인지 말해 보시오.
- 한국전력공사 조직문화의 특징과 장단점에 대해 말해 보시오.
- 신입으로 입사 후 기존의 직원과 갈등이 생긴다면 어떻게 해결할 것인지 말해 보시오.
- 청렴한 조직 분위기를 조성하기 위한 방법에 대해 말해 보시오.
- 본인이 팀장이라면 실력이 좋은 직원과 인성이 좋은 직원 중 어떤 직원을 우선적으로 선택할 것인지 말해 보시오.
- 제멋대로인 팀원이 있다면 어떻게 대처할 것인지 말해 보시오.
- 다른 사람과 갈등이 생겼을 때, 설득했던 경험에 대해 말해 보시오.
- 인생에서 가장 힘들었던 일과 그 해결방법에 대해 말해 보시오.
- 상사의 부당한 지시가 반복된다면 어떻게 행동할 것인지 말해 보시오.
- 한전을 잘 모르는 사람에게 한전을 설명한다면 어떻게 할 것인지 말해 보시오.
- 한전의 최근 이슈에 대해 말해 보시오.
- 업무상 민간사업자가 불만을 제기한다면 어떻게 설득할 것인지 말해 보시오.
- 자신이 조직에 피해를 주고 있는지 파악하는 본인만의 기준에 대해 말해 보시오.
- 본인의 분석력이 어떻다고 생각하는지 말해 보시오.
- 좋은 리더는 무엇이라고 생각하는지 말해 보시오.
- 리더로서 성공적으로 프로젝트를 완료한 경험에 대해 말해 보시오.
- 한국전력공사에서 받고 싶은 가치와 한국전력공사에 주고 싶은 자신의 가치는 무엇인지 말해 보시오.
- 본인은 리더인가? 팔로워인가?
- 상사가 개인적인 일에 회사 공금을 썼다고 자랑한다면 상사에게 어떻게 말할 것인가?
- 출근길에 옆집에서 물이 새서 도와달라고 한다. 그러나 도와준다면 회사에 지각할 것이다. 어떻게 대처하겠는가?
- 입사 후 자기 주도적으로 일할 수 없는 상황일 때는 어떻게 할 것인가?
- 실패 가능성이 있거나 불확실한 일을 한 경험과 결과를 말해 보시오.
- 지원동기에 대해서 말해 보시오.
- 취미는 무엇인지 말해 보시오.
- 인턴활동 당시 개인적으로 노력했던 부분은 무엇인가?
- 갈등에 대한 경험과 해결방법에 대해 말해 보시오.
- 사람을 대할 때 무엇을 가장 중요하게 생각하는지 말해 보시오.

기업별 최신기출문제

1. 기초과학

01 지레를 사용하여 무게가 100N인 돌을 들어 올리려고 한다. 돌을 들어 올리는 데 필요한 최소한의 힘의 크기는?

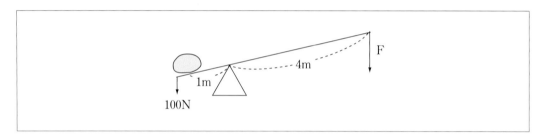

① 10N

② 15N

③ 25N

④ 30N

⑤ 35N

해설 지레의 원리로부터 $100 \times 1 = F \times 4$에서 $F = 25N$이다.

지레의 원리	서로 반대 방향으로 회전하려는 돌림힘의 크기가 같다면 지레는 회전하지 않음 $F \times a = w \times b$
일의 원리	지레와 같은 도구를 사용하여 일을 할 때, 힘의 크기가 줄어드는 대신 힘을 작용한 거리가 길어져 전체적인 일의 양은 변하지 않음 $F \times s = w \times h$

02 다음 그림의 (가)는 교류 전원에 전구만을 연결한 회로이고, (나)는 동일한 교류 전원에 전구와 코일을 직렬로 연결한 회로이다. 그림 (가), (나)의 회로에 관련된 설명으로 옳은 것을 모두 고르면?

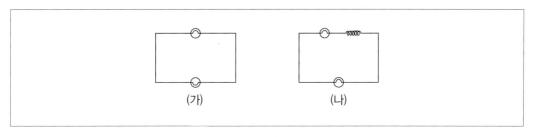

(가)   (나)

● 보기 ●

ㄱ. 전류의 세기는 (가)가 (나)보다 더 크다.
ㄴ. 전구의 밝기는 (나)가 (가)보다 더 밝다.
ㄷ. 전구에서의 소비전력은 (가)가 (나)보다 더 크다.
ㄹ. 직류 전원을 사용하면 (나)의 회로도에서 코일에서 발생하는 임피던스 값은 더 커질 것이다.
ㅁ. (가)와 (나)의 회로도에서 교류 전원 대신 직류 전원을 사용하면 전구의 밝기는 비슷해질 것이다.

① ㄱ, ㄷ

② ㄴ, ㄹ

③ ㄱ, ㄷ, ㄹ

④ ㄱ, ㄷ, ㅁ

⑤ ㄴ, ㄷ, ㅁ

해설 제시된 회로도에서 전류의 세기, 전구의 밝기, 소비전력은 모두 같은 결과가 나타난다. 흐르는 전류가 더 커야 전구가 밝고 이때 소비전력도 더 크게 나타난다. 직류에서는 코일의 저항성분이 거의 0에 가깝다. 그러나 교류에서는 옴의 법칙이 성립하며, 기존 저항과 코일저항의 합성저항을 임피던스Z라고 부른다. 즉, 회로 (나)에서의 전체저항은 회로 (가)보다 크며, 이로 인해 전류의 크기가 더 작고, 소비하는 전력이 더 작다. 두 회로도의 전원이 교류에서 직류로 바뀐다면(직류에서의 코일의 저항이 0에 가깝기 때문에) 두 전구의 밝기는 비슷하게 나타날 것이다.

🔒 01 ③ 02 ④

03 다음 중 자동차 부품의 한글 명칭과 영어 명칭이 바르게 연결된 것은?

① 후사경 − Back Mirror

② 변속기 − Gear Shift

③ 브레이크 페달 − Brake Paddle

④ 머플러 − Mufflar

⑤ 바퀴 − Heel

> **해설** ① Side Mirror
> ③ Brake Pedal
> ④ Muffler
> ⑤ Wheel

04 링기어 잇수가 120, 피니언 잇수가 12이고, 1,500cc급 엔진의 회전저항이 6m · kgf일 때, 기동전동기에 필요한 최소 회전력은?

① 0.6m · kgf

② 2m · kgf

③ 20m · kgf

④ 6m · kgf

⑤ 10m · kgf

> **해설** 링기어와 피니언 기어의 기어비가 10:1이므로 회전저항이 6m · kgf이면 기동전동기의 최소 회전력은 0.6m · kgf이다.

05 다음 중 전자제어 현가장치의 제어기능에 해당되는 것이 아닌 것은?

① 미끄럼 방지기능

② 공기압축기 제어기능

③ 조향핸들감도 제어기능

④ 차 높이 조절기능

> **해설** 전자제어 현가장치의 제어기능으로는 자세 제어기능, 감쇠력 제어기능, 차 높이 조절기능, 공기압축기 제어기능, 조향핸들감도 제어기능, ECS 지시등 제어기능, 자기진단기능이 있다.

06 다음 중 터보차저의 장점으로 옳지 않은 것은?

① 엔진의 소형 경량화가 가능하다.

② 내구성이 높다.

③ 착화지연시간이 짧다.

④ 연료소비율을 감소시킨다.

해설 터보차저는 열에 취약하여 내구성이 낮은 점이 단점으로 꼽힌다.

07 다음 중 회전방향이 나머지와 다른 것을 고르면?

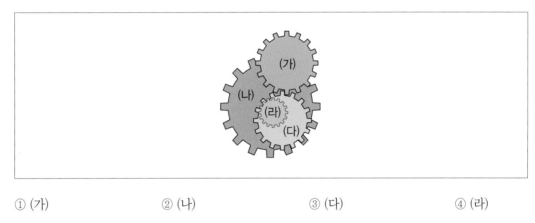

① (가)　　　　② (나)　　　　③ (다)　　　　④ (라)

해설 외접 기어는 회전방향이 반대이고, 내접 기어는 회전방향이 같다. 따라서 내접한 (나), (다), (라)의 회전방향이 같고, (다)와 외접한 (가)의 회전방향은 반대다.

08 (라) 기어의 회전방향은 어느 쪽인가?

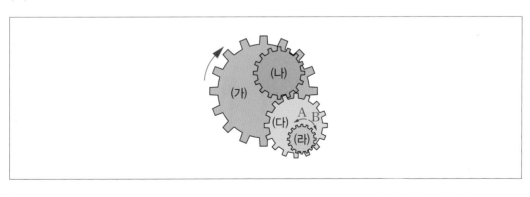

① A　　　　② B　　　　③ 움직이지 않는다.

해설 외접 기어는 회전방향이 반대이고, 내접 기어는 회전방향이 같다. 보기의 그림에서 (가)와 내접한 (나)의 회전방향이 같고, (나)와 외접한 (다)의 회전방향은 반대임을 알 수 있다. 따라서 (다)와 내접한 (라)의 회전방향도 (가)와 반대다.

09 다음 대화에서 A와 B의 관계로 가장 적절한 것은?

> A : You look pale. What's the matter?
>
> B : I have a terrible stomachache. The pain is too much. I think I'm going to throw up.
>
> A : When did your stomach start hurting?
>
> B : After breakfast.
>
> A : Do you have any idea why?
>
> B : It must have been something I ate.
>
> A : Let me see. Oh, you have a fever, too. You'd better go to see the school nurse right now.

① Teacher − Student

② Doctor − Patient

③ Pharmacist − Customer

④ Mom − Son

해설 ① 교사 – 학생　　② 의사 – 환자　　③ 약사 – 고객　　④ 엄마 – 아들
「A : 얼굴이 창백해 보여. 무슨 일이니?
B : 복통이 심해요. 너무 아프네요. 토할 것 같아요.
A : 언제부터 아프기 시작했니?
B : 아침식사 후부터요.
A : 왜 그러는지 알겠니?
B : 제가 먹은 무언가 때문인 게 틀림없어요.
A : 어디 보자. 오, 너 열도 있구나. 학교 간호사에게 즉시 가보는 게 좋겠다.」

10 다음 대화에서 빈칸에 들어갈 말로 알맞은 것을 고르면?

> A : Honey, you said you have a day off this Friday, right?
>
> B : Yeah, it's my company's foundation day. How about going on a family outing to the zoo?
>
> A : That sounds great. Jane wants to go to the zoo these days.
>
> B : _____

① Visitors should not feed the animals.

② All right. I'll see if I can take a day off for her.

③ Sure. I'll take her to the foundation day party.

④ Yes. She likes to see lots of different animals.

해설 ① 방문객들은 동물에게 먹이를 줘서는 안 돼요.
② 좋아요. 그녀를 위해 휴가를 낼 수 있는지 알아볼게요.
③ 당연하죠. 나는 창립기념일 파티에 그녀를 데려갈 거예요.
「A : 여보, 이번 주 금요일에 휴가라고 말했었는데, 맞나요?
B : 네, 회사 창립기념일이에요. 동물원으로 가족 나들이를 가는 게 어떨까요?
A : 좋아요. Jane은 요즘에 동물원에 가고 싶어 했어요.
B : 그래요. 그 애는 여러 가지 많은 동물을 보는 것을 좋아하죠.」

1. 의사소통능력

01 다음 글의 제목으로 가장 적절한 것은?

> 조선시대 장리(長利)와 환곡(還穀)은 농업금융 수단이었다. 장리는 봄에 곡식이나 돈을 꿔 주어 농사를 짓게 하고, 한 해 이자로 꿔 준 곡식의 절반 이상을 가을에 받는 것이며, 환곡은 사창(社倉)에 저장해 둔 곡식을 흉년이나 춘궁기에 꿔 주고 가을에 이자를 붙여 거두는 것이다. 이 외에도 농민들은 금전 융통을 위해 상호부조의 정신을 바탕으로 계(契)를 들었다. 계는 공익, 친목, 공동노동 등 여러 목적에 따라 저축계(貯蓄契)·산통계(算筒契)·식리계(殖利契) 등 다양하게 조직되었다.
>
> 우리나라의 근대적 협동조합금융은 1907년 지방금융조합이 설립되면서 실시되었다. 비록 식민지 정책의 일환으로 일본인 재정고문의 건의에 따라 설립된 관제조합이었지만, 조직이나 운영은 대체로 독일의 라이파이젠 협동조합의 조직원리에 따른 신용조합의 성격을 지녔다. 전남 광주지방금융조합을 시작으로 등장한 지방금융조합은 급격하게 확대되었으며, 1918년 지방금융조합령이 금융조합령으로 개정됨에 따라 도시에도 금융조합을 설립할 수 있게 되었고 도 단위에 금융조합연합회가 설치되었다.
>
> 금융조합은 광복 후 상업금융에 치중하는 한편 정부의 구매·보관·배급 등 각종 업무와 농회의 비료업무, 대한식량공사의 양곡조작 및 고공품업무를 대행하였다. 그런데 이러한 대행사업의 폐지 및 이관으로 금융조합의 경영이 악화되었고, 협동조합과 농업금융기관의 설립이 촉진되었다. 1957년 「농협법」과 「농업은행법」이 공포됨에 따라 금융조합 및 금융조합연합회가 폐지되었으며, 조직·업무 등이 구 농협과 농업은행으로 이어졌다.
>
> 1958년 농협은 이동조합–시군조합–중앙회의 3단계 조직으로 중앙회 창립총회를 개최하였으며, 농업은행은 융자대상을 농민·농협 및 동 중앙회와 농업단체로 확대하는 등의 법안 수정을 거쳐 발족하였다. 그러나 농협 시군조합과 중앙회의 신용사업은 법에 의해 배제되었으며, 농업은행의 농협에 대한 자금지원 및 협조는 매우 소극적이었다. 이에 따라 전국에 방대한 조직망을 갖춘 농협은 대부분 개점휴업 상태가 되었으며, 농민 경제단체로서의 기능을 제대로 발휘하지 못했다.
>
> 농업협동조합과 농업은행의 통합 문제는 1961년 '협동조합을 재편성하여 농촌경제를 향상시킨다'는 방침하에 급진전하였다. 농림부 장관을 위원장으로 한 농협·농업은행통합처리위원회가 새 농협법안과 시행령안을 작성하였으며, 국민 대다수인 농민의 이해관계와 결부되는 법률인 만큼 신중하게 심의를 거친 끝에 공포되었다. 새로운 「농협법」에 따라 경제사업과 신용사업을 함께 수행하는 새로운 종합농협은 금융부를 비롯한 중앙회 10개 부와 8개 도지부, 140개 군조합, 2만 1,042개의 이동조합을 갖춘 3단계 조직을 구축하고 8월 15일 광복절에 역사적인 창립기념식을 개최하였다.

① 근대적 협동조합금융의 도입

② 종합농협 이전의 농업금융

③ 농협과 농업은행의 비우호적 관계

④ 농협의 경영위기 극복 과정

⑤ 종합농협 출범의 역사

해설 윗글은 조선시대 전통적인 농업금융 수단부터 근대적 협동조합금융의 설립을 아우르며 종합농협이 출범하기까지의 역사를 설명하고 있다. 따라서 제목으로 가장 적절한 것은 ⑤ 종합농협 출범의 역사이다.

🔒 09 ① 10 ④ / 01 ⑤

02 둘레가 2,100m인 연못의 둘레를 형은 매분 80m의 속력으로, 동생은 매분 60m의 속력으로 돌고 있다. 어느 한 지점에서 서로 반대방향으로 동시에 출발하였을 때, 두 번째로 만나는 것은 몇 분 후인가?

① 11분 후   ② 18분 후   ③ 25분 후

④ 30분 후   ⑤ 37분 후

해설 두 사람이 출발한 지 x분 후에 두 번째로 만난다고 하면,
- (형이 걸은 거리)$=80x$m
- (동생이 걸은 거리)$=60x$m

두 번째 만났을 때 두 사람이 걸은 거리의 합은 연못둘레 길이의 2배이므로,
(형이 걸은 거리)+(동생이 걸은 거리)$=2\times$(연못의 둘레의 길이)이다.
$80x+60x=2\times2,100$
$140x=4,200 \rightarrow x=30$분
따라서 형과 동생이 두 번째로 만나는 시간은 30분 후이다.

03 어느 학교의 작년의 전체 학생 수는 2,000명이었다. 올해는 작년에 비하여 남학생은 5% 감소하고, 여학생은 5% 증가하여 전체적으로 14명이 줄었다. 이 학교의 작년의 여학생 수는?

① 820명   ② 830명   ③ 840명

④ 850명   ⑤ 860명

해설 작년 여학생 수를 x명이라고 하면, 작년 남학생 수는 $(2,000-x)$명이다.
따라서 $-\dfrac{5}{100}(2,000-x)+\dfrac{5}{100}x=-14$이다.
양변에 100을 곱하면
$-5(2,000-x)+5x=-1,400$
$-10,000+5x+5x=-1,400$
$10x=8,600 \rightarrow x=860$
따라서 작년 여학생의 수는 860명이다.

04 세희는 인터넷 슈퍼에서 자두와 귤을 합하여 12개를 사려고 한다. 자두 1개의 가격은 1,000원, 귤 1개의 가격은 800원이고, 배송료가 2,500원일 때, 총 가격이 13,000원 이하가 되게 하려면 자두를 최대 몇 개까지 살 수 있는가?

① 2개   ② 3개   ③ 4개

④ 5개   ⑤ 6개

해설 자두를 x개 산다고 하면, 귤은 $(12-x)$개 살 수 있으므로
$1,000x+800(12-x)+2,500\leq13,000 \rightarrow x\leq4.5$
따라서 자두를 최대 4개까지 살 수 있다.

05 A씨는 주택을 구입하기 위해 연초에 N은행에서 20년간 고정금리로 4억원을 대출받았다. 1회차 원금 상환액이 1,000만원이고, 연간 저당상수가 0.09일 때, 대출금리를 구하면?(단, 원리금균등상환방식이며, 매년 말 연 단위 상환한다)

① 연간 4.0% ② 연간 4.5% ③ 연간 5.0%

④ 연간 6.0% ⑤ 연간 6.5%

> **해설** 원리금균등상환 시 원리금은 (융자액)×(저당상수)이므로, 4억×0.09=3,600만원이다.
> 1회 납부 원금 1,000만원＋이자=3,600만원이므로, 이자=3600－1,000=2,600만원이다.
> 따라서 이자율은 $\dfrac{(납부이자)}{(융자액)} = \dfrac{2,600}{40,000} = 0.065 = 6.5\%$이다.

06 N펀드는 A, B, C주식에 각각 30%, 20%, 50%를 투자하였다. 매입가에서 A주식이 20%, B주식이 40% 각각 오르고 C주식이 40% 내렸다면, 몇 %의 손해를 보았는가?

① 2% ② 4% ③ 6%

④ 8% ⑤ 10%

> **해설** 전체 투자금액을 a원이라고 할 때, A, B, C주식에 투자한 금액은 각각 0.3a원, 0.2a원, 0.5a원이다.
> • A주식 최종 가격 : $0.3a \times 1.2 = 0.36a$
> • B주식 최종 가격 : $0.2a \times 1.4 = 0.28a$
> • C주식 최종 가격 : $0.5a \times 0.6 = 0.3a$
> 즉, A, B, C 주식의 최종 가격은 $0.36a + 0.28a + 0.3a = 0.94a$원이므로 투자 대비 6%의 손해를 보았다.

07 갑국은 초콜릿 1kg 생산에 50명이, 커피 1kg 생산에 20명의 인원이 필요하며, 을국은 초콜릿 1kg 생산에 75명이, 커피 1kg 생산에 80명의 인원이 필요하다. 두 나라에는 각각 300명의 노동인력이 있으며, 비교우위에 의해 하나의 품목만 특화하여 생산한 후 상호이익이 되는 조건에서 적정량을 교환하기로 합의하였다. 이때, 갑국이 생산할 품목과 생산량을 바르게 나열한 것은?(단, 각국은 모두 노동인력만을 생산요소로 사용하며, 생산품목의 종류 · 품질 · 노동력 질 등 제반여건은 모두 동일하다)

① 초콜릿, 2.5kg ② 초콜릿, 4kg ③ 커피, 2.5kg

④ 커피, 6kg ⑤ 커피, 15kg

> **해설** 갑국이 초콜릿과 커피 생산에서 절대우위에 있지만, 비교우위에 의해 특화 품목을 상호교환하기로 하였으므로, 갑국은 커피를, 을국은 초콜릿을 생산하는 게 유리하다. 갑국이 커피 1kg을 생산하는 데 필요한 인원은 20명이므로, 300명의 노동인력이 투입된 생산량은 $\dfrac{300}{20} = 15(\mathrm{kg})$이다.

🔒 02 ④ 03 ⑤ 04 ③ 05 ⑤ 06 ③ 07 ⑤

08 N은행은 4월 안에 N중앙회에서 주관하는 윤리교육을 8시간 이수해야 한다. 윤리교육은 주 2회 같은 요일 오전에 1시간 동안 진행되며, 은행별 일정에 맞춰 요일을 지정할 수 있다. N은행의 4월 일정이 다음과 같을 때, N은행 직원들이 윤리교육을 수강해야 하는 날은 무슨 요일인가?(단, 전 직원이 모두 함께 윤리교육을 수강한다)

4월 일정표

월	화	수	목	금	토	일
	1	2	3	4	5	6
7	8	9	10	11	12	13
14 최과장 연차	15	16	17	18	19	20
21	22	23	24	25 오후 김대리 반차	26	27
28	29 오전 성대리 외근	30				

N은행 행사일정

- 4월 3일 오전 : 신임 은행장 취임식
- 4월 7일 오후~4월 8일 오전 : 1박 2일 전사 워크숍
- 4월 30일 오전 : 조합원 간담회 개최

① 월요일, 수요일   ② 화요일, 목요일   ③ 수요일, 목요일
④ 수요일, 금요일   ⑤ 화요일, 금요일

해설 윤리교육은 주 2회 같은 요일 오전 1시간 동안 진행된다고 했으며, 선택지 내 요일이 두 요일씩 짝지어져 있으므로, 8시간의 윤리교육을 같은 요일에 이수하기 위해서는 해당 요일의 오전 일정이 4주간 비워져 있어야 한다.
월요일은 14일 최과장 연차로 가능한 날이 3주뿐이고, 화요일은 8일 오전 워크숍과 29일 오전 성대리 외근으로 가능한 날이 3주뿐이므로 수강할 수 없다. 목요일은 3일 오전 신임 은행장 취임식이 있으므로 가능한 날이 3주뿐이다.
수요일은 30일 오전 조합원 간담회가 있지만, 이 날을 제외하고도 4주 동안 윤리교육 수강이 가능하다. 금요일은 25일에 김대리 반차가 있지만, 오후이므로 4주 동안 윤리교육 수강이 가능하다.
따라서 N은행 직원들이 윤리교육을 수강해야 하는 날은 ④ '수요일, 금요일'이다.

09 N은행은 다음과 같은 승진자 선발방식에 따라 승진후보자 A∼E주임 중 승진점수가 가장 높은 1명을 승진시키고자 한다. 다음 중 승진할 직원은?

승진자 선발방식

- 승진후보자 중 승진점수가 가장 높은 순서대로 승진한다.
- 승진점수는 100점 만점으로 평가한다. 단, 가점을 합산하여 100점을 초과할 수 있다.
- 승진점수는 분기실적(40), 부서동화(30), 성실고과(20), 혁신기여점(10) 항목별 점수의 총합에 연수에 따른 가점을 합산하여 산정한다.
- 각 연수 이수자에게는 다음 표에 따라 가점을 부여한다. 단, 한 승진후보자가 받을 수 있는 가점은 5점을 초과할 수 없다.
- 동점자가 발생한 경우, 분기실적 점수와 성실고과 점수의 합이 높은 직원이 우선한다.

연수별 가점

(단위 : 점)

연수	혁신선도	조직융화	자동화적응	대외협력
가점	2	1	4	3

승진후보자 항목별 평가점수

(단위 : 점)

승진후보자	분기실적	부서동화	성실고과	혁신기여	이수한 연수
A주임	29	28	12	4	조직융화
B주임	32	29	12	5	혁신선도
C주임	35	21	14	3	자동화적응, 대외협력
D주임	28	24	18	3	-
E주임	30	23	16	7	자동화적응

---

① A주임   ② B주임   ③ C주임

④ D주임   ⑤ E주임

해설 승진자 선발방식에 따라 각 승진후보자의 승진점수를 계산하면 다음과 같다.

(단위 : 점)

승진후보자	가점을 제외한 총점	가점	승진점수
A주임	$29+28+12+4=73$	1	74
B주임	$32+29+12+5=78$	2	80
C주임	$35+21+14+3=73$	5(가점상한)	78
D주임	$28+24+18+3=73$	-	73
E주임	$30+23+16+7=76$	4	80

승진점수가 80점으로 가장 높은 승진후보자는 B주임과 E주임인데, 이 중 분기실적 점수와 성실고과 점수의 합이 E주임은 $30+16=46$점, B주임은 $32+12=44$점이다. 따라서 E주임이 승진한다.

한국사능력검정시험

기본편(제57회)

01 다음 축제에서 체험할 수 있는 활동으로 적절한 것은? [1점]

① 가락바퀴로 실 뽑기
② 뗀석기로 고기 자르기
③ 점토로 빗살무늬토기 빚기
④ 거푸집으로 청동검 모형 만들기

> **기출 태그** #구석기시대 #연천 전곡리유적
> #동굴 · 막집생활 #뗀석기 사용

해설

연천 전곡리유적은 구석기시대의 대표적인 유적지이다. 구석기시대 사람들은 동굴이나 바위 그늘에 막집을 짓고 살면서 계절에 따라 이동생활을 했다.
② 구석기시대에는 돌을 깨뜨려 만든 주먹도끼, 찍개, 긁개 등의 뗀석기를 이용해 사냥과 채집을 했으며, 동물의 가죽을 벗기는 용도 등으로 사용했다.

02 (가), (나) 사이의 시기에 있었던 사실로 옳은 것은? [3점]

(가)   (나)

① 고구려가 옥저를 정복했다.
② 백제가 신라와 동맹을 맺었다.
③ 백제가 관산성전투에서 패배했다.
④ 고구려가 안시성에서 당군을 물리쳤다.

> **기출 태그** #나제동맹 #장수왕 #평양천도 · 한성점령
> #개로왕 전사 #문주왕 #웅진천도

해설

(가) 장수왕의 평양천도(427): 고구려 장수왕은 수도를 국내성에서 평양으로 옮기고 남쪽으로 진출하는 남진정책을 추진해 영토를 넓혔다.
(나) 장수왕의 한성점령(475): 고구려 장수왕은 백제의 수도 한성을 점령하고 한강유역을 차지했다. 이로 인해 백제 개로왕이 전사하고, 뒤이어 즉위한 문주왕은 웅진으로 수도를 옮겼다.
② 고구려 장수왕이 남진정책을 추진하며 신라와 백제를 공격하자 백제 비유왕과 신라 눌지왕이 나제동맹을 맺고 이에 대항했다(433).

03 (가) 왕에 대한 설명으로 옳은 것은? [2점]

신라 왕 김부가 항복해 왔습니다.

신라를 경주라 하고 그를 경주의 사심관으로 임명하라.

(가)

① 훈요10조를 남겼다.
② 과거제를 시행했다.
③ 만권당을 설립했다.
④ 전시과를 마련했다.

기출 태그 #태조 왕건 #지방호족 견제 #사심관제도
#경순왕 김부 #훈요10조

해설

고려를 건국하고 후삼국을 통일한 태조 왕건은 지방호족을 견제하고 지방통치를 원활하게 하기 위해 호족 출신자를 그 지역의 사심관으로 임명했다. 이에 따라 고려에 항복한 신라의 마지막 왕인 경순왕 김부를 경주의 사심관으로 삼기도 했다.
① 고려 태조는 후대 왕들이 지켜야 할 정책방향을 제시한 훈요10조를 남겼다.

---

04 다음 다큐멘터리에서 볼 수 있는 장면으로 적절하지 않은 것은? [2점]

다큐멘터리 기획안

1356년, 고려가 새로워지다

■ **기획의도**

노국대장 공주와 혼인한 왕기(王祺)는 1351년 왕위에 올랐다. 재위 5년 그가 원의 간섭에서 벗어나 왕권강화를 위해 추진한 일련의 개혁정치를 심층 조명한다.

■ **구성내용**
1. 정동행성 이문소를 혁파하다
2. 원의 연호 사용을 중지하다

① 수원 화성을 축조하는 백성
② 쌍성총관부를 공격하는 군인
③ 숙청당하는 기철 등 친원세력
④ 정방폐지교서를 작성하는 관리

기출 태그 #원 간섭기 #공민왕 #노국대장 공주
#고려 자주성 회복 #정동행성 이문소 폐지

해설

원 간섭기 고려 공민왕은 원의 노국대장 공주와 혼인했으나 원으로부터 고려의 자주성을 회복하기 위해 대대적인 정치개혁을 실시했다. 이에 따라 원에서 내정간섭기구로 이용한 정동행성 이문소를 없앴으며, 원의 연호 사용을 중지하고 왕실 호칭과 관제를 복구하는 등 원의 흔적을 지우기 위해 노력했다.
① 조선 후기 정조는 수원화성을 축조해 아버지인 사도세자의 묘를 옮기고, 국왕친위부대인 장용영의 외영을 설치하는 등 화성에 정치적·군사적 기능을 부여했다.

🔒 01 ② 02 ② 03 ① 04 ①

05 (가)에 들어갈 인물로 옳은 것은? [1점]

(가)

- 조선 개국공신
- 조선의 통치기준과 운영원칙을 제시한 〈조선경국전〉을 저술함
- 〈불씨잡변〉을 지어 불교교리를 비판함

(앞면)   (뒷면)

①
이이

②
송시열

③
정도전

④
정몽주

 #정도전 #조선 개국공신 #이성계
#조선경국전 · 불씨잡변 #유교적 통치기반

해설
고려 말 급진개혁파를 이끌었던 정도전은 신흥무인세력인 이성계와 연합했다. 이들은 위화도회군 이후 최영 세력을 몰아내고 이색, 정몽주 등의 온건개혁파를 제거하면서 조선의 건국을 주도했다. 조선건국 이후 정도전은 〈조선경국전〉을 편찬해 조선의 유교적 통치기반을 확립했다. 또 〈불씨잡변〉을 통해 성리학적 관점에서 불교의 교리를 비판하고, 유교적 이념에 따라 통치할 것을 강조했다.
③ 정도전은 고려 말 이성계와 함께 유교사상을 바탕으로 개혁을 단행해 공양왕을 쫓아내고 1392년 조선을 건국했다.

06 (가)에 대한 역대왕조의 시기별 정책으로 옳은 것은? [3점]

- (가) 의 변경 침략 때문에 [예종이] 법왕사에 행차해 분향하고, 신하들을 나누어 보내 여러 사당에서 기도하게 했다.

- 동북면 도순문사가 아뢰었다. "경성, 경원에 (가) 의 출입을 허락하면 떼 지어 몰려들 우려가 있고, 일절 금하면 소금과 쇠를 얻지 못해 변경에 불화가 생길까 걱정됩니다. 원하건대, 두 고을에 무역소를 설치해 저들로 하여금 와서 교역하게 하소서." [태종이] 그대로 따랐다.

① 백제 의자왕 때 대야성을 공격했다.
② 신라 흥덕왕 때 완도에 청해진을 설치했다.
③ 고려 숙종 때 윤관의 건의로 임시군사조직인 별무반을 편성했다.
④ 조선 고종 때 종로와 전국 각지에 척화비를 건립했다.

기출 태그 #대여진 정책 #고려 예종 #여진 정벌 #별무반
#동북9성 #조선 태종 #무역소 설치

해설
③ 윤관은 여진이 고려의 국경을 자주 침입하자 숙종에게 건의해 별무반을 편성했다.

07 다음에서 설명하는 책이 국내에 유포된 영향으로 적절한 것은? [2점]

이 책은 청의 외교관 황준헌이 쓴 것으로, 제2차 수신사로 일본에 갔던 김홍집이 들여온 것입니다. 러시아의 남하를 막기 위해 조선이 중국을 가까이하고, 일본과 관계를 공고히 하며, 미국과 연계해야 한다는 내용을 담고 있습니다.

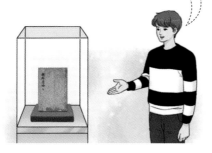

① 병인박해가 일어났다.

② 제너럴셔먼호 사건이 발생했다.

③ 이만손 등이 영남만인소를 올렸다.

④ 어재연 부대가 광성보에서 항전했다.

08 (가)의 활동으로 옳은 것은? [2점]

이 기념관은 독립운동가 안희제가 1914년 부산에 설립한 백산상회의 옛터에 건립됐습니다. 백산상회는 단순한 상회가 아니라 독립운동에 크게 기여한 조직으로, 특히 1919년 상하이에서 수립된 ___(가)___에 독립운동 자금을 지원했고 독립신문 배포에도 중요한 통로가 됐습니다.

독립운동의 자취를 찾아서
생방송 현재 5,057명 시청 중

① 구미위원부를 설치했다.

② 만민공동회를 개최했다.

③ 국채보상운동을 전개했다.

④ 신흥무관학교를 설립했다.

09 밑줄 그은 '이 시기'에 일제가 추진한 정책으로 옳은 것은? [3점]

이 인공동굴은 일제가 공중폭격에 대비해 목포 유달산 아래에 만든 방공호입니다. 국가총동원법이 시행된 이 시기에 일제는 한국인들을 강제동원해 이와 같은 군사시설을 한반도 곳곳에 만들었습니다.

① 회사령을 공포했다.
② 미곡공출제를 시행했다.
③ 치안유지법을 제정했다.
④ 헌병경찰제도를 실시했다.

기출 태그 #1930년대 민족말살통치 #국가총동원법
#한반도 병참기지화 #미곡공출제

해설

1930년대 민족말살통치기에 일제는 대륙침략을 위해 한반도를 병참기지화했다. 중일전쟁을 일으킨 뒤 1938년에는 국가총동원법을 시행해 한국의 인적 · 물적자원을 수탈했다.
② 중일전쟁 이후 일제는 군량미 확보를 위해 조선에 미곡공출제를 시행해 우리 국민들의 생활이 더욱 어려워졌다(1939).

---

10 밑줄 그은 '이 회담' 이후에 있었던 사실로 옳은 것은? [2점]

이것은 분단 이후 처음으로 남과 북의 정상이 평양에서 만나 개최한 이 회담을 기념하는 우표 사진입니다. 우표에는 한반도 중심부근에서 희망의 새싹이 돋아나고 있는 모습이 그려져 있습니다.

① 개성공단이 건설됐다.
② 남북조절위원회가 설치됐다.
③ 남북한이 유엔에 동시가입했다.
④ 남북이산가족 상봉이 최초로 성사됐다.

기출 태그 #김대중정부 #최초 남북정상회담
#6 · 15 남북공동선언 #개성공단

해설

김대중정부는 2000년 베를린 자유대학 연설에서 흡수 통일을 추구하지 않고, 남북이 화해와 협력을 통해 냉전을 종식해야 한다는 햇볕정책의 핵심적 내용을 강조했다. 이에 따라 북한과 화해 · 협력을 바탕으로 교류를 확대했다. 평양에서 분단 이후 최초로 남북정상회담을 개최하고, 6 · 15 남북공동선언을 발표했다.
① 김대중정부 때 최초로 남북정상회담이 이루어져 개성공단 건설운영에 관한 합의서를 체결했다.

01 (가) 나라에 대한 설명으로 옳은 것은? [2점]

> [(가)]왕 해부루가 늙도록 아들이 없자 산천에 제사 지내어 대를 이을 자식을 구했다. 그가 탄 말이 곤연에 이르러 큰 돌을 보더니 마주 대하며 눈물을 흘렸다. 왕이 이를 괴상히 여겨 사람을 시켜 그 돌을 옮기니 어린아이가 있었는데 금색의 개구리 모양이었다. …… 이름을 금와라 하고, 장성하자 태자로 삼았다.
>
> － 〈삼국사기〉 －

① 혼인풍습으로 서옥제가 있었다.

② 12월에 영고라는 제천행사를 열었다.

③ 정사암에 모여 국가의 중대사를 논의했다.

④ 철이 많이 생산돼 낙랑과 왜에 수출했다.

⑤ 특산물로 단궁, 과하마, 반어피가 유명했다.

기출 태그 #부여 #금와왕 신화 #삼국사기
#영고 #12월 제천행사

해설

〈삼국사기〉에 기록된 부여의 금와왕 신화에 의하면 부여왕 해부루가 아들을 얻기 위해 제사를 지내자 곤연이라는 연못의 큰 돌에서 금빛 개구리 모습의 어린아이가 나타나 태자로 삼았다고 한다.

② 부여는 매년 12월 수확에 대한 감사제의 성격을 지닌 영고라는 제천행사를 열었다.

02 지도와 같이 행정구역을 정비한 국가에 대한 설명으로 옳은 것을 〈보기〉에서 고른 것은? [3점]

- **보기** -

ㄱ. 9서당 10정의 군사조직을 운영했다.

ㄴ. 욕살, 처려근지 등을 지방관으로 파견했다.

ㄷ. 상수리제도를 실시해 지방세력을 견제했다.

ㄹ. 북계에 병마사를 파견해 적의 침입에 대비했다.

① ㄱ, ㄴ   ② ㄱ, ㄷ   ③ ㄴ, ㄷ

④ ㄴ, ㄹ   ⑤ ㄷ, ㄹ

기출 태그 #9주 5소경 #통일신라 지방행정체제
#9서당 10정 #상수리제도

해설

통일신라는 삼국통일로 확장된 영토를 9주로 나누고 수도 경주의 편재성을 보완하기 위해 주요도시에 5소경을 설치해 지방행정체제를 정비했다.

ㄱ. 통일신라 신문왕은 중앙군을 9서당, 지방군을 10정으로 편성해 군사조직을 정비했다.

ㄷ. 통일신라 때 지방세력을 견제하기 위해 지방호족의 자제 1명을 뽑아 중앙에서 머물게 하는 상수리제도를 실시했다.

03 다음 지역과 관련한 탐구활동으로 가장 적절한 것은? [2점]

두근두근 랜선여행

역사와 문화가 살아 숨쉬는 ○○○로 떠나요!

고인돌 4:15   참성단 4:26   광성보 5:12

영상을 클릭하면 360 VR 로 여행하실 수 있습니다.

① 대몽항쟁기에 조성된 왕릉을 조사한다.
② 김만덕의 빈민구제활동에 대해 알아본다.
③ 정약전이 자산어보를 저술한 곳을 검색한다.
④ 지증왕이 이사부를 보내 복속한 지역과 부속 도서를 찾아본다.
⑤ 러시아의 남하를 견제하기 위해 영국군이 점령한 장소를 살펴본다.

기출 태그 #강화도 #고인돌 유적 #참성단
#광성단 #대몽항쟁 #강화 홍릉

해설
• 고인돌: 강화도 부근리, 삼거리, 오상리 등의 지역에는 청동기시대 지배층 군장의 무덤인 고인돌 160여 기가 분포돼 있다. 세계에서 고인돌이 가장 밀집돼 있는 동북아시아 중에서도 우리나라가 그 중심이며, 고창·화순·강화 고인돌 유적이 함께 유네스코 세계유산으로도 등재돼 있다.
• 참성단: 강화도 마니산에 위치한 참성단은 단군이 하늘에 제사를 올리기 위해 쌓은 제단이라고 전해진다. 고려와 조선시대에도 이곳에서 국가의 안정과 평화를 기원하는 도교식 제사를 거행했다.
• 광성보: 고려가 몽골의 침략에 대항하기 위해 강화도로 도읍을 옮기면서 쌓았던 외성을 조선 광해군 때 다시 고쳐 쌓았고, 이후 효종 때 광성보를 설치했다. 1871년에는 광성보에서 신미양요 때 미군과 전투를 벌였으며, 이 때 문의 누각과 담이 파괴됐던 것을 다시 복원했다.
① 강화 홍릉은 강화도로 천도했던 고려 대몽항쟁기 당시 국왕이었던 고종의 무덤이다.

04 다음 사건이 전개된 시기의 사회모습으로 옳은 것은? [2점]

사건일지
• **2월 10일** 망이 등이 다시 반란을 일으켜 가야사를 습격함
• **3월 11일** 망이 등이 홍경원에 불을 지르고 승려 10여 명을 죽임
• **6월 23일** 망이가 사람을 보내 항복을 청함
• **7월 20일** 망이·망소이 등을 체포해 청주감옥에 가둠

① 서얼이 통청운동을 전개했다.
② 원종과 애노가 사벌주에서 봉기했다.
③ 적장자 위주의 상속제도가 확립됐다.
④ 읍락 간의 경계를 중시하는 책화가 있었다.
⑤ 특수행정구역이었던 소의 주민들이 차별을 받았다.

기출 태그 #고려시대 사회 #향·부곡·소
#사회적 차별 #망이·망소이의 난

해설
⑤ 고려의 지방행정체제에는 특수행정구역인 향·부곡·소가 존재했다. 향과 부곡은 신라 때부터 형성돼 이어진 군현체제로, 촌락 중 크기가 일반군현에 미치지 못하거나 왕조에 반항하던 집단의 거주지를 재편한 곳이었다. 소는 고려시대에 형성된 것으로, 수공업이나 광업에 종사하며 지방 특산물을 생산하는 지역이었다. 향·부곡·소의 백성들은 신분상 양인이었으나 일반군현의 백성들에 비해 사회적으로 차별을 받았다. 이에 고려 무신정권 시기에 공주 명학소에서 망이·망소이가 과도한 부역과 소 주민에 대한 차별대우에 항의해 농민반란을 일으켰다(1176).

05 (가) 교육기관에 대한 설명으로 옳은 것은? [1점]

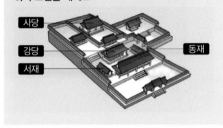

조사보고서

1. **주제**: 조선의 교육기관 ___(가)___ 을/를 찾아서

2. **개관**
   중종 38년(1543) 풍기군수 주세붕이 처음 건립했다. 국왕으로부터 현판과 토지, 노비 등을 받기도 했다. 흥선대원군에 의해 정리돼 47곳이 남았는데, 이 중 대표적인 9곳이 유네스코 세계유산으로 등재됐다.

3. **주요건물 배치도**

   사당 / 강당 / 동재 / 서재

① 전국의 모든 군현에 하나씩 설치됐다.

② 선현의 제사와 유학교육을 담당했다.

③ 전문강좌인 7재가 설치돼 운영됐다.

④ 중앙에서 교수나 훈도를 교관으로 파견했다.

⑤ 소과에 합격한 생원, 진사에게 입학자격이 부여됐다.

기출 태그 #서원 #조선시대 사립교육기관 #사림세력
#흥선대원군 사원철폐 #유네스코 세계유산

해설

서원은 조선의 지방 사립교육기관으로, 사림세력이 주로 설립하면서 이들의 세력기반이 됐다. 조선 중종 때 풍기 군수 주세붕이 성리학을 전래한 고려 말의 학자 안향을 기리기 위해 최초로 백운동서원을 건립했고, 이후 이황의 건의로 최초의 사액서원인 소수서원으로 사액됐다. 국가의 공식승인을 받은 사액서원은 국가로부터 토지와 노비, 서적을 받고 면세·면역의 특권을 부여받았다. 그러나 지방의 서원이 면세 등의 혜택으로 국가재정을 악화시키고 백성을 수탈하는 폐해를 저지르자 흥선대원군 때 47개를 제외한 전국의 서원을 철폐시켰다. 2019년에는 조선의 성리학 교육기관을 대표하는 서원 9곳이 함께 연속유산으로 유네스코 세계유산에 등재됐다.
② 조선시대 서원은 선현에 대한 제사와 양반자제의 교육을 담당했다.

06 (가) 국가에 대한 조선의 정책으로 옳은 것은? [2점]

모화관에 도착한 ___(가)___ 사신을 접대할 수 없다며 김만균이 사직소를 올렸습니다. 병자호란 때 조모가 강화도에서 순절한 것을 이유로 들었으나 나랏일이 먼저이니 사직을 허락해서는 안 됩니다.

그리하도록 하라.

① 정동행성 이문소를 폐지했다.

② 별무반을 편성해 침입에 대비했다.

③ 정기적으로 연행사를 보내 교류했다.

④ 한성에 동평관을 설치해 무역을 허용했다.

⑤ 통신사를 파견해 조선의 문물을 전파했다.

기출 태그 #조선의 대청외교 #김만균 #청 사신
#병자호란 #연행사

해설

조선 현종 때 홍문관 수찬 김만균은 모화관에서 청 사신을 접대하라는 명을 받자 조모가 병자호란 때 사망했다는 것을 이유로 거절했다. 이에 서필원은 국가에 대한 충성이 우선이라는 원칙론을 내세워 김만균의 처벌을 주장했고, 현종은 김만균을 파직했다.
③ 조선 후기에는 청에 정기적으로 연행사라는 사신을 파견했으며, 18세기부터 본격적으로 사신파견을 통해 교류하며 다양한 천문서, 지도, 과학기술 등이 조선으로 들어왔다.

다음 대화 이후에 전개된 사실로 옳은 것은?
[2점]

> 며칠 전 폐하께서 환구단에 나아가 황제로 즉위하셨다는 소식 들었는가?

> 들었네. 어제는 국호를 대한으로 선포하셨다고 하더군.

① 전환국이 설치됐다.
② 혜상공국이 설립됐다.
③ 보빙사가 미국에 파견됐다.
④ 조청상민 수륙무역장정이 체결됐다.
⑤ 양전사업이 실시돼 지계가 발급됐다.

기출 태그 #대한제국 선포 #연호 광무 #환구단
#광무개혁 #지계아문 #근대적 토지소유권

해설
아관파천 이후 경운궁으로 환궁한 고종은 환구단에서 황제로 즉위하고 연호를 '광무'로 해 대한제국을 선포했다 (1897).
⑤ 대한제국은 광무개혁 때 양지아문을 설치해 양전사업을 실시했고, 지계아문을 통해 토지소유문서인 지계를 발급해 근대적 토지소유권을 확립하고자 했다(1901).

---

08 밑줄 그은 '시기'에 볼 수 있는 모습으로 옳은 것은?
[2점]

> 사진 속 만삭의 임산부가 바로 저입니다. 일제는 중일전쟁 이후 침략전쟁을 확대하던 <u>시기</u>에 많은 여성을 전쟁터로 끌고 가 일본군 '위안부'로 삼았습니다. 저는 가까스로 연합군에 의해 구출됐지만 그곳에서 죽임을 당한 여성도 참 많았지요.

고(故) 박영심 할머니 생전 인터뷰

① 태형을 집행하는 헌병경찰
② 원산총파업에 동참하는 노동자
③ 회사령을 공포하는 총독부 관리
④ 신사참배에 강제동원되는 학생
⑤ 암태도 소작쟁의에 참여하는 농민

기출 태그 #민족말살통치 #여자정신대 근무령
#일본군 위안부·성착취 #황국신민화정책

해설
일제는 1930년대 이후 민족말살통치기에 대륙침략을 위해 한반도를 병참기지화하고 중일전쟁과 태평양전쟁을 일으켰다. 이후 여자정신대 근무령(1944)을 공포해 젊은 여성들을 군수물자생산에 동원했고, 이중 일부 여성들을 일본군 '위안부'로 삼아 성착취를 하는 만행을 저질렀다. 사진 속 벽에 기댄 채 서있는 만삭의 임산부인 고(故) 박영심 할머니는 일제에 의해 중국으로 끌려가 일본군 '위안부'로 참혹한 생활을 하다가 1944년에 연합군에 의해 구출됐다.
④ 일제는 민족의 정체성을 말살하기 위한 황국신민화정책을 시행하고 내선일체의 구호를 내세워 황국신민서사암송(1937)과 창씨개명(1939), 신사참배 등을 강요했다.

09 다음 뉴스가 보도된 정부 시기의 사실로 옳은 것은? [2점]

> 오늘 대전에서는 향토예비군 창설식이 열렸습니다. 1월 21일 북한 무장공비의 청와대 습격 시도 사건을 계기로 자주적 방위태세를 강화하기 위한 조치입니다.

① 양성평등의 실현을 위해 호주제를 폐지했다.

② 교육지표를 제시한 국민교육헌장을 선포했다.

③ 사회통합을 위해서 다문화가족 지원법을 시행했다.

④ 공직자 윤리법을 개정해 공직자의 재산등록을 의무화했다.

⑤ 언론의 통폐합이 단행되고 언론기본법을 제정했다.

10 다음 담화문을 발표한 정부 시기의 경제상황으로 옳은 것은? [1점]

> 헌법 제76조 제1항의 규정에 의거해 「금융실명거래 및 비밀보장에 관한 대통령 긴급재정경제명령」을 반포합니다. …… 금융실명제 없이는 건강한 민주주의도, 활력이 넘치는 자본주의도 꽃피울 수가 없습니다. 정치와 경제의 선진화를 이룩할 수가 없습니다. 금융실명제는 '신한국'의 건설을 위해서 그 어느 것보다도 중요한 제도 개혁입니다.

① 경부고속도로를 준공했다.

② 제1차 경제개발 5개년 계획이 추진됐다.

③ 경제협력개발기구(OECD)에 가입했다.

④ 미국과 자유무역협정(FTA)을 체결했다.

⑤ 귀속재산처리를 위해 신한공사가 설립됐다.

기출 태그 #박정희정부 #북한 무장공비 #1 · 21사태
#향토예비군 창설 #국민교육헌장

해설

박정희정부 시기 북한이 무장공비를 남파해 청와대 습격을 시도했고(1 · 21사태) 미 해군의 정찰함을 납치하는 등 무력행위가 지속됐다. 이후 북한의 도발에 효과적으로 대비하고자 1968년 4월 대전공설운동장에서 향토예비군 창설식을 열고 예비군전력을 강화했다.

② 박정희정부는 국민의 윤리와 정신적인 기반을 확고히 한다는 명분으로 교육의 지표를 제시한 국민교육헌장을 선포했다(1968).

기출 태그 #김영삼정부 #금융실명제 #경제개혁
#경제협력개발기구 가입

해설

김영삼정부는 부정부패와 탈세를 뿌리 뽑기 위해 대통령 긴급명령으로 금융실명제를 실시해 경제개혁을 추진했다(1993).

③ 김영삼정부 시기 국제경제의 세계화와 개방경제체제 확산에 따른 대응을 위해 경제협력개발기구(OECD)에 가입했다(1996).

조직적응력과 관련해
자주 나오는 질문들!

최근 면접전형에서 회사나 조직적응력에 관한 질문이 자주 나오고 있습니다. 그중에서도 주제의 특성상 근무 시 예상되는 몇 가지 기본적인 상황이나 배경을 전제로 묻는 질문이 많습니다. 질문 자체의 난이도는 어렵지 않다고 볼 수 있으나, 너무 예상되는 답변이나 경직된 답변은 오히려 감점요소가 될 수 있기 때문에 이런 점들을 고려하여 답해야 합니다. 특히 질문자의 의도를 파악하는 것이 중요하다고 할 수 있는데, 보통 회사의 조직특성이나 해당 기업이 속한 산업적인 특성에 견주어 답변하려는 노력이 요구됩니다. 이번 칼럼에서는 조직적응력에 관한 대표적인 예시문항을 중심으로 살펴보겠습니다.

만약 여러분이 NCS에 관한 책을 보거나 강의를 들어본 경험이 있다면 'Right Person'이라는 단어를 접한 적이 있을 겁니다. 이는 '그 자리에 가장 적합한 인재'라는 의미입니다. 즉, 조직에서 적응을 잘하고 오래 근무할 수 있으며, 다른 조직구성원과 잘 협업할 수 있는 인재를 말합니다.

대부분의 기업에서는 신입직원을 채용할 때 너무 두드러지는 인재보다는 기존의 구성원과 조화를 이룰 수 있는 무난한 사람을 원합니다. 그래서 면접에서는 조직지향적이고 대인지향적이며, 친화적인 인재를 찾게 됩니다. 왜냐하면 해당 지원자가 면접전형까지 올라왔다는 것은 그 전 단계에서 이미 업무를 하는 데 꼭 필요한 기본적인 지식이나 기술, 태도적 자질 등에 대한 평가가 완료되어 그 능력을 인정받았다는 의미이기 때문입니다. 조직적응력에 대한 질문이 다른 단계보다 면접에서 많이 나오는 이유 역시 같습니다. 실제로 조직적응력에 관한 질문의 답변에서 당락이 결정되는 경우가 많기 때문에 면접을 준비할 때 심도 있게 고민하고 준비해야 합니다.

간단한 유형의 예시질문을 살펴보겠습니다.

> **Q. 귀하가 지원한 분야에 대한 지식과 향후 발전방향에 대하여 말씀해 주십시오.**

질문의 표면적 이유는 지원자의 직무전문성을 알아보기 위함이지만, 전공이나 자격증, 어학 등 정량적 측면의 역량만 어필해서는 분명 한계가 있습니다. 질문에서 지원분야의 지식과 함께 향후 조직의 발전방향을 물었기 때문입니다.

지원자 A

> 저는 대학교에서 ○○공학을 전공하였으며, ○○에 대한 자격증이 있습니다. 또 외국인과의 업무적 대화에 필요한 ○○어학 능력을 갖추고 있습니다. 이러한 능력을 바탕으로 최고의 해외영업 스페셜리스트가 되고 싶습니다. (이하 생략)

지원자A의 답변은 '지원분야에 대한 지식'에 관한 사항은 잘 답변했지만, '향후 발전방향'에 대해서는 자신을 위한 목표만 강조되어 있어 면접위원의 입장에서는 그다지 공감되거나 매력적인 답변은 아닙니다. 또 너무 추상적이고 단답형으로 답변한 점 역시 가점을 주기에는 부족한 측면이 있습니다.

저는 ○○기업에서 ○○ 해외시장을 개척하는 해외영업 스페셜리스트가 되고 싶습니다. 이와 관련하여 저는 ○○전공을 이수했으며, 어학에 관련한 ○○자격증과 무역에 관련한 ○○자격증, 그리고 공학적 배경을 위해 ○○교육과정을 이수하였습니다. 또한 저는 조직에 실질적인 기여를 하기 위해 상사분들이나 선배님들의 지식과 기술을 습득하고, 조직성과에 실질적으로 도움이 되는 인재가 되기 위해 ○○과 ○○을 지속적으로 노력하겠습니다. (이하 생략)

지면관계상 모든 내용을 담지는 못했지만 지원자B의 답변은 지원자A의 답변과 비교해 조직의 한 구성원으로서의 목표를 잘 제시한 답변이라고 할 수 있습니다. 특히 조직의 성과를 위해 혼자만의 능력이 아닌 다른 구성원과의 협업에 대한 본인의 소신을 간접적으로나마 표현하고 있습니다.

다만 이러한 유형의 질문에 답할 때 지원하는 기업의 문화나 사업방향, 목표, 또는 조직구조 등에 대한 지식이 있다면 더욱 현실적인 답변이 가능합니다. 따라서 이와 관련한 정보를 미리 파악해 다른 지원자와 차별화된 답변을 준비하는 것이 필요합니다. 예를 들어 제조기업에 지원하는 경우 생산관리, 품질관리, 경영지원, 연구개발, 선행연구, 구매관리, 영업관리 등 다양한 부서의 조직 내 연결성을 개략적으로 파악하고 이해한다면 더 좋은 답변을 구성할 수 있을 것입니다.

Q. 귀하가 회사에 근무하면서 가장 중요하게 느끼는 가치는 무엇입니까?

위 질문은 직업가치관을 묻는 질문입니다. 직업가치관은 직업인에게 매우 중요한 관념이지만 사람마다 독특한 관점을 가지고 있는 것이 특징입니다. 하지만 면접에서 이러한 유형의 질문을 받았다면 단순히 개인적 관점에서가 아니라 조직 전체를 고려할 수 있는 관점에서 표현하는 것이 필요합니다.

저는 인사관리 분야의 전문가가 되고 싶습니다. 따라서 인사관리에 대한 전문성을 확보하기 위해 많은 노력을 할 것입니다. 향후 10년 뒤에는 조직의 인사부문을 담당하는 최고의 인재가 되기 위해 많은 것을 배우고 경험하며 노력하겠습니다.

지원자C의 답변은 다소 교과서적인 측면이 있지만, 대부분의 지원자가 자신의 전문성에 대한 목표를 조직의 구성원으로서 최상의 가치로 두는 답변을 많이 한다는 점에서 답변 자체가 잘못된 것은 아닙니다. 하지만 이러한 방향으로 답변을 할 때는 조직 내에서의 인재가 되겠다는 부분을 어필하는 것이 중요합니다.

저는 ○○기업에서 인사관리 분야의 전문가가 되는 것을 최고의 가치로 두고 있습니다. 이를 위해서는 조직에 대한 폭넓은 정보와 애정을 바탕으로 조직의 비전이나 목표를 잘 이해하는 것이 중요할 것입니다. 물론 이제 막 새로 입사를 하는 신입사원의 입장에서 하루 아침에 모든 것을 다 습득하지는 못할 것입니다. 그러나 주위의 선배나 상사분들의 도움과 조력을 받고 제가 해야 할 소임을 다하면서 노력하다 보면, 어느 정도 시간이 지난 뒤에는 ○○조직에서 꼭 필요한 구성원이 되리라 확신합니다.

한정된 지면 탓에 모든 내용을 담지는 못했지만, 지원자C의 답변과 비교했을 때 지원자D의 답변은 거의 유사한 내용임에도 조직친화적 측면 또는 조직지향적 측면에서 어느 정도 구분이 될 겁니다. 이러한 유형의 질문에 답할 때 중요한 것은 면접위원이 묻는 직업가치관이나 직업철학은 구성원 한 사람의 입장이 아니라 작게는 자신이 속한 부서부터 크게는 지원기업의 한 사람으로서 답변해야 한다는 점입니다. 대부분의 부서는 각각 다른 부서와 업무적 연관성이 있는데, 예를 들어 구매부서는 생산부서와 영업부서의 연결고리 역할을 하고, 재무부서는 각 부서의 지출이나 매출과 관련된 통합적인 업무에 관여하는 식입니다. 때문에 채용공고에서 미리 제공되는 사항들을 꼼꼼하게 살펴보고 기업 홈페이지에 게재된 조직구성도를 병행하여 분석하면 면접에서 더욱 치밀하고 구체적으로 답변할 수 있을 겁니다.

다른 예시질문을 살펴보겠습니다. 이번 질문은 실제 회사생활을 할 때 발생할 수 있는 특정 상황과 관련된 질문입니다.

Q. 만약 상사가 귀하가 생각하기에 부당한 업무지시를 내린다면 어떻게 행동하시겠습니까?

위 질문에 답하기 전 먼저 면접위원의 의도를 고민할 필요가 있습니다. 직장생활을 하다 보면 때에 따라선 부당한 업무지시라 생각되는 상황이 주어질 수 있습니다. 여기서 질문을 유심히 살펴보면 '귀하가 생각하기에'라는 단서조항이 있습니다. 단순하게는 부당한 지시는 따르지 않는 것이 올바른 태도이지만, '부당한 지시라고 판단되는 기준이 무엇인가?'를 먼저 고민해야 합니다. 따라서 맹목적인 대답이나 객관적이지 않은 기준을 제시하며 답변한다면 오히려 감점사유가 될 수 있습니다.

지원자 E

상사의 지시에는 제가 알지 못하는 어떤 의미가 있을 것입니다. 따라서 일단 지시에 따르는 것이 좋다고 생각합니다. 상사가 지시한 내용을 먼저 수행을 한 이후에, 해당 지시에 대해 상사와 상의를 하는 것이 좋다고 생각합니다.

지원자E의 답변은 가장 보편적인 답변이지만 조금 부족한 측면도 있습니다. 특히 다대일 면접일 경우 모든 지원자가 위 답변과 유사한 내용으로 일률적으로 답변한다면 면접위원의 입장에서는 가점을 주기 어려울 겁니다. 다시 말해 위 답변이 잘못된 답변이라기 보다는 경쟁자와 대비해 차별성이 부족한 답변이 될 개연성이 큽니다.

지원자 F

기본적으로 상사의 업무지시는 수긍하고 따라야 함이 원칙이지만, 명시적인 사규나 통상적인 상식에 위배되는 경우에는 그 근거를 들어 상사의 재고를 우회적으로 말씀을 드리는 것이 필요하리라 생각합니다.

반면 지원자F의 답변은 지원자E의 답변과 비교해 구체적이며, 자신의 관점이 비교적 잘 두드러지는 답변입니다. 면접위원이 해당 질문에서 의도하는 것은 상사의 업무지시가 상식적인 측면에서 어긋나는 매우 희귀하고 예외적인 경우에 한해 업무지시의 재고가 필요하다는 것을 의미합니다. 따라서 면접위원은 위와 같은 답변을 한 지원자F에게 이상(異常)적 상황에 대처하는 효과적인 문제해결능력이 있다고 판단할 수 있을 것입니다.

지원자 G

상사의 업무지시는 부하직원으로서 당연히 수긍하고 따라야 합니다. 그러나 면접위원께서 말씀하셨던 '부당한 업무지시'는 부당하기 때문에 따르지 않는 것이 원칙이기도 합니다. 다만 여기서 '부당하다'는 것은 제 개인이 '수긍하는가?'와 '수긍하지 않는가?'의 단편적인 관점이 아니라, 조직 내에서 통용되는 상식적이고 명시적인 기준에 따라야 한다고 생각합니다. 따라서 이러한 기준이 판단되지 않을 경우, 다른 동료에게 조언을 청하거나 업무를 지시하신 상사분에게 지시에 대한 조금 더 자세한 배경을 여쭤봐야 한다고 생각합니다.

지원자F와 비교적 유사한 관점이지만 지원자G는 질문에 포함된 '부당한 업무지시'에 대한 용어적 의미와 행동방안을 조금 더 구체적으로 제시했는데, 바로 이 점이 가점요소라 생각됩니다. 특히 '부당한 업무지시'는 따르지 않겠다는 원칙을 보여줌과 동시에 그를 판단하는 기준을 다른 사람이나 업무지시자를 통해 재차 확인한다는 점은 조직지향적 측면에서 납득 가능한 태도이므로 타당성이 있는 답변이라 할 수 있습니다.

Q. 상사 두 사람의 업무지시가 상이할 경우, 귀하는 어떻게 대처하시겠습니까?

위 질문은 앞선 질문과 연계된 확장형 질문으로서 자주 나오는 예시질문입니다. 여기서 면접위원의 의도를 살펴본다면 상사 두 사람에 대한 구분을 모호하게 함으로써 지원자가 돌발상황을 어떻게 풀어나가는지 묻기 위함입니다.

지원자 H

상사 두 분의 업무지시가 상이할 경우, 당연히 직급이 더 높은 상사의 업무지시를 따라야 한다고 생각합니다.

지원자H의 답변은 반은 맞고 반은 잘못됐다고 할 수 있습니다. 위와 같은 질문에 답변할 때는 상사 두 사람에 대한 관계설정을 좀 더 명확하게 하고, 만약

두 상사가 같은 팀이라면 두 사람 모두에게 지원자 본인의 상황을 정확히 설명한 뒤 이를 고려한 추가 업무지시를 받는 것이 원칙입니다. 따라서 아래의 지원자처럼 답변하는 것을 권장합니다.

지원자 I

기본적으로 직속상사의 업무지시를 따르는 것이 원칙입니다만, 만약 직속상사가 두 분이라면 두 분 모두에게 상이한 업무지시에 대한 상황을 각각 말씀드리고 이러한 상황을 고려한 추가적인 업무지시를 받는 것이 나을 것이라 생각합니다. 그 이유는 상이한 업무지시로 인한 업무 혼선을 방지하기 위해서입니다.

지금까지 면접현장에서 자주 나오는 조직적응력과 관련된 대표 예시질문을 살펴보았습니다. 본문에서도 강조하였지만 질문의 의도가 무엇인지 꾸준히 고민하고 연습하는 자세가 필요합니다. 특히 면접위원은 정해진 시간에 여러 명의 후보자를 평가하기 때문에 일률적인 답변에 대해서는 가점을 주지 않을 것입니다. 따라서 앞서 설명한 내용들을 고려해 면접에 대비한다면 다른 경쟁자들과 비교해 더 좋은 결과를 얻을 수 있을 것이라고 생각합니다. 🔲

필자 소개

안성수. 경영학 박사(Ph.D.)
리더십/인사컨설팅 및 채용 관련 콘텐츠 개발
NCS 채용컨설팅/NCS 퍼실리테이터
공무원/공공기관 외부면접위원, 면접관 교육
인사/채용 관련 자유기고가
저서 〈NCS와 창의적 사고기법〉, 〈NCS직무가이드〉 外

자유자재로 당근과 채찍을 구사하는 능구렁이
영업관리 : 편의점

영업관리 직군 소개

영업관리란?

고객과의 소통만 강조해서는 탈락할 가능성이 매우 높다. '영업'이 아니라 '영업관리'라는 사실을 명심해야 한다.

영업관리 직무의 종류

직무	주요 업무 및 업종
프랜차이즈 점포관리	• 프랜차이즈 점포 10여 개 담당 • 점주와의 상생 • 상권에 대한 철저한 분석 • 편의점, 외식업, 의류, 화장품, H&B스토어, 통신사 등
브랜드/코너 매장관리	• 브랜드별 매장 · 협력사 직원 관리 • 식품, 생활용품, 잡화 등 섹션 담당 • 발주 및 진열 관리(2D2P) • 백화점, 면세점, 쇼핑몰, 아울렛, 대형마트, 가구점 등
직영점 운영	• 담당 매장의 전반 운영관리(인사/매출/점포마케팅/서비스) • 스태프 → 부점장 → (본사) → 점장 • 의류/잡화, 외식업, SSM, 편의점, 통신사 등 유통 주요 거점 지역 플래그샵

영업관리 유사 직무

직무	주요 업무
영업지원	영업활동에 있어 발생하는 부가적인 제반서류 업무 수행 • 계약서 작성, 결제 관련 서류 업무 • 생산공장 또는 협력업체로부터 납품 시, 차질 없도록 영업담당자 지원

영업교육	영업사원 대상 역량 강화 교육 진행
	• 영업담당 직무별 · 직급별 · 직책별 교육 • 역할 · 책임 · 업무 범위 세분화하여 각 계층별 성과목표 설정 후 그에 맞는 교육 실시
영업기획	전사 마케팅 전략 중 영업실적 향상을 위한 다양한 세부기획
	• 영업활동을 제대로 수행할 수 있는 다양한 아이디어 수립 • 개인별 · 조직별 실적 분석을 통한 매출 독려 • 중장기 영업시장 분석 및 매출 예상

※ 영업관리로 입사 후 1~2년 후 재배치 가능성이 높은 직무

1. 프랜차이즈 점포관리 직무에 대한 이해

'나의 고객은 누구일까?' 많은 취업준비생(취준생)들이 영업과 영업관리 직무를 헷갈리다 보니 대상 고객이 둘 다 소비자인 줄 아는 경우가 많다. 하지만 영업관리 직무의 1차 고객은 바로 '점주'다. 따라서 영업관리자는 점주들을 만족시키되, 그들이 회사의 정책대로 움직일 수 있도록 노력해야 한다.

이러한 영업관리 직무에서 가장 핵심이 되는 업무는 ▲ 매출관리 ▲ 재고관리 ▲ 상권 내 차별화 마케팅 ▲ 소비자 클레임 대응 등 네 가지다. 통상 영업관리자 1명이 담당하는 점포는 10개 내외로 모든 점주가 본사 정책대로 움직이면서 매출을 끌어올려 상생할 수 있게 컨설팅을 해주는 역할을 수행한다. 그래서 일부 기업에서는 프랜차이즈 점포관리 직무를 스토

어 컨설턴트(Store Consultant)라 부르기도 한다.

> **주요 업무 세부내용**
> • 매출 및 손익 목표에 대한 점포별 목표설정 및 달성 전략 수립
> • 실적분석표 작성(매출 실적분석표 작성 및 보고)
> • 재고관리(품목별 결품 및 과다재고 확인)
> • 각종 문제사항 발생 시 적절한 방법으로 해결방안을 찾아 실행
> • 프로모션 및 다양한 이벤트 기획
> • 고객 클레임 분석 및 대응전략 수립(유관부서 협업)
> • 해당 상권 내 경쟁업체 대비 차별화 전략 수립

2. 필요 역량과 자질 및 핵심 키워드

그렇다면 어떤 역량과 자질을 갖춰야 고객이자 상생의 대상인 점주를 대상으로 제대로 활동할 수 있을지 알아보자.

> **필요 역량과 자질**
> • 남녀노소 누구나 이끌어 갈 수 있는 리더십과 인력관리 경험
> • 논리적 전달력 및 설득력
> • 상권분석력(상권 소비 특성, 유동인구, 주변 매장 등)
> • 엑셀의 피벗테이블, 함수 등을 활용한 신속·정확한 데이터 분석 및 가공 능력
> • 스페셜리스트(Specialist)가 아닌 제너럴리스트(Generalist)로서의 역량

프랜차이즈 점포관리 담당자라면 '능수능란하게 당근과 채찍을 구사하는 능구렁이'가 되어야 한다. 그래야만 비협조적인 점주라도 본사의 정책과 지침을 제대로 수행하도록 만드는 것은 물론, 그들과 올바른 상생을 할 수 있는 진정한 컨설턴트 역할을 수행할 수 있기 때문이다.

이러한 프랜차이즈 점포관리 포지션으로 자기소개서를 작성하거나 면접에서 어필할 때 어떤 키워드를 어필해야 할까? 아마도 상당수의 취준생들은 '소통', '도전', '열정'과 같은 키워드를 떠올릴 것이다. 하지만 이런 키워드는 대다수의 지원자가 앵무새처럼 똑같이 반복해 온 식상한 키워드라고 할 수 있다. 따라서 인사담당자나 면접위원들이 어떤 키워드를 선호하는지 파악해 어필할 필요가 있다. 다음 키워드를 중심으로 살펴보도록 하자.

❶ 설득과 협상

점주가 본사의 정책을 올바로 이해하고 실행할 수 있도록 설득하고, 그들의 요구사항을 본사 각 부서에 잘 전달해야 한다.

❷ 솔선수범과 부지런함

점포관리 담당자는 신입이라 하더라도 그 회사를 대표하는 사람으로서 점주와 아르바이트생들에게 늘 솔선수범하고 부지런한 모습을 보여야 한다. 특히 매일 담당 점포를 순회할 때 점주들과의 시간약속은 반드시 지켜야 한다.

❸ 빠른 판단력과 상황대처능력

매장에서는 불특정 다수의 소비자를 상대해야 하는 만큼 예상치 못한 일이나 클레임(불만사항)이 발생할 수 있다. 이 경우 당황하지 않고 빠르고 현명하게 판단해 적절히 대처할 수 있는 능력이 절실히 요구된다. 때문에 이와 관련된 학창시절 경험이나 사례를 반드시 준비해야 한다.

❹ SCM (Supply Chain Management : 수요예측, 재고, 물류)

매출과 손익을 모두 개선하기 위해서는 재고관리도 매우 중요하다. 이에 필요한 수요예측과 판매량 데이터 분석, 발주량 조정 등 전반적인 사항에 대해 반드시 숙지하고 항상 신경써야 한다.

❺ 상생

점포관리 담당자는 항상 점주와 상생하겠다는 생각을 가져야 한다. 자신이 담당하는 매장의 매출이 결국 본사의 매출이고, 나에게 부여된 본사의 매출 목표는 점주들을 통해 달성하게 되는 것임을 항상 인지해야 한다.

❻ PB상품 판매 확대

편의점이나 H&B스토어에는 자체 PB(Private Brand)상품들이 있다. 동일한 제품군에서 PB상품을 많이 팔아야 회사의 수익에 더 기여할 수 있다. 같은 제품군이라도 PB상품이 팔리면 100% 회사의 수익이 되지만, 다른 브랜드의 상품을 팔면 수익을 나누게 되기 때문이다. 따라서 점포관리 담당자들은 PB상품 판매량을 높이기 위해 항상 고민하고 시도해야 한다.

❼ 상권의 차별성 이해

점포관리 담당자는 통상 10개 정도의 매장을 관리하게 되는데, 같은 지역이라고 하더라도 매장의 위치마다 상권의 특성이 각각 다르다는 점을 숙지해야 한다. 또한 상품구색 및 진열, 소비자들의 동선을 감안한 계산대 배치 등을 고려해 점주들과 상의 후, 각 상권의 특성을 최대한 반영한 매장 운영이 될 수 있도록 해야 한다.

❽ SKU(Stock Keeping Unit)

'매장에서 판매하고 있는 품목 하나'를 가리키는 용어로 이런 전문용어를 자기소개서나 면접에서 활용하면 큰 장점이 될 수 있다.

❾ 시장 트렌드 이해

각 품목마다 주차별 · 월별 · 시즌별 판매량을 파악하고, 이에 맞춰 발주 및 재고, 매출 트렌드를 분석해 점주들과 함께 품목별 수요예측은 물론 정확한 발주가 가능하도록 해야 한다. 또 본사 MD부서 담당자와 협업을 통해 신상품 도입 등에 대해서도 논의해야 한다.

❿ 집객 · 객단가 향상, ARPU

집객이란 고객을 끌어모으는 것을 말하고, 객단가란 소비자 1명이 더 많은 소비를 하도록 만드는 것을 말한다. 통신사 영업관리에서 활용하는 ARPU(가입자당 평균매출)와 비슷한 개념이다.

3. 사전 준비항목 및 기업분석

영업관리 직무로 취업을 희망하는 취준생들은 아래 항목을 준비해두어야 한다.

> **영업관리 직무 사전 준비항목**
> • 상대방을 논리적으로 설득해 본 사례 어필
> • 지원기업 PB상품에 대한 SWOT 분석
> • 편의점 등 프랜차이즈 근무경험(아르바이트 등) 보유 시 유리
> • 해당 실무경험이 없을 경우 동일 상권 내 동종 업종의 경쟁사별 매장 비교분석 자료 준비
> • 식품 · 외식업의 경우 HACCP(식품안전관리인증기준)에 대한 기본개념 이해 시 유리

특히 편의점 영업관리 직무를 준비하는 경우 일주일에 한 번씩 편의점 동향에 대한 보고서를 직접 작성해 보는 것이 좋다. 구체적인 항목은 아래와 같다.

> **편의점 동향 보고서 작성항목**
> • 개선하고 싶은 사항
> • 진열 상태
> • 아르바이트생의 고객응대 평가
> • 동일 지역 내 각 편의점의 비교분석
> • 동일 브랜드 편의점의 지역별 차이
> • 점주의 고민
> • 아르바이트생들의 고민

이렇게 여러 편의점 동향을 분석하는 일련의 과정을 통해 지원자들은 편의점을 보는 시각이 달라질 수 있다. 또한 DART(금융감독원 전자공시시스템)에 업로드된 편의점 계열사를 갖고 있는 기업들의 정기 보고서와 사단법인 한국편의점산업협회 홈페이지에 게시된 각종 현황자료나 보도자료를 찾아보도록 한다. CEO스코어 데일리를 통해 유통산업 분야 중 편의점을 키워드로 검색하여 수시로 언론 기사들을 스크랩하는 것도 기업을 분석하는 데 도움이 된다.

> **DART를 통해 반드시 확인해야 할 항목**
> • 산업의 특성, 산업의 성장성, 경기변동의 특성, 국내외 시장 여건, 경쟁우위 요소
> • 지역별 시장 여건 및 영업의 개황
> • 재무정보 및 제품별 매출 비중
> • 판매경로 및 판매전략

이후 자가진단까지 마친 뒤 최종적으로 완성된 직무 기업분석표를 통해 자신만의 2W1H 키워드를 뽑아낼 수 있다. 'What(직무상 강점)', 'Why(지원동기)', 'How to(입사 후 구체적 포부)'를 잘 분석해 이를 자기소개서와 면접에서 두괄식으로 어필할 수 있도록 연습해 보자. 📰

구글도 모르는 직무분석집

취업준비 왕초보부터 오버스펙 광탈자까지!
취업 성공 사례로 알아보는 인문상경계 및 이공계 직무에 대한 모든 것을 총망라했다.

저자 류정석
CDC취업캠퍼스 대표로서 15년간 대기업 인사팀 외 다양한 부서에서 근무한 경험을 바탕으로 직무 중심의 취업 전략을 제공한다.

직업상담소 SD에듀

관광통역안내사에 대한
이·모·저·모!

Q1 관광통역안내사란?

국내여행안내사, 호텔경영사, 호텔관리사, 호텔서비스사와 함께 관광업무에 종사하는 관광종사원 자격 중 하나로 외국인 관광객의 국내여행 안내와 한국의 문화를 소개하는 등 여행의 편의를 제공하는 업무를 수행하는 사람을 말합니다.

Q2 수험기간은 어느 정도로 잡아야 하나요?

관광통역안내사는 1년에 한 번 시험이 시행되는데요. 보통 1차 필기시험은 9월 초, 2차 면접시험은 11월 중후반 경 치러집니다. 기본적으로 갖고 있는 배경지식에 따라 달라지겠지만 보통 필기는 3개월, 면접은 필기시험이 끝난 직후부터 준비를 많이 합니다. 총 준비기간은 6개월에서 1년 정도로 보고 시작하는 게 좋은데, 하루를 온전히 공부시간으로 투자해야 하는 정도라기보다는 만약 직장을 다니고 있다면 직장생활과 병행하면서 틈틈이 공부할 수 있는 정도라고 생각하시면 됩니다.

Q3 외국인과 소통하기 위한 외국어 실력이 많이 중요한가요?

자격을 획득하는 데는 외국어 실력이 그렇게 필요하진 않지만, 현직에서 일하기 위해서는 높은 수준의 외국어 실력이 필요하다고 말씀드리고 싶어요. 특히 관광통역안내사는 말하기와 듣기 능력이 필수로 요구되기 때문에 어떤 언어든 해당 언어를 사용해서 사람들과 대화 정도는 부담 없이 할 수 있는 수준이 되어야 경쟁력을 가질 수 있지 않을까 생각됩니다.

공인외국어 점수 커트라인 (주요 외국어 기준)

구분	내용
영어	토익 760점, 텝스 372점, 토플 PBT 584점, 토플 IBT 81점, 지텔프(Lv.2) 74점 이상
일본어	JPT 740점, JLPT N1 이상
중국어	HSK 5급 이상

Q4 관광자원해설은 어떤 과목인가요?

말 그대로 관광종사원으로서 가져야 할 우리나라의 관광자원에 대한 기본지식을 묻는 과목입니다. 암기과목이라 시험을 준비할 때는 괴롭지만, 현직에 나가면 도움을 받는 일이 많아요. 왜냐하면 국사, 관광자원해설, 관광법규, 관광학개론 4과목 중에서도 우리가 직접 해설하는 내용을 배우는 과목이라 현장과의 연계도가 가장 높기 때문입니다. 무엇보다 2차 면접시험의 질문 대부분이 관광자원해설 분야에서 나오는 경우가 많아서 중요한 과목이라 할 수 있습니다.

Q5 추천할 만한 공부방법이 있다면?

이론서적을 보면 대부분 굉장히 두껍다는 것을 알 수 있어요. 그래서 일단 책을 보면 한숨이 나오는데, 사실 시험에 나오는 파트는 정해져 있습니다. 그래서 연도별 기출문제를 중심으로 정리노트를 만드는 방법을 추천해요. 몇 백 페이지의 내용을 나만의 방식으로 요약해 정리해두면 공부해야 하는 내용이 줄어들면서 용기도 생기고, 시험을 준비하거나 면접에서도 큰 도움이 될 겁니다. 너무 지치거나 불안해하지 마시고 시험에 집중하셔서 좋은 결과 있기를 바라겠습니다.

관광통역안내사 **조은정**

- **경력** 한국관광공사 경복궁 투어 진행
- **경력** 현대고등학교 방과 후 활동 교사
- **현** 현직 관광통역안내사
- **현** SD에듀 관광종사원 강사

SD에듀 유튜브 채널 토크레인
인터뷰 영상 보러가기

03:47 / 10:00

관광통역안내사 시험 대비 시리즈

'관광통역안내사 시리즈'는 적중률이 높은 과목별 핵심이론과 실전문제, 과년도 기출문제를 수록해 단기간에 효율적으로 학습할 수 있도록 구성했다. 관련 통계 및 현황 자료와 법령의 최신 내용이 반영되어 있으며, 최신 기출해설 무료강의와 출제키워드를 정리한 족보 등을 함께 제공함으로써 수험생들의 쉽고 빠른 합격에 도움이 되고자 한다.

상식 더하기 +

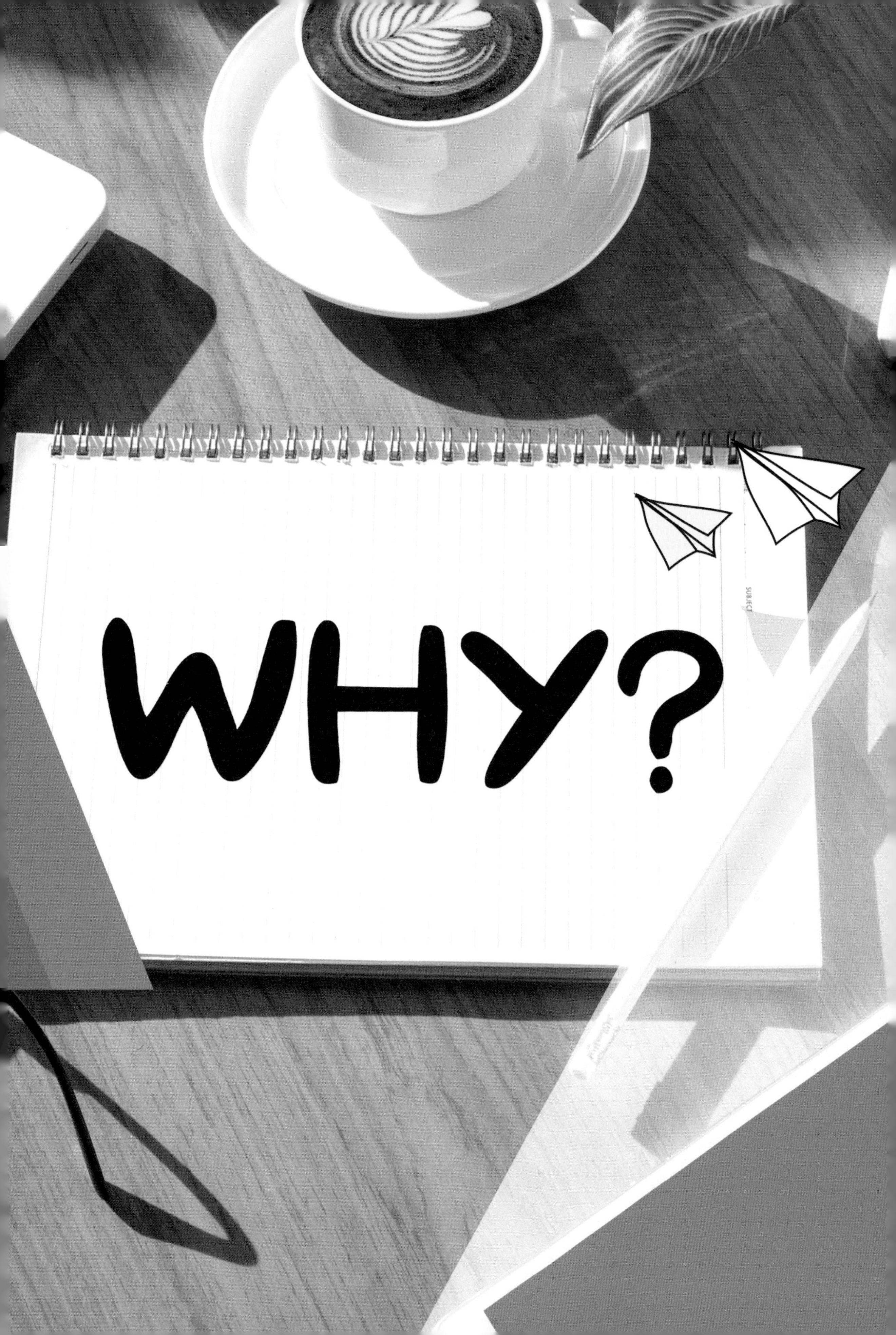
WHY?

겨울철 스키장에서는?
눈 화상 조심하세요

우리 '눈'도 화상을 입어요!

스키장에 다녀온 후 눈이 충혈되고 눈물이 나더니 급기야 시린 듯한 느낌이 들면서 눈을 뜨기 어려운 경우가 있는데요. 이런 증상이 나타난다면 '광각막염'을 의심해봐야 합니다. 광각막염은 눈이 자외선에 장시간 노출됐을 때 각막에 화상을 입는 것을 말하는데요. 특히 겨울철 스키장에서 스키나 스노보드를 타거나 눈 내린 산을 등산한 후 생기는 광각막염을 '설맹'이라고 부릅니다.

증상은 보통 각막이 손상된 후 8~12시간 이후에 나타납니다. 눈이 시리고, 눈물이 흘러 눈을 똑바로 뜨기 어렵고, 눈이 심하게 충혈되며, 이물감도 느껴지는데요. 심한 경우 망막이 붓고 시력이 떨어지며 일시적으로 야맹증이 생길 수도 있죠.

겨울철에도 햇빛 조심해야 눈에 자극 없어

광각막염은 겨울에도 주의해야 하는데요. 여름철엔 보통 모자, 선글라스 등으로 자외선을 차단하게 되지만, 겨울철에는 그다지 신경 쓰지 않는 경우가 많아서죠. 자외선 반사율은 흙이나 콘크리트 바닥의 경우 10% 정도지만 흰 눈에선 80% 정도이기 때문에 겨울철 자외선은 눈에 훨씬 많은 자극을 주게 됩니다. 또 자외선에 장시간 노출됐다면 망막과 눈 주변까지 손상될 수 있기 때문에 조심해야 하는데요. 방치할 경우 각막궤양, 백내장 등 여러 합병증이 발생할 수 있습니다.

스키장에선 눈 보호장비 필수로 착용해야

겨울철 광각막염은 어떻게 예방해야 할까요? 스키장이나 눈 덮인 산에 갈 때는 자외선 차단 선글라스나 고글 등 눈 보호장비를 착용하는 것이 좋습니다. 보호장비를 갖추지 못했다면 녹지대와 눈 지대를 번갈아 보면서 눈에 부담을 줄여야 합니다. 눈이 아프다면 곧바로 실내로 들어가 휴식을 취해야 하죠.

라식, 라섹 등 시력 교정술을 받았다면 수술 후 최소 2주 이후부터 야외활동을 하는 것이 좋은데요. 교정술로 생긴 각막의 상처가 회복되지 않은 경우 광각막염이 더 쉽게 생길 수 있기 때문입니다. 황형빈 가톨릭대학교 인천성모병원 안과 교수는 "눈이 많이 쌓인 지역에서 맑은 날이면 적당한 도수와 명도

의 자외선이 차단되는 선글라스를 끼는 게 눈 건강에 도움이 된다"고 말했습니다. 또 "너무 짙은 선글라스로 광선을 많이 차단해 어두워지면 동공이 열리는데, 자외선이 수정체로 넘어가면 만성적으로 자극이 쌓여 백내장을 유발할 수 있기 때문에 적당한 명도로 자외선을 차단할 수 있는 제품이 중요할 것 같다"고 덧붙였습니다.

렌즈를 착용하는 사람이라면, 결막결석 조심하세요!

결막결석은 눈꺼풀 안쪽과 안구의 흰 부분을 덮고 있는 결막에 흰색이나 노란색의 작은 돌처럼 보이는 물질이 생기는 질환입니다. 결막에서는 눈을 보호하기 위해 점액이 분비되는데, 결막염이 있거나 안구건조증 등 안구표면에 염증이 있으면 점액성분이나 결막에서 탈락한 상피세포가 굳어 결석이 생기죠.

최근 젊은층에서 많이 나타나는 결막결석은 렌즈 착용과 화장이 주요 원인으로 꼽힙니다. 장시간 착용한 렌즈가 안구표면에 붙어 산소공급을 차단하고 안구의 수분을 흡수해 안구건조증을 유발하죠. 또 눈화장을 과도하게 할 경우 화장품 찌꺼기가 안구표면에 떠다니면서 염증반응을 일으킬 수 있는데요.

결석이 있다고 무조건 제거할 필요는 없지만, 결석이 결막을 뚫고 나와 각막을 자극할 때는 없애야 합니다. 눈이 뻑뻑하고 충혈이 잘 되며, 눈 안에 모래가 들어간 것 같은 이물감이 느껴지면 문제가 있는 것이죠. 이 경우 비비는 등 눈에 자극을 주면 각막에 상처가 생겨 2차 감염을 일으키고 심하면 시력저하로 이어질 수 있어 눈을 건드리지 않고 병원에 방문하는 것이 중요합니다. 결막결석을 예방하기 위해선 온도와 습도가 적당한 환경에서 생활하고, 장기간 렌즈를 착용하거나 렌즈를 낀 채 잠을 자지 않도록 해야 합니다. 또 화장을 하는 경우 눈 주변에 화장품이 남지 않도록 꼼꼼히 지워야 합니다.

13월의 월급
연말정산 이해하기

내가 낸 세금을 돌려받을 수 있다는 의미에서 직장인들에게 '13월의 월급'이라고 불리는 연말정산. 하지만 모든 사람이 연말정산 때 환급을 받을 수 있는 건 아닌데요. 경우에 따라서는 오히려 세금을 더 내야 하는 사람들도 있다고 합니다. 해마다 돌아오는 연말정산이지만 어려운 세무용어 때문에 이해가 어렵다는 분들을 위해 연말정산에서 가장 기본적으로 알아야 하는 개념들을 중심으로 정리해봤습니다.

연말정산이란 급여소득에서 개인의 소득을 추정하여 1년간 징수(원천징수, 급여에서 세금을 미리 징수해 납부하는 것)된 세금이 적절한지 계산해보고, 실제 소득보다 많은 세금을 냈으면 돈을 돌려주고 적게 냈다면 세금을 더 징수하는 절차를 말합니다. 원천징수를 할 때는 '추정치'를 계산해 세금을 매기기 때문에 개인의 소비패턴이나 부양가족 등 공제내역이 반영되지 않습니다. 그래서 1년간 납부한 세금을 다시 계산해서 그해 납부할 세금을 최종확인하고 정산하는 과정이 필요한 것이죠.

당해 소득에 대한 연말정산은 다음 해 1~2월에 진행하는데요. 원래는 세금을 줄이기 위해 각종 증빙서류를 근로자가 직접 발급받아야 했지만, 2022년 연말정산부터 '연말정산 간소화 서비스'가 본격 시행되면서 번거로움과 부담감이 많이 줄었습니다.

총급여액과 연봉은 다르다!

연말정산을 이해하기 위해서는 먼저 총급여액과 연봉의 개념을 정확하게 짚고 넘어가는 것이 좋은데요. 언뜻 같은 의미인 것 같지만 전혀 다른 개념이기 때문이죠. 연봉은 '1년 동안 받은 봉급'으로 월급뿐만 아니라 식대, 출산·보육 수당, 상여금 등 '비과세 소득'이 모두 포함된 반면, 총급여액은 연봉에서 비과세 소득을 뺀 금액을 말합니다. 이때 비과세 소득은 말 그대로 세금을 부과하지 않는 소득이에요. 따라서 연말정산에서는 비과세 항목이 빠진 총급여액을 기준으로 각종 공제액이 결정됩니다.

공제란? – 소득공제와 세액공제의 차이 알기

공제란 세금을 줄이는 것을 말하며 근로소득공제, 종합소득공제, 세액공제 순서로 진행됩니다. 총급여액에서 소득공제를 차감한 금액을 '과세표준'이라고 하는데, 국세청에서는 이 과세표준을 기준으로 세율을 적용해 산출세액을 구한 뒤 세액공제를 차감한 결정세액(최종세금)을 기준으로 환급 여부를 판단합니다.

구분	내용
근로소득공제	총급여액에서 기본적으로 받을 수 있는 공제
종합소득공제	특정 항목의 지출 내역 일부를 총급여액에서 제외하는 것 → 인적공제(본인, 배우자, 부양가족 등), 연금·건강·고용 보험료, 주택자금, 신용카드·현금영수증 등
세액공제	산출된 세액에서 특정 항목을 추가로 차감하는 것 → 연금계좌, 보험료, 의료비, 교육비, 기부금, 월세, 자녀 세액공제 등

소득공제는 세율을 곱하기 전 세금부과 대상이 되는 소득을 줄여주는 것이고, 세액공제는 세율을 곱해서 계산된 세액에서 일정 금액을 추가로 줄여주는 것을 말합니다. 그래서 동일한 항목에서 소득공제를 받았더라도 소득금액이 높아서 더 높은 세율을 적용받는 사람일수록 최종 세금은 더 많이 줄어드는 것이죠. 때문에 종합소득공제는 보통 소득이 많은 사람이 몰아서 받는 게 더 유리합니다. 또 개인의 상황에 따라 공제받을 수 있는 항목이 다르므로 이를 미리 확인해 전략적으로 지출계획을 세우는 것이 필요합니다. 시대

총급여
= 연봉(급여+상여+수당+인정상여)
− 비과세 소득

2023년분 정산 시 적용되는 내용

❶ 과세표준 하위 2개 구간 상향

과세표준	세율
1,400만원 이하	6%
1,400~5,000만원 이하	15%
5,000~8,800만원 이하	24%
8,800만원~1억 5,000만원	35%
1억 5,000만원~3억원	38%
3~5억원	40%
5억원 초과	42%

❷ 중소기업 취업자 소득세 감면 한도 연간 150만원에서 200만원으로 상향

❸ 신용카드 소득공제 내용 변화
- 문화비에 영화관람료 포함 (단, 2023년 7월 1일 이후 결제건만 해당, 공제율 40%)
- 대중교통비 공제율 40% → 80%
- 신용카드 공제 한도 변화

❹ 세액공제 한도 상향
- 연금저축 한도 400만원 → 600만원 (퇴직연금 포함 900만원까지 가능)
- 월세 세액공제 대상주택 기준시가 3억원 → 4억원으로 기준 완화

❺ 세액공제 항목 변화
- '고향사랑기부금' 신규 항목에 포함
- 10~12월 납부한 노동조합비 세액공제 가능
- 수능 응시료, 대학입학 전형료 추가

※ 자세한 내용은 홈택스 홈페이지 확인

시대를 거치며 변화한
개돼지의 의미

"일어나라 독립군아!
모여라 독립군아!
세상에 태어나서
누구나 한 번은 죽는 것,
누가 개돼지와 같이
구차한 일생을
살려고 하겠는가?"

- '대한독립선언서(1918)' 중

'개돼지'라고 하면 대다수의 사람들은 가장 먼저 부정적인 의미를 떠올리곤 한다. 실제로 영화나 정치권에서 '개돼지'라는 단어를 대중을 비유하는 표현으로 사용해 사회적으로 논란이 되기도 했으니 어쩌면 당연한 일일지도 모른다. 물론 개돼지라는 단어는 엄연히 국어사전에 등재된 표준어지만, '개와 돼지를 아울러 이르는 말' 외에 '미련하고 못난 사람을 비유적으로 이르는 말'이라는 뜻이 있어 사용례가 아주 틀린것은 아니다.

원래는 고귀했던 개, 돼지

지금은 대중을 비하하는 표현으로 사용하지만, 원래 '개돼지'는 대중이 귀족이나 관리를 비난할 때 사용하던 단어였다. 지금으로부터 약 2,000여 년 전, 목축은 추운 지방에 살던 부여 백성들에게 중요한 생존수단이었다. 이를 반영하듯 부여에서 시작된 윷놀이에는 5가지 가축의 사육을 장려하려는 의도가 숨어 있다. 윷가락을 던져 나오는 수를 각 동물의 보폭을 반영해 '도(돼지)', '개(개)', '걸(양)', '윷(소)', '모(말)'라고 지칭한 것이다. 5개 부족 연맹체의 부족장의 칭호도 가축의 이름을 따서 저가, 구가, 마가, 우가라고 정했다. 또한 하늘에 제사를 지낼 때 제물로 돼지를 바쳤다거나 사신이 외국에 갈 때 친선의 의미로 개를 선물했다는 기록이 남아 있다.

이후 조선시대에 들어서면서 제천행사는 중단됐지만, 돼지를 신성시한 전통은 민간에서 계속 이어졌다. 그래서 예전에는 가게를 열 때 정월 첫 돼지띠날인 상해일(上亥日)을 개업일로 잡기도 했고, 돼지꿈을 꾸면 행운이 찾아온다며 복권을 사거나 중요한 행사가 있을 때 기업이나 기관에서 돼지머리를 차려놓고 고사를 지내는 일이 지금까지 이어지고 있다. 그런데 민간에서 대우받던 개와 돼지가 공식적으로는 삼국시대 말기에 수입된 '12지 사상'이 정착하면서 위상이 곤두박질치기 시작했다.

12지 사상 도입으로 추락한 개, 돼지의 위상

흔히 '12지(十二支)'를 우리나라 고유풍속 또는 동양사상이라고 여기지만 사실은 메소포타미아 지역의 조로아스터교에서 유래한 12 동물형 수호신(쥐, 소, 호랑이, 토끼, 용, 뱀, 말, 양, 원숭이, 닭, 개, 멧돼지 순서)이 시초다. 다만 이 지역에서는 인간과 유사한 식습관을 가진 개와 돼지가 생존경쟁 라이벌이었던 탓에 위상이 낮아 11번째와 12번째 동물로 지정됐다.

이후 인도로 건너와 불교에 흡수된 12지신은 중국, 한국, 일본 및 동남아 각지로 불교와 함께 전해졌는데, 지역에 따라 일부 동물이 교체되기도 했다. 특히 중국은 기존의 역법에서 쓰이던 '자축인묘 진사오미 신유술해(子丑寅卯 辰巳午未 申酉戌亥)' 등 12개 글자를 12지신에 대응시켰다. '최초, 씨앗'을 의미하던 첫 글자 '자(子)'와 12지신의 첫 동물인 쥐를 연결한 것이다. 이것이 바로 '12간지'다.

한편 12지신이 탄생한 메소포타미아 지역의 경우 이슬람 문명권으로 바뀌면서 개와 돼지는 이미지가 더욱 추락해 불결하고 부정한 동물이 됐다. 이는 종교적 이유라기보단 더운 날씨로 인한 돼지의 습성 변화와 사람과 유사한 식습관 등 생활환경적 측면에서 인간에게 해로운 동물이라는 인식이 자리잡은 탓이 컸다. 유럽 역시 사자와 호랑이 같은 대형 육식동물이 없어 오랫동안 늑대가 가장 공포스러운 동물로 여겨졌기 때문에 늑대와 비슷한 개에게도 그다지 좋은 감정이 없었다. 그래서인지 개를 빗댄 욕설이 많은 편이다. 또한 영국의 철학자이자 경제학자 존 스튜어트 밀(John Stuart Mill)이 1861년 '공리주의론'에 쓴 "배부른 돼지보다 배고픈 소크라테스가 낫다"는 구절에서 짐작할 수 있듯 돼지에 대한 인식도 좋지 않다. 🔳

알아두면 쓸데 있는 유쾌한 상식사전 -우리말·우리글편-

내가 알고 있는 상식은 과연 진짜일까?
단순한 호기심에서 출발할 수 있는 많은 의문들을
수많은 책과 연구 자료를 바탕으로 파헤친다!

저자 조홍석
아폴로 11호가 달에 도착하던 해에 태어났다.
유쾌한 지식 큐레이터로서
'한국의 빌 브라이슨'이라 불리길 원하고 있다.

균으로 균을 잡다
페니실린

마이코플라스마 폐렴이 유행하고 있다. 코로나팬데믹 기간 동안 면역력이 떨어진 것이 주된 원인인데, 마이코플라스마 박테리아에 의한 급성 호흡기감염증으로 제4급 법정 감염병이다. 우리나라에선 3~4년 주기로 유행하고 주로 영유아가 감염되는데, 증상은 감기와 비슷하고 열, 오한, 두통, 콧물, 인후통 같은 증상이 나타난다. 문제는 감기가 보통 일주일이면 증상이 나아지는 반면 마이코플라스마 폐렴은 3~4주 동안 증상이 이어진다는 것이다.

인류가 박테리아의 존재를 인식하게 된 것은 얼마 되지 않았다. 19세기 중반 프랑스의 생화학자 루이 파스퇴르가 포도주가 산패(酸敗)하는 원인을 찾아달라는 양조업자들의 의뢰를 받고 연구하던 중 박테리아의 존재를 발견한 게 처음이었다. 파스퇴르는 인간이 걸리는 질병 대부분이 박테리아에 의해 일어난다는 사실도 밝혀냈다. 이전까지는 박테리아가 질병의 원인이 된다는 것은 몰랐다.

알렉산더 플레밍

원인이 확인되자 이제 의사들은 해법, 즉 박테리아를 억제하는 항생제 개발에 매달렸다. 하지만 그 누구도 실마리를 찾지 못한 채 반세기 넘게 흘러버렸다. 영국사람으로 미생물학자였던 알렉산더 플레밍(Alexander Fleming, 1881~1955)도 그런 연구에 매달리던 사람들 중 하나였다.

플레밍은 연구에 진척이 없어 답답했다. 집어던지고 싶은 심정이었다. 영국 세인트메리병원에서 특수한 배양접시에 포도상구균을 키우면서 멸균능력을 지닌 물질을 찾는 연구를 진행하던 중이었다. 그래서였을까? 평소라면 깔끔했을 뒷정리가 어딘지 어수선했다. 다음 날로 다가온 여름휴가 탓이었을 수도 있다. 그렇게 도망치듯 연구실을 빠져나온 플레밍은 그대로 가족과 함께 휴가를 떠나버렸다.

그가 다시 연구실로 돌아온 건 일주일이 지난 후였다. 플레밍 눈에 가장 먼저 들어온 건 실험대 위에 뚜껑도 없이 덩그러니 놓여 있는, 원래라면 배양기에 있어야 할 포도상구균 배양접시였다. 자신의 실수를 인정하는 것과 동시에 실험을 처음부터 다시 해야 한다는 현실에 탄식이 절로 났다.

허탈한 마음을 다잡으며 배양접시를 치우려 손을 뻗던 플레밍은 다시 한 번 놀라야 했다. 자신의 배양접시 일부에 이전에 보지 못했던 푸른곰팡이가 자라고 있었고, 그 주변만 포도상구균이 바짝 말라 죽어 있었기 때문이다.

플레밍은 곧장 새로운 실험에 착수, 푸른곰팡이를 배양한 후 포도상구균 배양접시에 넣었고, 그 결과 포도상구균의 발육이 억제되는 것을 확인했다. 푸른 곰팡이에서 나오는 어떤 물질이 세균을 파괴하는 항균작용을 한다는 것을 밝혀 낸 것이다. 플레밍은 그 물질에 '페니실린'이라는 이름을 붙였다. 1928년의 일이었다.

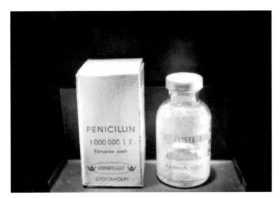

페니실린

이후 페니실린은 포도상구균뿐만 아니라 임질균, 뇌막염균, 디프테리아균 등 무서운 전염병을 일으키는 병원균에도 항균효과가 있다는 것이 밝혀졌다. 여기에 옥스퍼드대학 병리학자 아워드 플로리와 생물학자 언스트 체인이 곰팡이로부터 페니실린을 분리해 내는 데 성공하면서 상용화가 가능해졌고, 1944년부터는 민간에서도 널리 사용할 수 있게 됐다. 특히 위생에 문제가 있을 수밖에 없었던 세계대전 중에 페니실린은 많은 병사들의 목숨을 비롯해 팔과 다리를 구해냈다. 이 공로를 인정해 노벨재단은 플레밍에게 1945년 노벨 생리의학상을 안겨 주었다.

한편 플레밍의 배양접시가 푸른곰팜이에 오염된 이유는 페니실린의 발견 후로도 수십년 동안 미스터리였다. 다만 플레밍은 자신의 연구실 아래층에서 곰팡이로 알레르기 백신을 만드는 실험이 진행되고 있었던 것을 근거로 아래층 곰팡이가 바람을 타고 창을 통해 자신의 연구실에 들어온 것으로 추측했다. 당시가 계절상 기온이 평균 20~25℃로 곰팡이가 증식하기에 최적의 환경이었던 것도 행운이었다. 결국 20세기 인류를 구원했던 페니실린의 발견은 플레밍의 깔끔하지 못했던 뒷정리, 마침 열려 있던 창문, 그리고 증식을 위한 최적의 기온이라는 우연이 겹친 덕분이었던 셈이다.

그런데 21세기 인류는 새로운 위기에 직면해 있다. 현존하는 항생제로는 죽일 수 없는 '항생제 내성균', 이른바 슈퍼박테리아가 출현했기 때문이다. 미국 질병통제예방센터(CDC)에 따르면 매년 200만명 이상의 환자가 슈퍼박테리아에 감염되고, 향후 30년 이내에 슈퍼박테리아에 의한 피해가 '암(癌)'보다 심각해질 수 있다고 한다. 심지어 코로나19의 충격에서 겨우 벗어난 최근 슈퍼박테리아에 의한 감염자가 급증하고 있다. 코로나19 상황에서 환자의 2차 세균감염을 막기 위해 처방한 항생제가 내성을 키운 게 아니냐는 분석이다. 플레밍의 노벨상 수상소감이 다시 한 번 무겁게 다가오는 이유다. ▣

페니실린을 너무 많이 사용하면 내성균이 생길 것입니다.

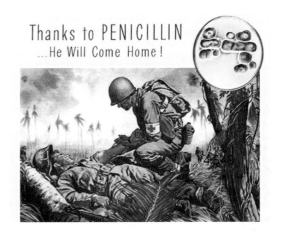

디스플레이, 이제는 투명해지다
또 한 번 진화한 OLED

2024년 미국 라스베이거스에서 열린 세계 최대 가전박람회인 CES 2024에서 LG전자의 '무선 투명OLED(올레드) 스크린'이 최고상(The Best of CES 2024)을 수상했다. 문자 그대로 투명한 아크릴판 같은 텅 빈 스크린에 이미지가 떠오르는 모습은 마치 마술공연의 한 장면을 연상케 했다. CES 2024의 공식 어워드 파트너인 '엔가젯'은 "투명OLED TV는 정말 놀라운 제품"이라며 "다른 투명디스플레이 제품과는 달리 고객이 구매가능한 최초의 제품"이라고 평가했다. 실제로 이 마법 같은 LG의 투명OLED TV는 연내에 출시 가능성이 점쳐지고 있는 상황이다.

어떤 기술이든 발전을 거듭하기 마련이고, 우리가 상상으로만 꿈꿔왔던 모습을 현실로 끌어오곤 한다. 현재 ICT의 화두인 인공지능은 물론이고, 순수하게 전기로만 가는 자동차가 시장을 선도하고 있다. 드론의 발전으로 그 가능성을 싹틔우고 있는 도심항공교통(UAM ; Urban Air Mobility) 또한 우리가 미래의 생활상을 떠올릴 때 흔히 그리는 그림이다.

그러나 항상 우리의 눈을 의심케 하고 뚜렷한 가시성을 보여주는 영역은 역시 '디스플레이'다. 브라운관부터 PDP, LCD에서 OLED에 이르기까지 디스플레이는 선명해지는 동시에 점점 얇아졌다. 그리고 급기야는 투명해지기까지 했다. 이번 호에서 소개할 투명OLED가 그것이다.

먼저 OLED의 원리에 대해 살펴보자. OLED는 우리말로 '유기발광다이오드(Organic Light Emitting Diodes)'를 뜻한다. OLED는 기존 LCD(Liquid Crystal Display, 액정 디스플레이)와 그 구조부터 큰 차이가 있다. LCD의 경우 이미지를 출력하기 위해 액정 뒤에 빛을 쏘는 백라이트가 설치돼야 한다. LCD의 액정은 신호에 따라 빛을 차단하고 투과하면서 이미지를 출력한다. 반면 OLED는 백라이트 없이도 스스로 빛을 낼 수 있다. OLED는 2겹의 전극 사이에 얇은 유기박막이 층층이 쌓인 구조로 이뤄져 있어 이 박막층 사이로 전하가 오가고 결합하면서 빛을 내는 원리를 갖고 있다. 그럼 이 OLED를 투명하게 만들기 위해선 어떻게 해야 될까?

디스플레이를 투명하게 만드는 마이크로 기술

투명OLED는 스스로 빛을 낼 수 있는 OLED의 장점을 극대화한 기술이라고 볼 수 있다. 발광하는 금속소자(다이오드)를 10나노미터(nm, 10억분의 1m) 단위로 아주 얇고 촘촘하게 깔아놓는다. 투명OLED는 금속물질을 이렇게 얇게 펴서 배치하면 투명해지는 원리를 바탕으로 한다. 패널에 투명한 금속소자를 눈에 보이지 않도록 전기배선으로 깔고 여기에 전기신호를 흘려보낸다. 배선이 신호에 반응해 색을 내면 투명한 아크릴판 같은 패널에 이미지가 만들어지는 것이다.

문제는 이러한 공정이 구현하기 매우 어렵고 비용도 만만치 않다는 점이었다. 때문에 기술구현은 가능해도 양산은 시기상조라는 전망이 지배적이었다. 그러나 2022년 12월 LG디스플레이가 양산에 성공해냈고, 현재는 지하철이나 박물관 같은 공공시설에 안내도를 펼치고, 백화점 매장에서 제품의 홍보를 위한 쇼룸으로 일부 사용되고 있다.

투명OLED를 활용한 '외국어 동시대화 시스템' 시범 서비스

실제로 2023년 12월 서울 지하철 4호선에서는 투명OLED를 활용해 외국인 관광객과 지하철역 직원이 얼굴을 마주 보고 자국어로 대화할 수 있는 시스템이 시범적으로 운영됐다. '외국어 동시대화 시스템'은 투명한 OLED 디스플레이를 사이에 두고 외국인과 역 직원이 자국어로 대화하는 방식이다. 한국어를 포함한 13개 언어를 지원하며 이용자는 시스템 시작화면에서 사용언어를 선택해 서비스를 이용할 수 있다.

투명디스플레이, 어디까지 진화할까?

현재 LG디스플레이가 양산하고 있는 투명OLED의 경우, 그 투명도가 45%에 달한다. 관련 연구진의 인터뷰에 따르면 투명도가 최소 30% 이상은 되어야 일반이 보기에 투명해 보인다는 조사결과를 얻었다고 한다. 투명도를 높여 더욱 폭넓은 개방감을 얻기 위해서는 전기배선의 나노공정 발전이 우선되어야 하고, 또 공정에 더욱 유용하게 쓰일 신소재를 개발하는 데도 힘써야 한다.

업계는 투명OLED를 가정용 TV부터 자동차유리, 항공기, 주택 등 다양한 분야에 활용해 출시할 계획이다. 그러기 위해선 우선은 가격현실화가 필요하다. 양산이 가능하다고는 해도 원채 비싼 OLED를 투명하게 만들기 위해 더 많은 비용이 소모되기 때문에 일반소비자가 선뜻 구매를 결심하기엔 부담스러운 것이 사실이다. 가격을 낮추기 위해서는 공정이 간소화 되어야 한다는 지적도 나온다.

LG는 이미 지난 2022년 말에 투명OLED 제품을 가정용 TV로 2024년에 출시할 계획을 내비쳤으나, 정확한 일정은 현재까지 수립되지 않은 것으로 보인다. 좋지 않은 TV업황도 부담인데다가, 앞서 중국 기업 샤오미가 출시했던 투명OLED TV의 판매도 유의미한 결과를 얻지 못했던 탓이다. 다만 우리 업계에서도 완제품으로 내놓을 투명OLED 상품 개발을 마무리한 만큼, 머지않은 연내에 시장에 출시될 가능성이 높게 점쳐지고 있다. 〈시대〉

내 무기는 음악이요, 악기려니
한형석 지사

공식적으로 우리나라 최초의 오페라는 1950년 5월 서울오페라단 창립공연으로 초연된 현제명의 '춘향전'이다. 그러나 그보다 꼭 10년 전인 1940년 5월 22일부터 10일간 중국 서안에서 한국인이 작곡하고 한국인이 연기하고 노래한 작품이 무대에 올랐었다. 중국 서안에 주둔한 제34집단군 산하 제4간부훈련단(간사단) 극장에서 공연된 '아리랑'이다.

아리랑 아리랑 아라리요
새로운 이 마을에 봄이 왔네
보슬비 내리여 땅이 녹고
풍기는 흙냄새 구수하다
뻐국뻐국 뻐국뻐국 뻐국뻐국
뻐국새 밭가리 재촉한다

아리랑 아리랑 아라리요
뻗어가는 이 마을에 봄이 왔네
희망이 넘치는 넓은 들에
거름내는 우마차 오가누나
음매음매 으음매 음매음매
어미소 송아지 부른다

1940년 5월 중국 서안의 한 공연장. 무대 위 배우들은 사람들의 가슴 속을 향수와 희망을 말하는 노래로 채웠다. 창작민요로 이 노래를 부른 이들은 김구 선생이 이끌었던 '한국청년전지공작대' 단원이었고, 이 노래는 우리나라 최초의 오페라인 대형가극 '아리랑'의 마지막 곡이었다. '아리랑'은 첫 공연 이후 5년간 중국 각지에서 10여 차례 공연됐고, 중국언론은 '아리랑'을 '광복군 오페라'라고 칭하며 대대적으로 보도했다.

당시 중국의 신문 '서안일보'의 기자였던 송강은 작품을 보고 이렇게 평가했다.

악기의 부합이 매우 아름다웠다.
중국 음악계에 전에 없던
대연합의 악단을 조성했다.
이는 놀랄 만한 일이다.

'아리랑'은 평화롭던 한국의 아리랑산에서 목동과 시골처녀가 서로 사랑하며 결혼하는 것으로 시작한다. 그러다 일제의 침략으로 아리랑산이 일장기로 뒤덮이자 목동 부부는 부모와 이별하고 한국혁명군에 입대해 투쟁하다가 적군의 포화 속에서 장렬하게 전사한다. 그들의 희생으로 아리랑산 정상에 다시 태극기가 펄럭인다는 것이 작품의 주요내용이었다.

가극 '아리랑' 포스터

'아리랑'에는 '국기가', '한국행진곡' 등 비장한 군가 분위기의 노래가 상당수 삽입됐다. 수익금은 전방의 한·중 장병들에게 보내져 여름 전투복 마련에 전액 사용됐다. 공연은 전지공작대가 임시정부 산하 한국광복군에 합류한 뒤에도 계속됐다. 이런 작품의 남자 주인공이 바로 가극 '아리랑'의 작곡자이자 '아리랑'을 진두지휘한 연출가였던 간사단 음악교관 한형석(중국 활동명 한유한) 지사였다.

한형석 지사
(1910.2.21.~1996.6.15)

한형석 지사는 1910년 부산에서 태어나 다섯 살 때 가족과 함께 중국으로 망명해 상하이에서 성장했다. 그의 아버지는 부산 최초의 양의사이면서 중국 신해혁명에 참가한 최초의 한국인이자 중국 국민당과 상해 임시정부의 가교역할을 하고 의열단의 고문으로 활동했던 한흥교(중국 활동명 한진산)였다.

그의 아버지는 아들이 자신의 뒤를 따라 의사가 되기를 바랐다. 그러나 그는 진로를 고민하던 중 아버지의 절친한 친구였던 임정요인 조성환 선생을 만난 자리에서 "자네 특기가 무엇인가?"라는 선생의 질문에 "음악"이라고 답했다고 한다. 이에 조 선생은 "프랑스대혁명이 성공할 수 있었던 것은 '라 마르세유'라는 노래가 프랑스 국민의 정신을 하나로 뭉치게 했기 때문이네. 노래 한 곡이 백만대군의 힘보다 강했다네. 조국광복을 위해서는 백만대군보다 민족적인 단결이 앞서야 해. 민족의 정신무장을 위해서는 정신생활에 파고들 수 있는 음악, 연극 등의 예술활동이 절대 필요한 것"이라며 조국광복 정신을 '예술구국(藝術救國)'으로 승화하라고 조언했다고 한다.

이날의 만남은 그를 상하이 '신화예술대학'으로 이끌었고, 음악으로 하는 독립운동에 투신하게 했다. 그리고 본명 대신 '조국을 그리워한다'는 뜻의 유한(悠韓)이라는 이름을 쓰면서 '광복군가'를 비롯해 100여 곡을 작곡했다. 1944년 10월부터는 광복군 제2지대 선전대장으로 복무하면서 작곡 및 가극 활동으로 침체된 항일정신을 고취하고 광복군과 중국군 연합전선을 한층 견고히 하는 데 많은 영향을 끼쳤다.

가극 '아리랑'은 1939년 11월에 창설된 한국청년전지공작대의 음악교관이었던 시절에 작곡돼 총 20여 차례 공연되면서 중국인들에게 식민통치의 실상을 알리는 데 기여했다. 당시 현지에서는 광복군과 한인들의 독립을 향한 열망과 참전의사, 가능성 등을 확인하는 기회가 됐다고 한다. 그러나 모두 중국 땅에서의 일이었다. 정작 한국에서는 한 번도 무대에 오르지 못했다. 게다가 1948년 광복군의 일원으로 동포송환작전 임무를 수행하느라 악보도 챙기지 못했다. 그래서 현재 중국어로 쓴 서곡과 간주곡 악보 일부가 담긴 제작노트가 남아 있을 뿐이다.

또한 해방된 조국에서 한 지사는 정부요직 제안을 거절하고 부산에서 문화사업과 독립운동사 조명을 위한 일에 힘썼다. 그리고 음악가보다는 주로 중국어를 가르치는 교육자로 살았다. 김원봉 선생의 월북으로 의열단이었던 부친 한흥교의 전력이 정권의 탄압으로 이어질 수 있는 시대를 살았기 때문이며, 이승만체제에 발 담그고 싶지 않았기 때문이었다. 1996년 작고한 한 지사를 작곡가로 알고 있는 사람은 거의 없다. 한국음악가 인명사전에도 그의 이름은 수록되어 있지 않다. 반면 중국인들은 오늘도 한유한이 한국인이라는 것을 모른 채 그의 노래를 기억하며 부르고 있다. 대한민국정부는 그에게 1990년 건국훈장 애국장을 서훈했다. 시대

비엔나에는
비엔나커피가 없다

진한 에스프레소 30ml에 뜨거운 물 180ml~200ml를 부은 다음 기호에 따라 설탕을 첨가한 후 휘핑크림을 올린다. 카페 주인의 취향에 따라 시나몬가루나 초콜릿, 심지어 과자 등을 그 위에 올리기도 한다. 90년대 압구정 카페를 드나들던 소위 X세대가 즐겨 마셨던 커피의 한 종류다. 남세스러움과 설렘이 교차했던 드라마 속 거품키스가 유명세를 치르기 훨씬 이전부터 압구정을 누비던 그들은 푹신한 카페 소파에 몸을 푹 묻은 채 이 커피를 마시면서 윗입술에 허연 거품덩이를 자랑스레 얹었더랬다.

긴 생머리를 나풀거리며 청바지에 손 하나를 반쯤 꽂고 삐딱하게 짝다리를 하는 게 70년대 멋이었던 것처럼 뽀얗고 쫀득한 거품이 소담스레 얹혀 있던 그 커피는 90년대를 상징하는 멋 중의 하나였다. 그 시절 그들은 그것을 비엔나커피라고 불렀다. 지금은 카페라떼나 카페모카, 바닐라라떼와 같은 것들에 자리를 내주기는 했지만, 비엔나커피를 메뉴판에 올려놓은 카페가 아예 없는 것은 아니다. 물론 지금 비엔나커피를 메뉴판에서 발견하게 되면 90년대를 청년으로 살았던 사람에게는 오랫동안 잊고 산 친구를 어쩌다가 만난 듯한, 처박아 뒀던 유물을 우연히 찾은 듯한 기분이 들 정도로 희귀한 메뉴이기는 하다.

커피 앞에 붙은 비엔나(Vienna)는 오스트리아의 수도 빈(Wien)의 영어식 표현이다. 그러니까 비엔나커피라는 건 '빈 스타일의 커피', 또는 '빈에서 처음 유행한 커피'쯤으로 이해하면 된다. 실제로 이 커피는 빈에서 탄생하기도 했다. 그 시작은 17세기로 거슬러 올라간다.

빈에 대한 오스만제국의 두번째 침공은 오스만제국의 총리 격인 카라 무스타파 파샤의 강경론을 술탄이 받아들이면서 예견된 것이었다. 여기에 합스부르크 영지였던 헝가리에서 일어난 신교도들의 반란은 침공시기를 앞당겨주었다. 반란세력인 신교도들이 오스만제국에 지원을 요청했던 것이다. 명분까지 준비되자 더는 미룰 것이 없었다. 1683년 7월 14일 무스타파 파샤가 이끄는 오스만의 15만 대군이 합스

1683년 빈 전투(칼겐베르크)를 묘사한 프란스 게펠스의 '빈의 구원'(17세기)

부르크 제국의 수도 빈에 도달했다. 무스타파는 장기전을 위해 곧바로 빈 성채를 포위했다. 이를 위해 150년 전 첫 번째 공방전 때의 실패를 거울삼아 장기전을 대비한 물자도 충분히 준비해 갔다.

이에 신성로마제국을 중심으로 폴란드-리투아니아 기병대, 신성로마제국의 작센, 바이에른, 바덴, 스와비아의 독일군, 폴란드의 지배를 받던 우크라이나의 코사크기병대가 참가한 연합군이 조직됐고, 마침내 1683년 9월 12일 폴란드왕 얀 3세 소비에스키를 총사령관으로 하는 연합군 기병대가 외곽을 두 달째 포위하던 오스만제국의 병사들을 공격했다. 동이 트기 전인 새벽 4시에 시작된 이날의 전투는 해가 저물도록 전개됐고, 끝내 오스만제국의 군이 퇴각하면서 막을 내렸다.

그들의 퇴각이 급작스러웠던 만큼 그들은 장기전을 대비해 가져온 물자들을 모두 버리고 가야 했다. 그렇게 천막 2만 5,000개, 황소 1만마리, 낙타 5,000마리, 곡물 3,000여 톤(t), 심지어 엄청난 양의 금이 버려졌다. 500자루나 되는 커피도 그중 하나였다. 연합군은 이 모든 것들을 그동안 봉쇄로 힘겨웠던 빈 주민들에게 나눠주었다. 그런데 유독 커피만은 아무도 원하지 않았다. 그런 차에 이를 모두 가져가겠다고 나선 자가 있었다. 폴란드 출신 군인이자 무역상이었던 프란츠 게오르그 콜시츠키였다. 커피가 생소했던 빈 주민들은 그제야 쓰레기를 치웠다며 환호했다.

콜시츠키는 오스만제국에서의 경험을 통해 커피의 존재를 알고 있었고, 오스만제국의 항구 모카를 통해 지중해를 거쳐 영국으로까지 수출돼 런던에 커피하우스를 유행시키고 있다는 것도 알고 있었다. 그래서 그는 빈 중심지 싱거스트라세 거리에 오스만제국식 커피를 제공하는 빈 최초의 커피하우스, '블루보틀(Zur Blauen Flasche)'을 열었다. 또한 커피가 낯선 빈 사람들에게 '아랍의 음료', '어둠의 만병통치약'이라는 광고로 호기심을 자극, 마침내 상업화하는 데 성공했다. 커피는 각성효과라는 달콤한 유혹으로 빈 사람들을 단숨에 사로잡았다. 지금은 과장에 전설을 가미한 허구라는 이야기도 있지만….

아무튼 이후 커피하우스는 빈의 문화를 빚는 데 큰 역할을 하는 중요한 공간으로 자리 잡았다. 주장과 학설이 부딪치는 토론의 공간이었으며, 문학과 음악을 즐기는 사람들의 사교의 공간이었다. 또한 예술가가 예술적 영감을 얻는 장소이기도 했다. 2011년에 빈 카페하우스 문화(Wiener Kaffeehauskultur)가 유네스코(UNESCO) 무형문화유산으로 등재될 정도로 지금도 빈 곳곳에는 오랜 역사를 간직한 카페하우스가 1,200개가 넘게 자리하고 있다. 오죽하면 독일의 극작가이면서 시인인 베르톨트 브레히트가 이렇게 말했을까.

빈 최초의 커피하우스 '블루보틀'의 풍경

**빈은
사람들이 앉아 커피를 마시는
카페하우스들을 둘러싸고 지어진 도시다.**

하지만 모두가 느긋하게 커피하우스에 앉아 커피를 마실 수는 없었다. 특히 시간에 쫓기고 언제 올지 모르는 손님을 기다리며 항상 대기해야 했던 영업용 삯마차 마부들이 그랬다. 그들의 처지는 커피에 설탕과 크림을 기호에 맞게 골라 넣으며 여유롭게 담소하는 커피하우스의 손님과 같을 수 없었다.

그래서 그들은 소위 '한번에 때려 넣기'를 선택했다. 또 크림을 섞을 여유는 고사하고 한 손으로는 항상 고삐를 잡고 있어야 했기 때문에 처음에는 위의 크림만을, 그리고 크림이 적당량 남았을 때는 커피와 함께 마시는 방법을 선택했다. 지금에야 '처음부터 섞으면 지저분해서'라거나 '커피 한 잔으로 달콤함과 부드러움, 그리고 쌉싸름함을 차례대로 맛볼 수 있어서'라는 이유를 대지만, 실상은 마차 위에 대기한 채여서 거품이 커피에 녹아들 때까지 티스푼을 저을 수 있는 손이 없었던 탓이다. 최상을 위한 선택이 아닌 궁여지책일까. 그렇게 탄생한 것이 빈 스타일의 커피, 비엔나커피다.

19세기 빈의 커피하우스

오늘날 빈을 찾은 여행자들은 반드시 역사가 있는 카페를 찾는다. 하지만 그곳에서 '비엔나커피'를 달라고 하면 "뭐?"라는 답만 되돌려받는다. 내 발음에 문제인가 싶어 '비엔나', '뷔엔나', 그도 아니면 '빈', '뷘'까지 여러 방식으로 혀를 굴려 봐도 답은 여전히 "뭐?"다. 옆 테이블 손님이 내가 원하던 그 비엔나커피를 마시고 있다면 당혹감은 배가 된다. 옆 테이블을 가리키며 "저거"라고 하기엔 자존심이 허락하지 않는다. 그럴 때 이렇게 말하자.

"아인슈페너"

아인슈페너(Einspänner)는 독일어로 말 한 마리가 끄는 마차를 말한다. 그 마차를 끌던 마부들이 마시던 커피가 그대로 빈 커피의 이름이 된 것이다. 시대

영화와 책으로 보는 따끈따끈한
문화가 소식

웡카

〈웡카〉는 영국 작가인 로알드 달의 동화 〈찰리와 초콜릿 공장〉의 프리퀄 격의 작품으로, 원작이 없는 오리지널 극영화다. 〈찰리와 초콜릿 공장〉의 캐릭터인 '윌리 웡카'를 주인공으로 하는 작품으로, 주인공 웡카가 시련을 겪으며 최고의 초콜릿 메이커로 성장하는 이야기를 골조로 한다. 앞선 작품처럼 달콤하고 환상적인 이야기로 채워질 이 작품은 최근 가장 주목받는 젊은 배우 '티모시 샬라메'가 주연을 맡았다. 그는 한 인터뷰에서 "어렵고 혼란한 요즘 상황에 젊은 관객들이 심각하게 관람할 영화가 아닌, 초콜릿 한 조각처럼 달콤하게 맛볼 작품"이라고 본 작품을 표현했다.

장르 판타지, 드라마　　**감독** 폴 킹
주요 출연진 티모시 샬라메 등
개봉일 2024.01.31

아트

프랑스의 극작가 '야스미나 레자'의 대표작인 연극 〈아트〉가 올해 5월까지 우리나라 관객을 찾는다. 세 남자의 우정과 갈등을 그린 블랙코미디 작품으로 현재까지 15개국의 언어로 번역돼 35개국에서 그 막을 올렸다. 토니상의 '베스트 연극상'과 뉴욕 비평가 협회의 '베스트상' 등 수많은 상을 거머쥔 만큼 작품성도 인정받은 작품이다. 작품 속 세 인물이 주고받는 리듬감 넘치는 연기를 지켜보는 것만으로도 충분히 재미있게 즐길 수 있다. 엄기준, 박호산 등 걸출한 배우들의 조합이 다채롭게 구성되어 이전과는 다른 신선한 재미를 관객에게 전달한다.

장소 링크아트센터 벅스홀
주요 출연진 엄기준, 최재형 등
날짜 2024.02.13～2024.05.12

폼페이 유물전 - 그대, 그곳에 있었다

한국과 이탈리아의 수교 140주년을 기념한 뜻깊은 전시가 열린다. 서기 79년 베수비오 화산의 분화로 화산재에 묻혀 사라져버린 고대도시 '폼페이'의 유물들이 우리나라를 찾는다. 이번 폼페이 유물전은 나폴리 국립 고고학박물관이 소장한 172점의 유물로 구성됐으며, 그리스 · 로마양식의 조각상과 프레스코 벽화, 장신구와 도자기 등 다채로운 유물들을 속속들이 살펴볼 수 있다. 무려 2000년이 넘는 세월을 담고 있는 유물들의 보존상태에 놀라게 될 것이고, 현대인과 다르지 않은 당시의 생생한 일상을 엿보며 또 한번 놀라게 될 것이다. 또한 '폼페이의 마지막 날'을 시뮬레이션 영상으로 경험할 수 있는 콘텐츠도 마련되어 있다.

장소 더현대 서울 6층 ALT.1   날짜 2024.01.13~2024.05.06

지금 이 순간을 후회 없이

32개 언어로 번역되어 전 세계 100만부 넘게 판매된 베스트셀러 〈죽을 때 가장 후회하는 다섯 가지〉의 저자 브로니 웨어가 쓴 두 번째 책이다. 8년 동안 호스피스로 생활하면서 얻은 값진 깨달음을 52가지의 이야기로 담아냈다. 저자는 수록된 이야기들을 통해 보통의 일상에서 벌어지는 흔한 일들, 주변에 언제나 함께 있는 것들, 가까운 인연들, 가끔씩 일어나는 작은 변화 등에서도 얼마든지 인생의 즐거움과 행복, 교훈을 얻을 수 있다고 역설한다. 지난 2019년에 이어 이번에 새롭게 '스페셜 에디션'으로 출간된 이 책은 구성부터 일러스트까지 새롭게 바뀌고 추가되어 독자들과 만난다.

저자 브로니 웨어   출판사 트로이목마

미래의 기원

미래학자인 이광형 KAIST 총장이 우주와 인간의 역사와 미래를 한눈에 조망한 책을 펴냈다. 저자는 역사의 인과관계를 통해 세상이 흘러가는 원리를 알 수 있다는 점에서 착안해, 우주와 인간의 '빅히스토리'를 살펴보고 한치 앞을 알 수 없는 미래를 전망해 열어젖힌다. 〈미래의 기원〉을 통해 역사 분기의 한 페이지마다 어떤 변화가 있었으며 그 원인은 무엇인지 살펴볼 수 있다. 아울러 이러한 역사의 원리로 우리 앞에 찾아올 미래는 또 어떤 분기점을 맞게 될 것인지 그려보는 진귀한 지적 미래 여행을 떠날 수 있을 것이다.

저자 이광형   출판사 인플루엔셜

내 인생을 바꾸는 모멘텀

박재희 교수의
마음을 다스리는 고전이야기

승리를 위한 7가지 분석

칠계(七計) - 〈손자병법(孫子兵法)〉

'손자병법' 하면 가장 먼저 떠오르는 것이 '지피지기(知彼知己)'입니다. 상대를 이기기 위해서는 '상대를 알고 나를 알아야 한다'는 것입니다. 즉, 상대에 대한 정확한 분석과 내 역량에 대한 객관적인 평가 없이는 결코 승리할 수 없다는 말입니다. 상대를 알지 못할 뿐만 아니라 나를 알지 못하면 한 번 정도는 이길지도 모르지만, 그것은 요행일 뿐 결국에는 패배하고 만다는 충고인 셈이기도 합니다.

'손자병법'에는 이 지피지기를 위한 방법을 7가지로 정리하고 있습니다. 첫째는 최고 리더(왕)의 리더십을 비교하는 것이고, 둘째는 장군(참모, 관리자)의 능력을 비교하는 것이며, 셋째는 외부적 환경(국제 정세)과 내부적 역량(경제상황)을 비교하는 것이고, 넷째는 법령과 조직의 실행력을 비교하는 것이며, 다섯째는 무기의 위력과 병력의 숫자(물질적 조건의 우위)를 비교하는 것이고, 여섯째는 병사들의 훈련 정도를 비교하는 것이며, 마지막 일곱째는 상벌체계의 공평한 운영을 비교하는 것입니다.

知彼知己 百戰不殆
지피지기 백전불패

적을 알고 나를 알면
백 번 싸워도 모두 지지 않는다.

전투에서는 전력을 정확하고 객관적으로 평가하고 비교한 것을 바탕으로 전략을 짜야 승리할 수 있습니다. 현대사회의 생존 역시 만만치 않습니다. 아무런 분석 없이, 상대와 나에 대한 평가와 비교 없이 경쟁에서 이길 수 없습니다. 하늘의 운만도 노력하는 자에게 주어진다고 하지 않습니까?

백 번 모두 지지 않는 것이
더 위대한 승리입니다.

七　　計

일곱 칠　　계략 계

출전 /《사기(史記)》〈열전(列傳)〉편

모수자천(毛遂自薦)

중국 전국시대(戰國時代)의 조(趙)나라에서 있었던 일입니다. 무령왕(武靈王)의 아들이자 혜문왕(惠文王)의 동생인 평원군(平原君)은 기본적으로 성품이 어진 데다가 사람을 좋아했습니다. 덕분에 휘하에 식객(食客)들이 수천명에 이를 정도로 그의 집은 항시 문전성시를 이뤘습니다.

기원전 259년, 조나라는 중원의 최강자였던 진(秦)나라의 침략으로 수도 한단이 포위당하는 위기에 처했습니다. 이때 조나라 왕실은 남쪽의 초(楚)나라와 연합(합종, 合從)을 하기 위해 초나라로 사신을 보내게 되었는데, 바로 평원군이 그 협상의 중책을 맡게 됐습니다.

평원군은 초나라로 떠나기 전 자신의 식객들 중에서 보좌할 인물 20여 명을 뽑았습니다. 조건은 용기가 있으면서 문무(文武)를 겸비할 것. 그런데 19명을 뽑고 나자 더는 눈에 차는 인물이 보이지 않았습니다. 고민하던 차에 모수(毛遂)라는 사람이 앞으로 나서면서 스스로를 추천했습니다.

"저를 데리고 가십시오."

평원군이 모수에게 물었습니다.

"이름이 무엇인가?"

"모수라고 합니다."

"내 집의 식객으로 있은 지 얼마나 됐는가?"

"3년 됐습니다."

평원군이 모수를 한참 쳐다보다가 말했습니다.

"어진 선비의 처세란 마치 송곳이 주머니 속에 있는 것과 같아서 그 끝이 보이기 마련이지. 그런데 자네는 나의 문하(門下)에 기거(寄居)한 지가 3년이나 됐는데도 그 이름조차 내가 모르고 있었군."

그러자 모수는 큰 목소리로 대답했습니다.

"그러니 지금이라도 군의 주머니 속에 넣어주기를 바라는 것이지요. 만약 일찍 주머니 속에 넣어주셨다면 어찌 송곳 끝만 보였겠습니까? 송곳 자루까지 모두 내보여드렸을 것입니다."

평원군은 오기로까지 보이는 모수의 호언장담(豪言壯談)을 믿어보기로 했습니다. 모수를 사신단에 포함시킨 것입니다.

평원군이 이끄는 사신단은 초나라로 가서 초의 고열왕(考烈王)과 협상을 벌였습니다. 그러나 두 나라가 원하는 바가 달라 쉽지 않았습니다. 그런 때에 모수가 칼자루를 잡고 나서며 말했습니다.

"제가 듣건대 상나라 탕왕은 사방 70리에 이르는 지역을 기반으로 천하를 통치했고, 주나라 문왕은 100리에 이르는 땅을 기반으로 제후들을 다스렸다고 합니다. 이는 병력의 많고 적음 때문이 아니라 정세를 잘 파악하여 자신의 위력을 제대로 발휘했기 때문입니다. 지금 진나라의 장군 백기는 어린아이에 불과합니다. 그는 수만의 병력을 거느리고 초나라와 교전을 벌였는데 첫 번째 싸움에서는 영도와 언성을 공격했고, 두 번째 싸움에서는 이릉을 전멸시켰으며, 세 번째 싸움에서는 대왕의 선인들께 커다란 치욕을 안겼습니다. 그런데도 초왕께서는 조금도 부끄러움을 모르고 계십니다. 따라서 합종의 동맹은 초나라를 위한 것이지 조나라를 위한 것이 아닙니다."

결국 그날 조나라와 초나라 간에 동맹이 이루어졌고, 이들은 서로의 피를 함께 나누어 마셨다고 합니다.

현대는 자기PR의 시대라고 합니다. 경쟁이 치열할수록 내 옆의 누군가를 천거하고 추천하기가 심정적으로 쉽지 않기 때문이기도 하고, 나를 가장 잘 아는 이가 자기 자신, 즉 '나'인 만큼 나의 장점을 가장 잘 드러낼 수 있기 때문입니다. 채용에 있어 서류보다 면접이 더 중요시되는 이유이기도 합니다. 다만 허황되게 과장하고 포장해 나를 소개하다 보면 결과적으로는 그보다 더 큰 화가 미칠 수 있다는 것을 잊지 말아야 할 것입니다. 시대

毛	遂	自	薦
터럭 모	마침내 수	스스로 자	천거할 천

완전 재미있는
낱말퀴즈

가로

❷ 여러 사람이 이용하는 교통수단
❸ 개인보다 단체에 우월한 가치기준을 두어 강력한 권력 아래 개인의 자유가 억압받는 사상 및 체제
❺ 현재의 재판보다 한 단계 앞서 받은 재판
❻ 자식이 자란 후에 어버이의 은혜를 갚는 효성을 뜻하는 사자성어
❼ 의학과 법에 관련된 분야를 담당하는 의학의 특수 분야

세로

❶ '가장 큰 보름'이라는 뜻으로 음력 1월 15일에 지내는 우리나라의 명절
❸ 어떤 집단이나 공동체에서 계통을 이루며 전해 내려오는 사상이나 관습
❹ 믿지 못하고 두려워하는 마음
❺ 신라의 승려로 불교의 대중화에 힘쓰고 불교 사상의 융합과 실천을 위해 노력한 인물
❻ 수사법 중 하나로 표현하려는 내용과 반대로 말하는 표현법

¹				
		³		⁴
²				
				⁵
	⁶			
	⁷			

참여방법
문제를 보고 가로세로로 낱말퀴즈를 풀어보세요. 낱말퀴즈의 빈칸을 채운 사진과 함께 <이슈&시사상식> 200호에 대한 감상평을 이메일(issue@sdedu.co.kr)로 보내주세요. 선물이 팡팡 쏟아집니다!
❖ 아래 당첨선물 중 받고 싶으신 도서와 이름, 주소, 전화번호를 함께 남겨주세요.

<이슈&시사상식> 199호 정답

¹육	²십	갑	⁸자	
	시		⁹아	이	러	니
	일			
	³반	도	⁴체	
		⁵결	⁶단	력
			발	
		⁷항	성	

참여해주신 모든 분들께 감사드립니다.
당첨되신 분에게는 개별적으로 연락드립니다.

당첨선물 ·······················
정답을 맞힌 독자분들 중 가장 인상적인 감상평을 남기신 분께는 <날마다 도시락 DAY>, <가볍게 읽는 부동산 왕초보 상식>, <냥꽃의 사계정원>, <미국에서 기죽지 않는 쓸만한 영어 : 일상생활 필수 생존회화> 등 푸짐한 선물을 드립니다!
❖ 참여하실 때는 반드시 희망 도서를 하나 골라 기입해주세요.

나만의 경쟁력을 갖추자!

 곽＊훈(화성시 반송동)

취업이 점점 더 어려워지고 있는 현실 속에서 나름의 경쟁력을 갖추기 위해서는 취업시장에 본격적으로 뛰어들기 전부터 철저하게 준비하는 것이 필요하다. 특히 시사상식은 단기간에 쌓을 수 있는 것이 아니기 때문에 남들보다 더 노력해야 한다. 〈이슈&시사상식〉은 꼭 알아야 하는 정치·경제·사회 분야의 이슈를 분석해 최대한 객관적이고 정량적인 콘텐츠로 구성하여 전달해주는 정기간행지다. 때문에 고등학생부터 대학생, 취준생들은 이 책을 꾸준히 읽는 것만으로도 최근 가장 화제가 되는 시사이슈를 꿰뚫어 보는 시각을 기를 수 있다.

현실을 돌아보는 계기

 이＊훈(서울시 강동구)

취업공부를 다시 시작하면서 이전에 취업준비를 할 때 도움이 많이 됐던 〈이슈&시사상식〉을 다시 읽게 됐다. 최근 가장 이슈가 되는 논제를 다루는 HOT ISSUE 파트가 대표적인데, 솔직히 격월간지로 바뀌면서 최신 이슈를 다루는 것에 우려했던 것이 무색할 정도로 주제별 정리가 잘되어 있었고, 다시 한번 지난 이슈들을 되짚어 볼 수 있어서 좋았다. 또 이번에 읽을 때는 유독 상식더하기 파트의 코너들을 읽으면서 공감이 많이 됐는데, 사회현안과 관련이 있는 주제를 다룬 글들을 읽으며 나와 우리 사회의 현실을 돌아볼 수 있어서 더 기억에 남았던 것 같다.

다양한 콘텐츠로 질 높은 정보를!

 박＊란(서울시 동작구)

뉴스를 접하다 보면 생소한 용어나 잘 모르는 분야의 이슈가 보도돼 기사의 내용을 100% 이해하지 못하는 경우가 있다. 〈이슈&시사상식〉은 취업준비생들을 주요 독자로 하여 출간되고 있는 도서이지만, 시사이슈가 이해하기 쉽게 잘 정리되어 있어서 시사 기초를 쌓고 싶은 사람들에게도 추천해주고 싶은 책이다. 여러 분야의 선별된 기사들을 살펴볼 수 있고, 중요한 내용에는 별색으로 표시되어 있어서 핵심내용을 식별하기 좋다. 또 표지에 실린 QR코드를 통해 최신 시사와 관련된 무료강의도 시청할 수 있는데, 강사가 책에 수록된 이슈들을 자세하게 설명해 준다.

상식의 집합소 같은 책

😊 김＊훈(서울시 마포구)

〈이슈&시사상식〉은 취업준비를 위해 꼭 알아야 하는 최신 이슈와 상식, 취업정보 등이 체계적으로 정리되어 있어 여러모로 잘 읽고 있는 정기간행지다. 사진뿐만 아니라 도표나 그래프 등 시각적인 자료도 효과적으로 사용하는 편이고, 본문과 관련된 최신 시사를 다룬 무료동영상도 제공하고 있어서 내용을 이해하는 데 큰 어려움이 없다. 또한 화제가 된 시사용어를 비롯해 면접이나 논술시험에 활용할 수 있는 찬반토론, 면접위원을 사로잡는 답변의 기술 등의 코너도 함께 수록되어 있어서 필요에 따라 활용할 수 있다는 점이 이 도서의 가장 큰 장점이 아닐까 싶다.

나눔시대

함께 배우고 성장하는 배움터! ㈜시대고시기획 시대교육㈜ 입니다.
앞으로도 희망을 나누는 기업으로서 더 큰 나눔을 실천하겠습니다.
나눔은 행복입니다.

재외동포재단, 경인교육대학교
한국어능력시험 관련 교재 기증

장병 1인 1자격,
학점 취득 지원

전국 야학 지원
청소년, 어린이 장학금 지원

" 숨은 독자를 찾아라! "

〈이슈&시사상식〉을 함께 나누세요.

대학 후배들이 하루의 대부분을 보내고 있을
동아리 사무실에 〈이슈&시사상식〉을 선물하고
싶다는 선배의 사연

마을 도서관에 시사잡지가 비치된다면 그동안
아이들과 주부들이 주로 찾던 도서관을
온 가족이 함께 이용하게 될 것으로
기대한다는 희망까지…

〈이슈&시사상식〉, 전국 도서관
및 희망자 나눔 기증

양서가 주는 감동은 나눌수록 더욱 커집니다. 저희 〈이슈&시사상식〉도 힘을 보태겠습니다.
기증 신청 및 추천 사연을 보내주세요. 사연 심사 후 희망 기증처로 선정된 곳에 1년간 〈이슈&시사상식〉을 무료로 보내드립니다.

* 보내주실 곳 : 이메일(issue@sdedu.co.kr)
* 희망 기증처 최종 선정은 2024 나눔시대 선정위원이 맡게 됩니다. 선정 여부는 개별적으로 알려드립니다.

SD 에듀
㈜시대고시기획

나는 이렇게 합격했다

여러분의 힘든 노력이 기억될 수 있도록
당신의 합격 스토리를 들려주세요.

합격생 인터뷰
상품권 증정

추첨을 통해
선물 증정

베스트 리뷰자 1등
갤럭시탭 S8 증정

베스트 리뷰자 2등
갤럭시 버즈2 증정

*SD*에듀 합격생이 전하는 합격 노하우

"기초 없는 저도 합격했어요 여러분도 가능해요."
검정고시 합격생 이*주

"불안하시다고요? 시대에듀와 나 자신을 믿으세요."
소방직 합격생 이*화

"강의를 듣다 보니 자연스럽게 합격했어요."
사회복지직 합격생 곽*수

"선생님 감사합니다. 제 인생의 최고의 선생님입니다."
G-TELP 합격생 김*진

"시험에 꼭 필요한 것만 딱딱! 시대에듀 인강 추천합니다."
물류관리사 합격생 이*환

"시작과 끝은 시대에듀와 함께! 시대에듀를 선택한 건 최고의 선택 "
경비지도사 합격생 박*익

합격을 진심으로 축하드립니다!

합격수기 작성 / 인터뷰 신청

QR코드 스캔하고 ▷ ▷ ▶
이벤트 참여하여 푸짐한 경품받자!

합격의 공식

"취득" 보장! 각종 '자격증' 취득 대비 도서

각 분야의 전문가들과 집필! 각종 기능사/기사/산업기사 및 국가자격/기술자격, 경제/금융/회계 분야 자격증 등 각종 자격증 '취득'을 보장하는 도서!

직업상담사 2급

사회조사분석사 2급

스포츠지도사 2급

사회복지사 1급

영양사

소방안전관리자 1급

화학분석기능사

전기기능사

드론 무인비행장치

운전면허

유통관리사 2급

텔레마케팅관리사